Caiu do céu

McKenzie Funk

Caiu do céu

O promissor negócio do aquecimento global

TRADUÇÃO Pedro Sette-Câmara

TRÊS ESTRELAS

Copyright © 2014 McKenzie Funk
Copyright da tradução © 2016 Três Estrelas – selo editorial da Publifolha Editora Ltda.
Publicado em acordo com The Penguin Press, membro do Penguin Group (USA) LLC, divisão da Penguin Random House.

Todos os direitos reservados. Nenhuma parte desta obra pode ser reproduzida, arquivada ou transmitida de nenhuma forma ou por nenhum meio sem a permissão expressa e por escrito da Publifolha Editora Ltda., detentora do selo editorial Três Estrelas.

Título original *Windfall: The Booming Business of Global Warming*

EDITOR Alcino Leite Neto
EDITOR-ASSISTENTE Cássio Starling Carlos
PRODUÇÃO GRÁFICA Iris Polachini
CAPA Mateus Valadares
FOTO DA CAPA Iceberg boiando no oceano | David Trood/ Getty Images
PROJETO GRÁFICO DO MIOLO Mayumi Okuyama
EDITORAÇÃO ELETRÔNICA Jussara Fino
PREPARAÇÃO Marcia Menin
REVISÃO Isabel Jorge-Cury e Cacilda Guerra

Dados Internacionais de Catalogação na Publicação (CIP)
(Câmara Brasileira do Livro, SP, Brasil)

Funk, McKenzie
  Caiu do céu: o promissor negócio do aquecimento global / McKenzie Funk; tradução Pedro Sette-Câmara.
  – São Paulo: Três Estrelas, 2016.

  Título original: *Windfall : The Booming Business of Global Warming*
  ISBN 978-85-68493-29-8

  1. Aquecimento global – Aspectos econômicos 2. Ecologia e negócios 3. Empreendedorismo 4. Energia – Fontes alternativas 5. Investimentos 6. Mudanças climáticas I. Título.

16-03415   CDD-338.4736373874

Índices para catálogo sistemático:
  1. Aquecimento global: Investimentos
  e oportunidade de negócios: Economia   338.4736373874

Este livro segue as regras do Acordo Ortográfico da Língua Portuguesa (1990), em vigor desde 1º de janeiro de 2009.

TRÊS ESTRELAS

Al. Barão de Limeira, 401, 6º andar
CEP 01202-900, São Paulo, SP
Tel.: (11) 3224-2186/2187/2197
editora3estrelas@editora3estrelas.com.br
www.editora3estrelas.com.br

Sumário

8 Introdução

21 PARTE I **O derretimento**

Corrida fria: O Canadá defende a Passagem do Noroeste 22

Os jogos da Shell: Quando uma empresa petrolífera acredita na mudança climática 52

A emergência da Groenlândia: Um movimento de independência esquenta 74

Pai da invenção: Israel salva os Alpes do derretimento 96

113 PARTE II **A seca**

Grande demais para queimar: Incêndios públicos, bombeiros privados 114

Dinheiro acima: Para onde a água flui quando para de jorrar 138

Açambarcamento de terras: Wall Street vai ao Sudão do Sul 162

Muralha verde, muralha negra: A África tenta conter o Saara; a Europa tenta conter a África 188

217 PARTE III **O dilúvio**

A grande muralha da Índia: O que fazer com o problema de Bangladesh 218

Quebra-mares à venda: Por que a Holanda adora a elevação do nível do mar 248

Coisas melhores para uma vida melhor: A genética do clima 270

Problema resolvido: Nosso futuro com a geoengenharia 292

323 Epílogo

Pensamento mágico 324

333 Nota sobre as fontes

338 Agradecimentos

343 Índice remissivo

Introdução

O contrato exigia uma jiboia ou uma sucuri, a que fosse melhor para entreter a multidão, e os banqueiros ficaram com a segunda opção: uma sucuri-verde, de 2 metros e 40 quilos, pendurada no pescoço de um manipulador de cobras que se esgueirava pelas plantas exóticas, ao lado da cascata artificial e da modelo com traje "amazônico". Também havia duas araras em uma gaiola, um grupo de dança brasileiro e uma cabana que servia *smoothies* orgânicos de graça. Aos pés de uma cascata de mais de 5 metros, carpas gigantes nadavam em um lago de água aquecida e filtrada, que logo seria lançada no rio East. A selva ficava em uma tenda na calçada da South Street Seaport, ao sul de Manhattan. Medindo 10 metros por 20, envolvida por uma leve bruma e aquecida a 27 graus Celsius, a tenda tinha paredes brancas e teto transparente, através do qual os visitantes podiam distinguir os arranha-céus de Wall Street. Como estava frio do lado de fora – 4 graus Celsius de um típico dia de fevereiro na Nova York do começo do século XXI –, os que eram atraídos nas ruas pela equipe externa, formada por duas modelos que tentavam convencer os transeuntes a entrar, logo tinham de tirar os casacos e cachecóis, tão grande era a diferença de temperatura. Esse, claro, era o objetivo.

    A atração era a mais cara da série de oitenta eventos *The Investment Climate Is Changing* [O clima de investimentos está mudando], *road show* organizado pelo Deutsche Bank por todos os Estados Unidos. Em escala e inventividade, só rivalizava com a estação de esqui e *snowboard*, com pista inclinada de 28 metros, que o banco havia construído algumas semanas antes ao longo da Rodeo Drive, em Beverly Hills:

chalés decorados com candelabros feitos de chifres de veado e raquetes de neve de madeira, esculturas de gelo com o logotipo do Deutsche Bank, modelos vestidas de coelhinhas, água da Islândia engarrafada, neve artificial soprada do telhado da loja da Versace, 30 toneladas de neve mais realista criada por um triturador, um caminhão frigorífico repleto de blocos de gelo e dois *snowboarders* profissionais, que depois reclamaram da falta de uma boa rampa para saltos. Juntos, os eventos em Manhattan e em Beverly Hills custaram 1,5 milhão de dólares, mas o balanço de carbono foi zero, gabaram-se os banqueiros, pois as emissões de gases de efeito estufa foram compensadas por investimentos em um projeto de biogás na Índia. Em South Street Seaport, cada visitante recebeu um certificado da Carbon Credit Company como prova. A festa na selva, que durou três horas, produziu 152 toneladas de gases de efeito estufa, quantidade que um indiano médio levaria três vidas para produzir.

Antes do *set* do grupo de DJs Brazilian Girls – formado por só uma garota e nenhum brasileiro –, os banqueiros deram uma entrevista coletiva. Era início de 2008, e, enquanto o mundo ainda estava atônito com um derretimento recorde no Ártico, um filme assustador de Al Gore e um relatório desolador do Intergovernmental Panel on Climate Change - IPCC [Painel Intergovernamental sobre Mudança Climática],* grandes bancos de investimento internacionais lançavam fundos mútuos voltados para o aquecimento global. O do Deutsche Bank era o DWS Climate Change Fund [Fundo DWS de Mudança Climática], com 2,9 bilhões de dólares, foco do evento da selva. "Sem tomar posição acerca da mudança climática", explicava um *release*, "o DWS Climate Change Fund está na vanguarda dos investimentos relacionados ao assunto". O objetivo do evento era "mostrar que a mudança climática

---

* Órgão criado em 1988 pelo Programa das Nações Unidas para o Meio Ambiente (Pnuma) e pela Organização Meteorológica Mundial (OMM) para estudar os riscos e impactos da mudança climática decorrente das ações humanas. [N.T.]

não só está acontecendo", segundo o executivo Axel Schwarzer, "como cria oportunidades de investimento". Outro *release* ia ainda mais longe: "O debate em torno da mudança climática distancia-se de custos e riscos e se aproxima da questão de como capitalizar aproveitando excelentes oportunidades". Algo tão grande e tão universal quanto a mudança climática não poderia ser inteiramente ruim. Uma catástrofe ecológica não era necessariamente uma catástrofe financeira para todo mundo.

Mark Fulton, principal estrategista em questões climáticas do Deutsche Bank, trabalhava em um prédio da Park Avenue, onde fui visitá-lo quando acabou o *road show*. Passei pela segurança e subi em um silencioso elevador até o 27º andar. O pequeno escritório dele ficava em um canto e estava repleto de papéis. Australiano formado em Oxford, Fulton parecia tanto cientista quanto capitalista. Seu desejo de lutar contra a mudança climática era sincero. Contou-me que havia lido *Os limites do crescimento*, do Clube de Roma – uma abordagem neomalthusiana da capacidade populacional do planeta –, quando ainda estava na escola, nos anos 1970. "Senti um forte impacto", disse. "O texto falava do esgotamento de tudo: 'O que vamos fazer? Precisamos mudar nosso estilo de vida!'." Em vez de trabalhar para o Greenpeace, o que ele tinha considerado após a graduação, tornou-se corretor, depois analista e enfim ajudou o Deutsche Bank a identificar o aquecimento global como uma "megatendência" que geraria lucros por décadas. "O aquecimento global sempre contribuiu para minha carreira", brincou.

Embora o fundo DWS investisse pesadamente em tecnologia para a construção de um mundo mais verde – em energia solar e eólica, em redes inteligentes e em medidores elétricos mais eficientes –, também comprava ações de empresas que se encaixavam na carteira não porque podiam ajudar na luta contra a mudança climática, mas porque, quanto mais o mundo esquentasse, quanto menos habitável ele se tornasse, maiores seriam os ganhos. Esses investimentos eram um reconhecimento tácito de que já não estávamos conseguindo impedir a mudança climática. Havia a Veolia, a maior empresa de gerenciamento de água do mundo, que desenvolve sistemas de tubulação e constrói plantas de dessalinização em 74 países de cinco continentes; a Monsanto e a Syngenta, gigantes da biotecnologia e da agricultura que estavam modificando genes para que as safras resistissem às secas; e a Viterra, agronegócio em franca expansão no Canadá temperado. O fundo também tinha ações da Duoyuan Global Water, uma das maiores empresas de tratamento de água na China seca, e duas multinacionais de fertilizantes, a Yara e a Agrium. Quando perguntei a Fulton como o banco pretendia ganhar dinheiro com a elevação do nível dos oceanos, ele mencionou uma pequena participação em uma companhia holandesa de dragagem, a Royal Boskalis, que havia acabado de reconstruir uma das ilhas das Maldivas inundadas pelo tsunami de 2004. "Com quem você vai obter conhecimento sobre barragens marítimas senão com os holandeses?", perguntou.

Outros investidores no filão climático contavam uma história parecida. Eles compravam tecnologia limpa, verde, os tijolos da nova economia de baixo carbono, mas também começavam a precaver-se. Em Londres, o Schroder Global Climate Change Fund investia nas terras aráveis da Rússia – um solo fértil barato, subitamente encarecido pelos invernos mais brandos e pelas crises alimentares globais causadas pelas secas – e seu gerente levava a lógica um passo adiante, comprando ações de redes de supermercados como Carrefour e Tesco. "Se a mudança climática atrapalhar as safras", disse-me, "as pessoas terão de gastar mais para comprar comida. Os varejistas obviamente lucrarão". Do lado oposto da cidade, outro gerente de fundo me explicou por que estava otimista quanto às resseguradoras Munich Re e Swiss Re: "À medida que os desastres naturais se tornarem mais comuns e a mudança climática causar mais cheias e secas, as companhias de seguros, particularmente as resseguradoras, devem ganhar poder de barganha". Por possibilitar que as seguradoras aumentem suas taxas, "a temporada de furacões é na verdade um fato bem positivo". O sócio de um lendário banco de investimentos de Wall Street mostrou-me fotografias de terras aráveis da Ucrânia e disse que sua empresa havia tentado comprar "vastas extensões" delas. As fazendas coletivas da era soviética tinham se convertido em "agricultura de pseudossubsistência", disse. "Você podia abordar aqueles caras e comprar milhares de hectares com algumas garrafas de vodca e, digamos, dois meses de grãos. Você podia literalmente dar a eles vodca e grãos."

Nos preparativos para as sucessivas conferências sobre mudança climática em Copenhague, Cancún, Durban e Doha, enquanto todos estavam preocupados com ursos-polares e carros elétricos, alguns gerentes de fundos receavam que eu os entendesse mal – que os confundisse com ativistas sonhadores, que achasse que seu fundo era igual a qualquer outro fundo verde ou socialmente responsável. "Muita gente pensa: 'Como investir na mudança climática?', e essencialmente chega a uma, duas ou talvez três áreas, como energia alternativa", disse-me Sophie Horsfall, gerente do F&C Global Climate Opportunities Fund, do Reino Unido. "Para nós, bem, há muito mais que isso. É preciso separar os valores éticos. Precisamos nos afastar das questões ambientais. Precisamos dar um passo atrás." Devo ter parecido confuso. "Precisamos pensar na realidade da mudança climática", prosseguiu ela. "É bem difícil, não é?"

Há décadas todos nós temos alguma ideia do aquecimento global. Como campo de investigação científica, existe há dezenas de anos, tendo sido identificado pela primeira vez no século XIX por John Tyndall e Svante Arrhenius. No entanto, como fonte de ansiedade e de conversas populares, remonta aos primeiros modelos computacionais sofisticados do início da década de 1970, à primeira Conferência Mundial do Clima, em 1979, e ao histórico depoimento de James Hansen, físico atmosférico da Nasa, ao Congresso dos Estados Unidos em 1988. O assunto já circula há tempo suficiente para ter se tornado um clichê

– é a ele que agradeço a onda de calor que vivo em Seattle no momento em que escrevo – e também para ter dado à luz um novo clichê: a ideia de que mudamos tanto o planeta com nossa engenharia e com nossas emissões que hoje vivemos no Antropoceno, uma nova era geológica, criada pelo próprio homem. Tempo suficiente, com certeza, para que algo a respeito fosse feito. No novo milênio, que trouxe *Uma verdade inconveniente*, de Al Gore, as setecentas páginas de *The Economics of Climate Change* [A economia da mudança climática], de Nicholas Stern, e uma sequência de leis e conferências fracassadas da Organização das Nações Unidas (ONU), as advertências são cada vez mais estridentes e prolongadas. A concentração de dióxido de carbono na atmosfera, nossa maior contribuição para o clima e o principal motor do aquecimento, só vem aumentando. Hoje ela é 40% mais alta do que os níveis pré-industriais, maior do que jamais foi em qualquer momento dos últimos 800 mil anos. No Madison Square Garden, em Nova York, um relógio apocalíptico de 21 metros, inaugurado recentemente pelo Deutsche Bank, estima em tempo real os níveis de gases de efeito estufa: 2 bilhões de toneladas métricas por mês, ou 800 por segundo, de um total de 3,7 trilhões de toneladas que não para de aumentar. O contador tem treze dígitos vermelhos, mas, quando observados da Sétima Avenida, os três últimos parecem um borrão. Estão girando depressa demais para que seja possível identificá-los.

    Este livro trata de como estamos nos preparando para o mundo que parecemos obcecados em criar. Trata da mudança climática, mas não do ponto de vista da ciência, nem do da política, tampouco examina diretamente como podemos ou por que deveríamos estancá--la. Em vez disso, trata de apostas feitas com base em uma premissa simples e cínica: a de que não vamos conseguir interrompê-la no curto prazo. Trata de pessoas, principalmente daquelas como eu: pessoas do hemisfério Norte, do mundo desenvolvido – historicamente, os países emissores, como somos chamados –, que ocupam uma posição de superioridade e segurança, tanto real como metaforicamente.

Interesso-me pela mudança climática como motivador do comportamento humano, como estudo de caso – o estudo de caso definitivo – sobre de que modo enfrentamos uma crise. O aquecimento vai dar nova forma ao planeta, e de maneira geral já sabemos como: os lugares quentes ficarão mais quentes; o gelo simplesmente derreterá; os países pobres, em grande parte tropicais, os menos responsáveis pelo consumo que alimenta as fábricas que produzem as emissões causadoras do aquecimento, sofrerão o maior impacto; porém regiões mais ricas, de latitude superior – a Europa, o Canadá, os Estados Unidos –, não estão inteiramente imunes. A mudança é tão vasta, tão universal que parece testar os limites da razão humana. Assim, não é de surpreender que as ideologias que nos trouxeram até aqui, aquelas que guiaram a era pós-industrial – a ânsia tecnológica, o hiperindividualismo, a fusão de crescimento e progresso, a fé inabalável em mercados sem restrições –, são as mesmas nas quais muitos se baseiam neste momento em que tentamos encontrar uma saída. Em nenhum outro aspecto a visão e a vista curta da humanidade ficam mais óbvias do que na maneira como nos preparamos para um mundo aquecido.

A ideia de que as pessoas são irracionais tem estado na moda ultimamente. Podemos agradecer à crise financeira por isso. Os economistas comportamentais nos recordam que o mercado, longe de ser um conjunto de indivíduos inteiramente lógicos, é refém do "espírito animal" keynesiano, dos preconceitos, emoções, impulsos e atalhos que são parte de praticamente toda decisão humana e de toda bolha financeira – e parte, sem dúvida, de nossa apatia em relação à redução das emissões de carbono. Nos Estados Unidos, quase 98% do orçamento federal para pesquisa climática é destinado às ciências duras, que têm produzido pilhas de evidências do aquecimento global – o bastante para convencer qualquer um que faça uma análise honesta –, assim como modelos computacionais cada vez mais sofisticados, que preveem um futuro cada vez mais terrível. Uma previsão recente, do Massachusetts Institute of Technology (MIT), é de um aquecimento médio de 5,2 graus Celsius em 2100 se não reduzirmos as emissões – um aumento de temperatura que, acreditam os ativistas, poderá derreter por completo o gelo de uma calota polar no verão, transformar partes da América Central e do sul dos Estados Unidos em uma tigela de poeira e varrer do mapa países insulares. Os 2% restantes do orçamento federal para pesquisa climática vão para cientistas sociais, como os do Centro de Pesquisa sobre Decisões Ambientais da Universidade Columbia, que investigam o que pode ser a questão mais importante: se conhecemos os riscos, por que não estamos fazendo nada? O diretor do centro, Elke Weber, sugere que há obstáculos nos dois níveis em que tomamos decisões – no emocional e no analítico. O obstáculo emocional: o que não vemos não nos assusta. "A natureza abstrata, atrasada e muitas vezes estatística dos riscos do aquecimento global não desperta reações viscerais", escreve Weber. No nível analítico, há, junto da tensão entre risco individual e sistêmico – uma óbvia "tragédia dos comuns" –, algo que os economistas denominam "desconto hiperbólico". É mais ou menos assim: proponha a uma pessoa que escolha receber cinco dólares agora ou dez no ano que vem, e ela provavelmente ficará com os cinco.

Entre muitos ativistas, políticos e cientistas, o pressuposto é o de que a mudança climática hoje sofre principalmente de um problema de relações públicas: caso sejam dados os devidos empurrõezinhos ou a realidade da situação se torne enfim visceral, o público vai agir. Um segundo pressuposto, muito maior, raramente é mencionado e examinado: o de que "fazer alguma coisa" significa tentar reduzir as emissões de carbono. Esse "fazer alguma coisa" assumirá formas específicas. Telhados verdes. Limites de carbono. Carros verdes. Painéis solares. Calçadas. Florestas. Lâmpadas fluorescentes. Bicicletas. Isolamento. Algas. Pneus calibrados. Chuveiros. Varais. Reciclagem. Locavorismo [consumo de produtos da própria região onde se vive]. Bondes. Parques eólicos. Vegetarianismo. Bombas de calor. Trabalho em casa. Casas menores. Famílias menores. Vidas menores. Esperamos que nosso medo coletivo do aquecimento global nos leve inevitavelmente a um comportamento coletivo. Mas e se o mundo tal como o conhecemos continuar a existir enquanto a Terra como a conhecemos começar a desaparecer? Existe outra resposta possível ao derretimento das calotas polares e à elevação do nível do mar, à realidade da mudança climática – uma resposta tribal, primal, movida pelo lucro, de curto prazo e nem um pouco idealista. Cada um por si. Cada negócio por si. Cada cidade por si. Cada país por si. Essa é a possibilidade de ficarmos com os cinco dólares.

Passe uma tarde no Ártico, talvez na companhia de um russo, de um islandês ou de um executivo do petróleo, ouça os planos sendo concebidos, e você pode ter uma experiência carnavalesca como a da tenda selvagem do Deutsche Bank. Foi no Ártico que fiz as primeiras reportagens para este livro; foi lá que farejei pela primeira vez a empolgação a respeito da mudança climática, de oportunismo em meio à crise ambiental. Havia petróleo sob o gelo. Surgiam novas rotas de navegação no polo Norte. Brotavam morangos na Groenlândia. O Extremo Norte era o primeiro lugar em que o aquecimento tinha se tornado não uma ameaça invisível, mas uma realidade cotidiana, e, portanto, o primeiro lugar em que pude efetivamente testemunhar as reações das pessoas ao fenômeno. Comecei, então, a viajar pelo resto do mundo com um único objetivo: documentar os preparativos para um planeta mais quente, observar o que estava acontecendo em vez de teorizar sobre o que poderia acontecer.

Os impactos físicos do aquecimento global e o ímpeto por trás dos planos e projetos que investiguei podem ser separados em três grandes categorias – derretimento, seca e dilúvio –, e por isso dividi este livro em três partes. A primeira, "O derretimento", tem como pano de fundo a liquefação das geleiras e camadas de gelo do mundo, processo que só faz acelerar: nos registros históricos, as passagens do Noroeste e do Nordeste nunca, até hoje, estiveram degeladas e, portanto, abertas à navegação comercial, e a calota polar antártica nunca foi menor do que nos verões de 2007, 2008, 2009, 2010, 2011 e especialmente 2012, quando 11,83 milhões de quilômetros quadrados, área maior do que os Estados Unidos, derreteram. A segunda parte, "A seca", discute o reordenamento em larga escala da hidrologia de nosso planeta, de modo que a chuva cai em épocas diferentes, em lugares diferentes, e desertos aparecem do nada. Em algumas regiões, a seca é resultado do derretimento; a neve nas montanhas e as geleiras são os melhores reservatórios de água do planeta, e elas estão diminuindo drasticamente.

Que a seca já começou é algo evidenciado não por acontecimentos específicos, mas por um padrão deles: incêndios florestais no Colorado, calamidades com água no norte da China, desertificação na Espanha, revoltas alimentares no Senegal e o fato de que, para descrever o atual estado da bacia Murray-Darling, região cerealífera da Austrália, o termo "seca" foi substituído por "aridez", que soa mais permanente. A parte três, "O dilúvio", trata daquela que costuma ser nossa preocupação mais antiga, de décadas ou mesmo de séculos atrás: a elevação do nível dos mares e dos rios e as supertempestades, que vão ameaçar países insulares e cidades costeiras. No entanto, isso se acelera à medida que cidades sedentas esgotam seus aquíferos e começam a afundar, à medida que o manto de gelo da Groenlândia derrete no mar – o que, depois do furacão Sandy, do tufão Bopha e de um fracasso após o outro na tentativa de reduzir as emissões globais de carbono, já não é mais algo distante.

 Explorar essas mudanças em sequência – do derretimento à seca e desta ao dilúvio –, como fiz, amplamente, em minhas viagens pelo planeta, com algumas exceções, implica passar do oportunismo ao desejo de proteger-se e então ao desespero escancarado. A exuberância expansionista da corrida do petróleo no Ártico, em que os homens avançam como invasores elisabetanos, reclamando territórios virgens, vai se confundindo com o sombrio livre mercado de um mundo malthusiano com pouca água, com a mentalidade fechada diante da elevação do nível do mar e dos furacões, o que finalmente faria a mudança climática ser percebida por muitos norte-americanos como algo que os afeta pessoalmente – e contra o que alguma tecnologia distante seria vista como nossa única saída. Não existe apenas uma resposta aos efeitos do aquecimento global, ainda que pareçamos apoiar-nos em um conjunto finito, mas, em minhas viagens, deparei com um tema constante: conversei com centenas de pessoas que achavam que iam enriquecer com a mudança climática. Nos seis anos que passei fazendo reportagens para este livro, visitando 24 países e mais de uma dúzia de estados norte-americanos (e voando tanto que já extrapolei em muito minha cota de emissões de carbono), encontrei oportunistas, engenheiros, chefes militares, mercenários, vigilantes, políticos, espiões, empreendedores e ladrões – gente que quer estar à frente em um novo mundo, mais quente. Todos, sem exceção, foram gentis e hospitaleiros comigo, e a maioria, movida por ideologia, por medo ou por um frio realismo – ou pelos três motivos –, achava que estava fazendo o que era necessário. Em seis anos, não encontrei uma pessoa maldosa sequer.

Para quem está em posição de superioridade – para quem dispõe de riqueza o bastante, encontra-se ao norte o bastante, está acima do nível do mar o bastante –, o aquecimento global não é ainda a ameaça existencial que é para um habitante do Egito, das Ilhas Marshall ou de Staten Island (EUA). Significa uma temporada de esqui mais curta, uma fatia de pão mais cara, uma nova oportunidade de negócios. Podemos pagar os sistemas de dessalinização; podemos pagar os quebra-mares. Muitos dos desequilíbrios do mundo parecem apenas ampliados pela mudança climática, e eles podem ser ainda mais potencializados pela maneira como respondemos a ela. O termo técnico para a tentativa de preparar-se para um planeta alterado é "adaptação". (A tentativa de reduzir as emissões é conhecida como "mitigação".) Um dos poucos resultados tangíveis das conferências sobre mudança climática de 2009 e 2010 em Copenhague e em Cancún foi a promessa de que os países emissores ajudariam os mais pobres a adaptar-se. No entanto, os novos fundos para a mudança climática já não estão à altura da promessa: até agora, 2 bilhões de dólares foram destinados ao resto do mundo, 8 bilhões de dólares a menos do que custaria construir uma barreira contra inundações para proteger Nova York do próximo Sandy.

Seria um equívoco sugerir que cada plano ou projeto descrito neste livro nasceu exclusiva ou até principalmente como resposta à mudança climática. O petróleo do Ártico é atraente por muitas razões, em particular porque há cada vez menos petróleo em outros lugares, e o que resta muitas vezes está em países hostis (Irã, Venezuela, Sudão) ou em áreas de conflito (Iraque, Nigéria, Líbia). O mercado de água prosperou na Austrália e na Califórnia graças em grande parte às peculiaridades históricas de suas legislações sobre água e à decisão, tola ou corajosa, de transformar o improdutivo em produtivo, desertos em paraísos. Os africanos que abarrotam os campos de refugiados do sul da Europa são, em geral, movidos por ameaças mais imediatas do que a expansão do Saara. Engenheiros genéticos na corrida para desenvolver um milho de perfeição sobrenatural consideram a mudança climática só mais um pretexto para seus esforços. Modificadores climáticos vêm tentando criar chuva e domar furacões há uma geração. A cerca de 3,4 mil quilômetros que a Índia está construindo em volta de Bangladesh não tem a ver apenas com a elevação do nível do mar, não mesmo: a Índia também não gosta muito de Bangladesh, e seus emigrantes há muito tempo são causa de irritação. É tão difícil associar a ação humana a uma causa climática específica quanto associar o boletim meteorológico de hoje – ou uma safra ruim de trigo – a mudanças climáticas de longo prazo. Entretanto, o aquecimento global é o fio que liga essas histórias, uma janela para nosso estado de espírito coletivo. Tentei permanecer enraizado no presente, por isso, se houver algum vislumbre do futuro nestas páginas, é só porque nós o estamos construindo. A proposta deste livro, assim, é apresentar uma resposta à pergunta cada vez mais urgente: "O que nós estamos *fazendo* a respeito da mudança climática?".

PARTE I

O derretimento

> É natural admitir que a opinião pública ficasse particularmente excitada quando se espalhou a notícia – um tanto estranha – de que as terras árticas seriam oferecidas em licitação pública àquele que desse o último e mais alto lance. […]
>
> Usar o território ártico!… A verdade é que essa ideia só poderia ter germinado no cérebro de loucos! Não havia, porém, nada de mais sério do que esse projeto.
>
> JÚLIO VERNE, *Sans dessus dessous*, 1889

Corrida fria

O Canadá defende a Passagem do Noroeste

No primeiro dia completo da operação de soberania, o capitão desacelerou a fragata, pegamos as metralhadoras e pulverizamos a Passagem do Noroeste com balas. A sensação foi ótima. Estava enevoado, e a água pura ferveu quando a poluímos com chumbo. Até onde enxergávamos, não havia forma de vida alguma, só umas poucas ondas. O vento estava frio, e o oceano Ártico, de um verde baço. Não havia gelo. Se houvesse, também teríamos atirado nele.

As armas eram C7s – M16s norte-americanos rebatizados, como muitas armas canadenses, com um "C" patriótico – e quase todos os atiradores eram adolescentes com roupa de camuflagem do celebrado 22º Regimento de Québec, conhecidos como Vandoos, de *vingt-deux* [vinte e dois]. Os Vandoos formaram fileiras de três na popa, cada qual apoiado por um robusto marinheiro, e começaram os disparos. Passaram do modo semiautomático para o automático e atiraram mais. Mudaram para pistolas e espingardas e atiraram até cobrir o convés de cartuchos. Quando terminaram, chutaram os cartuchos no mar. Havia jornalistas a bordo; o Ártico estava derretendo e os canadenses – que agora tinham um novo litoral ao norte para desenvolver e defender – faziam o máximo para ser durões. O mundo precisava entender que eles estavam dispostos a lutar por quaisquer riquezas reveladas pelo recuo do gelo.

O nome da fragata era Montreal. Do tamanho de dois quarteirões e pintada de cinza navio de guerra, carregava duas dúzias de torpedos e quase 250 pessoas. Havia marinheiros, Vandoos e Mounties.*

---

* Agentes da Polícia Montada. [N.T.]

Havia repórteres de rádios canadenses e fotógrafos de pelo menos duas revistas de bordo. Havia dignitários inuítes e observadores da Nunavut Tunngavik Incorporated, a corporação pseudogovernamental inuíte que tinha negociado em 1999 a criação, para seu povo, de Nunavut, um território de pouco mais de 2 milhões de quilômetros quadrados. Nossa velocidade de cruzeiro era de 15,5 nós. Nossas reservas de combustível estavam em 125%. Com o diesel ocupando o lugar da água nos tanques auxiliares, nossas chuveiradas tinham o limite de dois minutos. Íamos para o norte, mais ao norte do que a Real Marinha Canadense tinha ido em décadas.

No Ártico havia dois grandes prêmios: o petróleo e novas rotas comerciais. Estima-se que 22% das reservas intocadas do mundo – 90 bilhões de barris de petróleo e 47 bilhões de metros cúbicos de gás natural, segundo o Serviço Geológico dos Estados Unidos – estejam escondidas no Extremo Norte, parte das quais em território que ainda não pertence a nação alguma. Quanto menos gelo houver, mais petróleo estará ao alcance e maior será a pressão para reivindicá-lo. Igualmente, quanto menos gelo, mais a lendária Passagem do Noroeste – um cobiçado atalho, há muito congelado, entre o Atlântico e o Pacífico – torna-se uma alternativa viável ao canal do Panamá, uma possibilidade aos navios que partem de Newark ou Baltimore para Xangai ou Busan pouparem mais de 6 mil milhas e centenas de milhares de dólares em taxas de trânsito e em custos de combustível.

O Canadá é dono das terras dos dois lados da Passagem do Noroeste, mas boa parte do mundo, particularmente os Estados Unidos, seu aliado de praxe, não concorda que a via marítima em si lhe pertença. Os canadenses estavam cansados de ser humilhados por seu vizinho mais populoso – por estarem "condenados a fazer papel de Robin para o Batman norte-americano", como disseram diplomatas dos Estados Unidos em um telegrama de 2008 revelado pelo WikiLeaks. Ali estava em jogo o orgulho nacional, não só a segurança do país ou o dinheiro. Para dar início àquela demonstração de força, denominada

Operação Lancaster, o próprio primeiro-ministro, Stephen Harper, do Partido Conservador, havia feito a longa viagem a Iqaluit, antiga base militar norte-americana que hoje é a capital de Nunavut. Ele tinha chegado com promessas de novos quebra-gelos mais eficazes, de um novo centro de treinamento e de guerra no Ártico, de um novo porto em águas profundas e de uma nova rede de sensores submarinos e drones. Agora, no momento em que os Vandoos e os Mounties iam para o norte, ele estava fincando os pés no gelo.

Já tinha havido operações de soberania, como, em 2006, a Operação Nunalivut ("a terra é nossa", em inuktitut) e, no ano anterior, o exercício Castor Congelado, em que tropas canadenses desceram de helicóptero na ilha Hans – uma rocha em formato de feijão com 1,3 quilômetro quadrado reclamada tanto pela Dinamarca como pelo Canadá – e fincaram uma haste de aço com bandeira supostamente à prova de vento que foi derrubada quase à primeira lufada. Lancaster, porém, era a maior operação até então, a primeira a tirar partido do recuo do gelo marinho, e ocorria no centésimo aniversário do primeiro cruzamento da Passagem do Noroeste (feito por um norueguês, ainda que ninguém tenha se ocupado disso). Seu objetivo declarado era "projetar uma força militar de considerável amplitude por uma vasta área do Ártico oriental". Sua duração total seria de doze dias. A Montreal lideraria uma flotilha de dois navios de guerra da Marinha e dois quebra-gelos da Guarda Costeira até o estreito de Lancaster, a entrada leste da passagem, patrulhando de um lado a outro, e aviões de vigilância Aurora e helicópteros Griffon zuniriam no céu. Enquanto isso, os Vandoos – acompanhados de reservistas inuítes, ali presentes para assegurar que ninguém seria devorado por ursos-polares – levariam as embarcações menores até a praia e montariam postos de observação dos dois lados do estreito. Ao norte, na rochosa ilha de Devon, ficaria o Posto de Observação 1; ao sul, na congelada ilha de Bylot e na península de Borden, adjacente, os Postos de Observação 2 e 3. As tropas manteriam posição por quase uma semana, vasculhando a Passagem do Noroeste em busca de invasores.

Tudo isso seria precedido por uma exibição do brio canadense: uma interdição simulada. Depois de ver as metralhadoras dispararem e a bandeira da folha de bordo esvoaçar, caminhei até a ponte e pus--me ao lado do comandante da Montreal. Ele e sua tripulação usavam capacetes e coletes de proteção verdes. O rádio crepitou, e uma voz com pronúncia canadense parecida com a de um surfista californiano encheu a ponte. Supostamente, era o capitão do Killer Bee, que na verdade era o Goose Bay, um navio de defesa costeira canadense de 150 pés que os jogadores de guerra decidiram que seria uma embarcação mercante pária "norte-americana" iniciando um trânsito não autorizado na Passagem do Noroeste.

O Killer Bee estava a 4 milhas de distância na neblina, seguindo um curso que cruzaria o nosso em estimados 14 minutos e 42 segundos. Ele não dizia aonde estava indo. Não dizia qual era sua carga. "Navio mercante Killer Bee, qual sua carga?", perguntou nosso operador de rádio. "Aqui é o Navio de Guerra 336. Repetindo: qual sua carga?" As respostas do Killer Bee eram curtas, rudes, de tom nitidamente norte-americano, salvo um ou outro deslize. "Estamos a 40 milhas da costa, ou seja, em águas internacionais. Tem certeza de que possui autoridade para me interpelar aqui? Pode explicar de novo por que está me fazendo essas perguntas? Vocês aí são o todo-poderoso governo canadense, então eu tenho certeza de que conseguem obter esse tipo de informação em algum outro lugar."

A Montreal passou uma mensagem ao coronel responsável pela Operação Lancaster, pedindo permissão para enviar um grupo de abordagem e, caso necessário, iniciar "fogo incapacitante". Os marinheiros na ponte deram uma olhada na névoa a bombordo. Informamos o Killer Bee que iríamos abordar a embarcação, e seu capitão respondeu que "não ia curtir muito isso". O motor girou. Começamos a nos aproximar: 700 jardas, 600 jardas, 500 jardas. O navio apareceu, e apontamos nossa metralhadora de calibre 50 para ele. "Não é bancando o valentão dos mares que se incentiva a cooperação entre dois países", disse-nos a voz. Ordenamos ao Killer Bee que retirasse todo o pessoal dos conveses superiores, e nossos atiradores dirigiram uma barragem de projéteis traçantes a 1.000 jardas de sua proa. O cheiro de pólvora espalhou-se pela ponte. A segunda barragem passou a 500 jardas da proa. Por fim, nosso canhão de 57 milímetros girou na direção do Killer Bee. Houve uma rápida sucessão de cinco altas explosões, cinco baforadas de fumaça e então, segundos depois, um sexto disparo. O oceano à frente do Killer Bee entrou em erupção. Seu capitão cedeu. "Achei que o Canadá fosse um país de gente pacífica", choramingou o falso norte-americano.

Pelas 500 milhas seguintes, só vimos água e névoa, exceto o vislumbre ocasional das escarpas e cumes dos picos da ilha de Baffin. Foi apenas às dez horas da manhã do quarto dia da operação que se ouviu um anúncio aguardadíssimo pelos alto-falantes: icebergs à frente. Corremos para bombordo, onde os oficiais costumavam juntar-se para fumar. Estávamos a 72 graus ao norte, e havia três deles: gigantes de 60 a 90 metros erguendo-se diante da fragata. As paredes das massas de gelo eram rasgadas por pequenas cachoeiras, e nacos de gelo caíam no mar. Os icebergs vagavam para o sul, rumo ao Atlântico, na direção de águas mais quentes, onde logo derreteriam e sumiriam. Os Vandoos se inclinaram sobre a balaustrada e tiraram fotografias.

Era o verão de 2006, e camelos ensandecidos por causa da seca logo irromperiam por uma aldeia na Austrália, um peixe-boi nadaria pelos píeres de Chelsea, no rio Hudson, em Nova York, e a Holanda anunciaria que sua famosa corrida de patinação no gelo, a Elfstedentocht, talvez tivesse de ser encerrada para sempre. Tatus chegavam ao nordeste do Arkansas. Lobos comiam cães no Alasca. O fogo consumia 2 milhões de hectares na Sibéria. A Groenlândia perdia 100 gigatoneladas de gelo. Os inuítes compravam aparelhos de ar condicionado. O urso-polar arrastava-se para a lista de espécies ameaçadas de extinção.

A ilha de Ghoramara, na Índia, desaparecia no golfo de Bengala; a vila de Malasiga, em Papua-Nova Guiné, era invadida pelo mar de Salomão; a vila de Shishmaref, no Alasca, começava a ser abandonada antes de ser engolida pelo mar de Chukchi. Cientistas canadenses anunciaram que a plataforma de gelo Ayles tinha se soltado da ilha de Ellesmere e formado uma ilha própria, que estava derretendo rapidamente. Um satélite europeu mostrou uma rachadura temporária na camada de gelo que ia do norte da Rússia até o polo Norte. A National Oceanic and Atmospheric Administration [Administração Oceânica e Atmosférica Nacional] declararia aquele inverno o mais quente desde o começo dos registros, em 1880. O IPCC anunciaria que onze dos doze anos anteriores tinham sido os mais quentes da história humana.

Em retrospecto, esse foi o momento em que começamos a acreditar no aquecimento global – não na ciência abstrata a respeito dele, que a maioria já conseguia aceitar passivamente, mas no fato de que havia dinheiro e poder a perder e a ganhar. Os céticos continuariam a duvidar em alto e bom som do avassalador consenso científico, mas eles eram uma cortina de fumaça. Para aqueles que consideravam os impactos da mudança climática mais estratégicos do que ideológicos – militares, corporações, um ou outro político –, já era hora de enfrentar as consequências. Haveria vencedores. Haveria perdedores. Estava acontecendo o processo de determinar quem seria o quê.

A Grã-Bretanha recentemente tinha pedido a sir Nicholas Stern, seu principal economista, que fizesse um estudo dos prováveis efeitos do aquecimento global nos mercados mundiais. Suas descobertas foram terríveis: o custo de emissões desenfreadas de gases de efeito estufa equivaleria à perda de 5% ou mais do PIB mundial por ano, todo ano, para sempre. Nas faixas tropicais da África e da América do Sul, as safras cairiam drasticamente. No sul e no leste da Ásia, centenas de milhões de pessoas e trilhões de dólares em ativos seriam ameaçados pela elevação do nível dos mares. "O que dá início a guerras?", perguntou Margaret Beckett, ministra das Relações Exteriores do Reino

Unido, ao Conselho de Segurança da ONU em 2007. "Disputas por água. Mudanças nos regimes de chuva. Disputas em torno de produção alimentar, de uso de terra." Segundo lorde Stern, o mundo estava às vésperas de uma convulsão da escala das duas guerras mundiais e da Grande Depressão.

No entanto, o futuro não parecia universalmente sinistro. Às margens da crise, uns já enxergavam oportunidades, sobretudo nas ricas nações que tinham começado a causar a mudança climática. Ao menos no curto prazo, na maior parte da Europa, da Rússia, do Canadá e dos Estados Unidos, ainda choverá, os períodos de cultivo irão aumentar, e alguns setores da agricultura poderão expandir-se, com o apoio de nossas emissões. O dióxido de carbono é um elemento essencial ao crescimento vegetal. Se tudo o mais permanecer constante – ainda que em poucos casos isso vá acontecer –, quanto maior a concentração atmosférica, maiores as safras.

Mais ao norte, no Ártico, o mecanismo de *feedback* gelo-albedo – o fato de o gelo marinho, que reflete 85% a 90% da radiação solar, estar derretendo e virando água marinha, que absorve apenas 10% da radiação – contribuiria para que as temperaturas continuassem a subir a uma taxa duas vezes maior do que a média global. As economias do Norte parecem prestes a crescer no mínimo à mesma velocidade. Os agricultores do Canadá já tiveram dois dias extras de cultivo por ano, e estudos constataram que as areias betuminosas do Athabasca talvez se tornem acessíveis pelo norte, através do rio Mackenzie. No governo de Stephen Harper, o país que muitos de seus vizinhos norte-americanos consideravam tão bem-intencionado a ponto de ser ingênuo começou a tornar-se um dos vilões das conferências internacionais sobre mudança climática. O Canadá era signatário do Protocolo de Kyoto, um tratado frágil de 1997 que excluiu principalmente os grandes emissores, como a China e os Estados Unidos, e que mesmo assim ainda é o primeiro e único acordo internacional vinculativo sobre gases de efeito estufa. Entretanto, o Canadá estaria superando em 30% as metas estabelecidas em Kyoto no momento em que abandonou o tratado, em 2012 – pouco antes de a Rússia, outra economia do Norte, retirar-se também. É possível atribuir a meia-volta climática do Canadá a sua dependência das areias betuminosas, que são intensivas em carbono, mas também não está muito claro que a mudança climática seja tão ruim assim para o país.

Os 49 milhões de dólares arrecadados por *Uma verdade inconveniente*, de Al Gore, talvez tenham sido a primeira verdadeira história de sucesso financeiro do aquecimento global, porém, no momento em que a Montreal adentrou a Passagem do Noroeste, a nova mentalidade se tornava dominante. Relatórios do Citigroup, da UBS e do Lehman Brothers aconselhavam os investidores quanto às maneiras de faturar com a reviravolta global. O relatório *Climatic Consequences: Investment Implications of a Changing Climate* [Consequências climáticas: implicações de investimento de um clima em mudança], publicado em janeiro de 2007 pelo Citigroup, era particularmente útil. Ele ressaltava oportunidades de investimento em 74 empresas de 21 setores em 18 países, incluindo a Aguas de Barcelona ("líder no fornecimento de água" da Espanha afligida pela seca), a Monsanto (culturas resistentes à seca) e a John Deere (os Estados Unidos precisavam de mais tratores, já que a seca estava acabando com as exportações de trigo da Austrália). Mostrava, também, um gráfico com os seis maiores produtores de gás natural do mundo. Quatro deles – Rússia, Estados Unidos, Canadá e Noruega – eram países árticos.

Chamarei meu colega de beliche na Montreal de sargento Forte, um canadense alto na casa dos quarenta, com um espesso bigode castanho, porte de corredor e uma boina escura com insígnia dourada. Ele havia matado gente nos Bálcãs, no Afeganistão e em lugares que não especificou. Saía de vista toda vez que eu sacava minha câmera e não queria que eu usasse seu nome verdadeiro. Era um patriota, soldado a vida inteira, e recentemente tinha se tornado repórter do *Army News*, do Canadá. Andava pelo navio com duas Nikons penduradas nos ombros. Nós nos conhecemos na popa, perto do hangar de helicópteros, e ele imediatamente perguntou quem eu achava que era dono da Passagem do Noroeste. Falei que não tinha certeza. "Ela é nossa", disse-me. "É nossa, porra." Depois compartilhou comigo sua solução para a disputa territorial da ilha Hans. "A gente devia simplesmente jogar uma bomba atômica na Dinamarca", afirmou. Ele estava brincando, claro. O Canadá não tem armas nucleares. Sua solução verdadeira, mais tipicamente canadense, revelava que ele acreditava na premissa básica da Operação Lancaster de fincar pé: se o Canadá reforçasse suas reivindicações no Ártico com uma presença física, o mundo as reconheceria. "Basta colocar um trailer na ilha", disse ele. "Dois caras, dois meses de cada vez. É só lhes dar TVs e videocassetes, e pronto: problema resolvido."

O sargento tinha um parceiro, o cabo-chefe Bradley, um cinegrafista gigante, que sofria do complexo oposto ao complexo de Napoleão, o que quer que isso signifique. O bigode de Bradley era grisalho e com pontas emaranhadas, e ele usava fones de ouvido mesmo quando não estava filmando. Andava como um corcunda pelas entranhas da Montreal, sempre batendo a cabeça no batente das portas. Nós três faríamos parte da equipe de desembarque que formaria o Posto de Observação 1 na ilha de Devon. Íamos nos juntar a oito Vandoos e a quatro Rangers canadenses – reservistas inuítes que usam casaco e boné vermelhos – para ir à praia de Dundas Harbour, um fiorde raso onde a Real Polícia Montada do Canadá tinha mantido um posto na década de 1920. Naquela época, dois policiais morreram em consequência de tiros na cabeça dados por si próprios: o primeiro foi suicídio; o segundo, ao que parecia, um acidente de caça à morsa.

Dois dias antes de nossa "inserção", que era como todos insistiam em chamar a missão a Devon, tivemos permissão para conhecer a sala de operações da Montreal – uma caverna de ar úmido iluminada apenas por telas de radares e de sonares e por fracas luzes vermelhas.

31

Lá encontramos o oficial de combate submarino. "Daria para detectar um submarino por perto?", perguntei. Não daria. O navio não podia emitir ondas de sonar na água sem permissão da Organização do Tratado do Atlântico Norte (Otan). "Eles se perguntariam por que estávamos pedindo", explicou ele. "E, caso detectássemos alguma coisa, nós diríamos: 'Ei, achamos seu submarino', e os norte-americanos: 'Não acharam, não', e nós: 'Achamos, sim'. A questão é delicada." Perguntei a ele sobre o tamanho relativo das duas marinhas. "Os norte-americanos, caramba, eu nem consigo contar quantos navios eles têm. São 60 mil pessoas trabalhando só em Norfolk. Em uma base. É o contingente das nossas Forças Armadas inteiras. As frotas deles são enormes. Enormes. E nós somos, sabe como é, pequenos." Nosso guia turístico disparou: "Mas damos o máximo de nós". O oficial concordou: "É verdade, damos o máximo de nós".

Um deque abaixo da sala de operações ficava o salão das patentes inferiores, e fui ali uma tarde para ouvir a comissária Ann Meekitjuk Hanson, a líder oficial de Nunavut, dirigir-se às tropas. Ela lhes contou sobre sua infância, em que só falava inuktitut, sobre sua mudança forçada para Toronto para estudar e sobre sua vida no jornalismo e na política adaptada aos modos canadenses. "Preciso tirar da cabeça das pessoas do Sul essas ideias de iglu", disse ela, "e explicar que somos mais do que tambores e canto gutural". Um marinheiro chamado Roberts, um negro dentre talvez cinco no navio inteiro, perguntou como a mudança climática afetava o estilo de vida inuíte. A comissária respondeu que o outono estava chegando claramente mais tarde e que eles vinham tendo dificuldades para prever as condições do tempo e do gelo; agora havia apenas seis estações por ano, e não as oito de sempre. Ela nos mostrou slides de sua terra natal e colocou uma fita em um aparelho de som portátil para que ouvíssemos um pouco de canto gutural.

Quando a música parou, andei pelo corredor e encontrei o sargento Forte outra vez divulgando seu plano para a disputa da ilha Hans com a Dinamarca. "Pode ser bem simples: é só colocar lá dois caras em um trailer", disse ele a um repórter de uma das revistas de bordo. "Quanto isso custaria? O problema ia simplesmente acabar."

Naquele mês de outubro, viajei a Vancouver para encontrar o jurista Michael Byers, ex-diretor do Programa de Estudos Canadenses da Universidade Duke e respeitadíssimo especialista em segurança e soberania canadense. Byers, de aparência jovem para seus quarenta anos, com barba sempre por fazer, tinha recentemente voltado para casa, entregando seu *green card* norte-americano a um guarda da fronteira em um acesso de patriotismo. Ele assumira um cargo na Universidade da Colúmbia Britânica, e eu havia sido convidado a participar como ouvinte de seu seminário de pós-graduação sobre mudança climática, um curso para dez pessoas em uma sala de canto com grandes janelas que davam para altos abetos. Quando entrei, com quinze minutos de atraso, um aluno magricela chamado Ryder McKeown fazia uma apresentação em PowerPoint intitulada "Mudança climática e segurança nacional". Ele usava jeans, óculos e tênis da Puma que por acaso eram vermelhos, brancos e azuis.

"Entre morrer de fome e fazer saques", dizia um dos slides de McKeown, "as pessoas escolhem fazer saques". Ele não estava falando de refugiados dos trópicos – ao menos não apenas deles. "A escassez de água nos Estados Unidos só aumenta", afirmou, "e o Canadá tem 20% da água doce do mundo". Ele descreveu "planos fantásticos" para exportá-la em grandes volumes através da fronteira, incluindo a Nawapa – North American Water and Power Alliance [Aliança Norte-Americana de Água e Energia], uma proposta feita na década de 1960 pela Parsons, empresa de engenharia de Los Angeles, para desviar os rios do Canadá a fim de que corressem para o sul e não para o norte. Em outra proposta, os fiordes da Colúmbia Britânica seriam represados em uma extremidade e enchidos de água doce; caminhões-pipa chegariam, seriam abastecidos e partiriam para a Califórnia, ao sul. "Nós temos água", disse ele. "Eles querem água." Byers o interrompeu: "Estamos falando de cerca de 300 milhões de pessoas" – dez vezes a população do Canadá – "com as maiores Forças Armadas do mundo e uma desesperada necessidade de água. Em certa medida, as restrições do direito internacional perdem força. Mas, por sorte, a conservação da água é muito mais barata do que enormes projetos de engenharia. Eles vão ver que é difícil justificar essa despesa".

A discussão rumou para a Passagem do Noroeste, para onde os Estados Unidos duas vezes enviaram navios sem pedir permissão, encolerizando os nacionalistas canadenses. A viagem de 1969 do SS Manhattan, um superpetroleiro quebra-gelo que testou a viabilidade da rota congelada para o transporte do petróleo da Encosta Norte do Alasca (a conclusão: ainda não), resultou na legislação de 1970 no Parlamento canadense, afirmando o direito de Ottawa de controlar o tráfego ártico, o que, por sua vez, levou Henry Kissinger e o Departamento de Estado norte-americano a fazer manobras de última hora para impedir a nova lei, sem sucesso, e depois a retaliar com um corte nas importações norte-americanas de petróleo canadense. O cruzamento do Polar Sea, quebra-gelo da Guarda Costeira dos Estados Unidos, levou a mais gritos e à negociação de uma política informal de "não vi, não sei": antes de realizar qualquer trânsito na passagem, a Guarda Costeira agora notifica o Canadá (sem exatamente pedir); o Canadá concorda em nunca dizer não ao vizinho. Submarinos norte-americanos já usam a passagem para viajar entre o Atlântico e o Pacífico, e cheguei a ouvir histórias impossíveis de provar de caçadores inuítes confundindo esses submarinos com baleias e atirando neles, logo vendo suas balas ricochetearem.

"Estamos falando de mudarmos de um país que, em termos práticos, tinha dois litorais para um país que agora tem três litorais", declarou Byers. "E estão nos dizendo que nosso terceiro litoral não está submetido à plena jurisdição canadense – que estamos no Velho Oeste." Ele disse que poderia haver contrabando de drogas e de armas, imigração ilegal e danos ao meio ambiente se o Canadá não assumisse o controle. McKeown sugeriu que havia também uma ameaça mais profunda. Segundo ele, por mais divisória que pudesse ser a Passagem do Noroeste, o Canadá e os Estados Unidos costumavam unir-se em momentos de crise, e não distanciar-se. Ele disparou exemplos de cooperação através das fronteiras: o Conselho Comum Permanente de Defesa em 1940, a Otan em 1949, o North American Aerospace Defense Command – Norad [Comando de Defesa Aeroespacial da América do Norte] em 1958, a Declaração da Fronteira Inteligente em 2001. Em meados da década de 1950, quando fazia diferença o fato de a rota de voo mais curta da União Soviética para os Estados Unidos passar por cima do Ártico, os 58 radares que compunham a Distant Early Warning Line [Linha Avançada de Aviso Antecipado] foram construídos com dinheiro majoritariamente norte-americano em terra majoritariamente canadense. Se a mudança climática é mesmo tão perturbadora quanto as duas guerras mundiais, o Canadá será inevitavelmente levado a fundir-se aos Estados Unidos?

O tempo de McKeown estava acabando, então ele passou rapidamente os últimos slides, apresentando um cenário de mudança climática que "ampliará nosso modo de pensar": primeiro, a elevação do nível dos mares inunda Bangladesh, Bombaim e Xangai. Então, pedidos de refúgio abarrotam o Canadá. Um grupo terrorista instalado no Canadá logo ataca os Estados Unidos. Os Estados Unidos fecham suas fronteiras. Em retaliação, o Canadá para de exportar água. No entanto, à medida que os imigrantes se esgueiram do Ártico e submarinos russos e chineses passeiam pela Passagem do Noroeste, o Canadá pede ajuda aos Estados Unidos, oferecendo acesso ilimitado a seus recursos em troca de segurança. "O Canadá", concluiu McKeown, "continua a ser um país independente só no nome".

Byers deu tempo para a ideia ser assimilada. "Se estamos em um mundo do tipo *Mad Max*, em que as coisas são cada vez mais perigosas e o que vale é a sobrevivência do mais forte", disse, "não é implausível afirmar que nosso futuro está atado ao dos Estados Unidos". Ele estava fazendo o papel de advogado do diabo. Funcionou. A turma explodiu. "A integração é muito perigosa", afirmou McKeown. Um aluno do outro lado da sala concordou. "Podemos perder a independência de nosso banco central, nossa independência monetária, nosso modelo social-democrata", disse. "Nossa soberania somos nós, certo? Sem ela, perdemos a independência de todas as nossas políticas."

"Alguém aqui já foi a Porto Rico?", perguntou Byers. "Porto Rico é parte dos Estados Unidos?" Os alunos responderam que era uma comunidade, um protetorado. "Eles são cidadãos norte-americanos – uma espécie de –, mas não podem votar", disse um. "Eles não têm salário mínimo", emendou outro. "Muitas pessoas defendem uma integração maior com os Estados Unidos", concluiu Byers, "e todas elas presumem que nos transformaríamos na próxima Califórnia, que viraríamos um estado. Mas alguém me disse uma vez que nós, canadenses, devíamos prestar mais atenção em Porto Rico".

Lembrei-me do concurso de uma rádio canadense, alguns anos antes, em que os ouvintes foram desafiados a inventar um slogan nacional equivalente a "tão norte-americano quanto a torta de maçã". A frase vencedora: "Tão canadense quanto possível considerando as circunstâncias". A conversa estava longe das bravatas da Operação Lancaster, mas era outro lado da mesma moeda. O Canadá fazia manobras para tornar-se um dos vencedores em um mundo que ia ficando mais quente, porém outro objetivo, que eu logo veria espalhado pelo planeta, era evitar ser um dos perdedores.

Nosso desembarque na ilha de Devon começou frenético: fizemos as malas, consultamos mapas e separamos as rações alimentares no hangar do helicóptero. Uma escada de corda logo foi jogada ao lado da Montreal, e, depois de vestirmos coletes salva-vidas pretos, descemos para um bote Zodiac que balançava entre ondas de 2 metros.

O sargento dos Vandoos foi na frente. Bradley, surpreendentemente gracioso com seus 150 quilos ou mais, veio por último. Enchemos a parte da frente do Zodiac com mochilas, pacotes de ração e armas, e então zarpamos pelo oceano até surgir do meio da névoa o Moncton, um navio de guerra um pouco menor do que um ringue de hóquei e supostamente melhor do que a Montreal para o desembarque. Escalamos sua escada e fomos passando a carga de mão em mão. O Moncton era modesto – sua tripulação consistia em quarenta reservistas – e tão apertado que os Vandoos tiveram de colocar camas de armar nos corredores. A maior parte dos marinheiros, como nós, estava no Ártico pela primeira vez.

Sobre a ilha de Devon a única coisa que eu sabia era que a Nasa tinha desenvolvido ali o projeto Marte na Terra, quando os pesquisadores tentaram viver em um ambiente rochoso, frio e árido, análogo ao do planeta vermelho. Ao nos aproximarmos da ilha no dia seguinte fui surpreendido por sua beleza. Mesmo a 30 milhas de distância, parecia enorme, com as geleiras escorrendo de seus desolados picos de 1.000 metros. A água era leitosa, glacial. Um avião de vigilância Aurora apareceu e passou três vezes sobre nós, deixando plumosos rastros de fumaça atrás de suas quatro hélices.

Chegamos pelo leste e, ao dobrarmos para entrar no fiorde, fomos surpreendidos por um navio se esgueirando do oeste: o Akademik Ioffe, de bandeira russa e fretamento australiano. Era um barco de turismo de 660 toneladas. Eu o reconheci do livro de fotos da sentinela, em que seu retrato aparecia entre imagens de navios de guerra dinamarqueses e aeronaves de vigilância. O piloto de gelo do Ioffe entrou em contato pelo rádio. "Boa tarde, Navio de Guerra 708, aqui é o Akademik Ioffe. Somos um pequeno navio de passageiros, um navio de expedição. Temos a bordo muitos canadenses, incluindo eu." Sua voz tinha um leve tremor. "Parece que vocês vão chegar a Dundas Harbour antes de nós, então vamos tomar cuidado para não ficar em seu caminho." Os oficiais no Moncton contiveram uma risadinha e reviraram os olhos, satisfeitos com o medo que provocaram. "Pode ter certeza", disse um deles. "Não acredito que ele entrou em contato antes de nós", espantou-se outro. Era uma reminiscência do confronto com o Killer Bee, só que dessa vez com um inimigo real, ainda que canadense.

Nosso navio de guerra passou pelo barco de turismo e fez um giro imponente para entrar no fiorde. Então foi diminuindo a velocidade até ir bem devagar. Nossos mapas de cinquenta anos não informavam quão fundo era o porto, e o capitão receava que encalhássemos. Espreitamos a água barrenta do local em que estávamos e sondamos a profundidade. Os mapas diziam que era de 9 metros; nosso sonar, mais de 70. Melhor ficar ali mesmo. Lançamos âncora a 1 milha da praia e iniciamos o lento processo de preparação dos Zodiacs. O Akademik Ioffe passou por nós e lançou âncora a meia milha. Enquanto os Vandoos vestiam roupas de proteção laranja, e a tripulação do Moncton, capacetes azul-bebê, o Ioffe lançava botes na água. "Eles estão ganhando da gente!", gritou alguém. Uma centena de turistas estava em terra antes de nossos doze soldados saírem do navio.

As forças canadenses chegaram à praia estreita e pedregosa bem na hora em que os turistas do Ioffe terminavam seu passeio. Os turistas eram frágeis senhores de cabelos brancos trajando jaquetas de Gore-Tex em azul e laranja. Tinham pagado 8.845 dólares para ver o Ártico vasto e vazio. Câmeras e binóculos pendiam-lhes do pescoço. Pareciam confusos. Os Vandoos carregaram suas mochilas de 50 quilos e pisaram firme na praia, grunhindo, de fuzil na mão. Avançaram pela tundra encharcada, as botas afundando na lama a cada passo. Um dos guias do Ioffe, um homem de Seattle de barba espessa e chapéu marrom, interrompeu a marcha para nos lembrar de "não deixar rastros" – o ambiente de Devon era frágil. O sargento Forte encarou o norte-americano. "Muitos de nós passamos bastante tempo no Norte", disse. "Na verdade, nós viemos aqui protegê-lo."

Nos Estados Unidos, estávamos no finalzinho do segundo governo Bush, e as políticas para o Ártico e para o clima seguiam à deriva. A primeira porque as prioridades de segurança nacional haviam mudado (não havia mais o temor de um ataque soviético pelo norte), a segunda porque as prioridades econômicas não tinham se alterado (reduzir emissões de carbono implicava limitar o consumo de combustíveis fósseis e o motor de um século de crescimento meteórico). No entanto, nas vezes em que visitei Washington no inverno e na primavera de 2007, encontrei os princípios de outra mudança. Agora o Ártico voltava a ser uma questão – uma questão econômica – e a mudança climática se tornava uma questão de segurança nacional.

O primeiro relatório a explorar a ligação entre clima e segurança foi encomendado pelo Pentágono ao futurólogo Peter Schwartz, ex-diretor de estratégias de longo prazo da Shell que previu acontecimentos que abalariam o mundo, como o colapso da União Soviética. Seu relatório *An Abrupt Climate Change Scenario and Its Implications for United States National Security* [Cenário de mudança climática abrupta e suas implicações para a segurança nacional dos Estados Unidos], de 22 páginas, publicado em 2004, recomendava que o país "garantisse o acesso seguro ao fornecimento de água e de alimentos", "se preparasse para situações inevitáveis causadas pelo clima, como a migração em massa, doenças e epidemias", e pesquisasse meios de remodelar o clima global segundo nossas preferências, por meio do que é conhecido como geoengenharia. Em um período de dois meses na primavera de 2007, Schwartz publicaria um segundo relatório (para uma agência não especificada), o Senado ordenaria que os dezesseis principais órgãos de espionagem ajudassem o Conselho de Inteligência Nacional a produzir o próprio relatório confidencial, e onze renomados generais e almirantes da reserva, com o Centro de Análises Navais, publicariam outro estudo de referência, *National Security and the Threat of Climate Change* [A segurança nacional e a ameaça da mudança climática]. Logo esses estudos seriam tão frequentes e previsíveis em Washington quanto as chuvas de maio, uma confiável fonte de emprego para os profissionais de *think tanks*, e todos diziam efetivamente a mesma coisa: embora a mudança climática não fosse uma ameaça à existência dos Estados Unidos, não da maneira como era para Kiribati ou Bangladesh, ela prenunciava incessantes medidas. Os temores do Pentágono, como Schwartz me explicou, poderiam ser resumidos em uma única palavra: Mogadíscio. "A grande seca levou à fome, que levou ao colapso da Somália, que levou à intervenção da ONU, que levou à intervenção dos Estados Unidos, que levou a um desastre militar", disse ele. "Eles veem Mogadíscio se repetindo no futuro."

A 8 quilômetros do Pentágono, em um prédio comercial padrão no centro de Arlington, ficava a Comissão de Pesquisa do Ártico dos Estados Unidos. Quando a visitei, os sete comissários e três funcionários eram o núcleo da política nacional para o Ártico, enquanto ela existia. Seu diretor executivo orgulhosamente mostrou-me um novo mapa batimétrico pan-ártico que a comissão tinha ajudado a produzir: o polo Norte estava no centro, e os contornos do leito marinho rico em petróleo – ainda a parte menos mapeada do planeta – revelavam-se como nunca.

Comecei perguntando sobre a Passagem do Noroeste, mas nos Estados Unidos, diferentemente do Canadá, o assunto não desperta grandes paixões. Os Estados Unidos não discordam de que a passagem fica em águas canadenses. O que se afirma é que ela é um estreito internacional como Malaca, Gibraltar, Bab-el-Mandeb, Dardanelos e Bósforo – uma hidrovia que deveria estar aberta a navios mercantes e petroleiros de todas as nações. A União Europeia compartilha a interpretação dos Estados Unidos, e a China – outro país com muito a ganhar com uma passagem aberta – recentemente deu a entender o que pensava quando o Snow Dragon, seu quebra-gelo de 550 pés, apareceu no Ártico e o capitão calmamente desembarcou passageiros no assentamento canadense de Tuktoyaktuk.

"Por que somos nós que precisamos negociar isso com o Canadá?", exclamou George Newton, um bigodudo ex-capitão de submarino nuclear e comissário havia muito tempo. "Será que o Japão, que tem uma frota enorme, não deveria assumir a liderança? Ou a Maersk, a grande empresa de transporte marítimo dinamarquesa? A Dinamarca não deveria ter participação nisso?" Ele explicou que o direito de "passagem inocente" por estreitos ativos foi salvaguardado pela Convenção das Nações Unidas sobre o Direito do Mar – a chamada Constituição do Mar, um tratado assinado até o momento por 164 países. (Os Estados Unidos redigiram boa parte da convenção, mas, por causa dos receios conservadores em relação a pactos com a ONU, ainda não a assinaram.) Newton admitiu que as controvérsias jurídicas em torno da Passagem do Noroeste são complicadas pelo gelo: ela normalmente fica congelada, por isso não se pode dizer que é um estreito ativo. E é também difícil dizer que nunca será. O vocabulário do tratado a respeito das áreas cobertas de gelo prejudica a posição dos Estados Unidos tanto quanto o linguajar sobre os estreitos internacionais a beneficia. Mesmo assim, todos em Washington estavam confiantes de que a retórica poderia ser abrandada, de que todos poderiam agir como adultos em relação a isso. A economia do negócio fazia com que um acordo fosse inevitável.

A ratificação da Convenção sobre o Direito do Mar era e é o principal objetivo da Comissão de Pesquisa do Ártico. Isso, contudo, não tem praticamente nada a ver com a Passagem do Noroeste e quase tudo a ver com petróleo e gás. Se o tratado estabelece regras de navegação e o direito de cada país aos peixes e minerais a 200 milhas náuticas de sua costa, ele também permite que as nações reivindiquem mais território de acordo com a extensão de suas plataformas continentais. "Isso é parte de nossa terra" é o argumento básico. "Por acaso, está embaixo d'água." Essa decisão, que constitui o artigo 76 da convenção, pode transformar o mundo em um lugar diferente. Levando em conta a posse de leito marinho, os Estados Unidos, graças à extensão de suas fronteiras marítimas e ao fato de que cada um de seus territórios insulares é circundado de uma área gigante de soberania sobre o oceano, cresceriam 10,6 milhões de quilômetros quadrados. O país ficaria maior do que a China, o Canadá e a Rússia com as próprias posses expandidas, tornando-se o maior do mundo.

No Ártico raso, praticamente cada trecho de leito marinho poderia ser reivindicado por alguém, e os Estados Unidos tinham um pé fincado ali graças ao Alasca. A esperança dos comissários era a de que o artigo 76 ajudasse o país a assegurar sua porção de petróleo polar – estimada em cerca de 650 bilhões de dólares. Tratava-se da regra segundo a qual os cinco países com fronteira no oceano Ártico – Canadá, Dinamarca, Noruega, Rússia e Estados Unidos – dividiriam o Norte. Eram os termos de compromisso para a última grande partilha imperial.

"Nossa necessidade de petróleo não vai desaparecer", disse Newton. "Vamos precisar de tudo em que colocarmos as mãos. Mesmo que não usemos tanto em carros e caminhões, vamos precisar de plásticos, de fertilizantes e de todas essas outras coisas essenciais para a vida cotidiana. Quanto mais petróleo estiver associado diretamente a nós, quanto mais vier por um oleoduto ou por uma rápida viagem por águas norte-americanas, melhor para nós." Em sua opinião, o arquipélago ártico do Canadá é o próximo campo gigante de exploração de petróleo, e não só: estima-se que haja 21 bilhões de toneladas de carvão na ilha de Ellesmere, e o metano – outra potencial fonte de energia e um gás gerador de efeito estufa pelo menos vinte vezes mais prejudicial do que o dióxido de carbono – vaza por toda parte no permafrost derretido do Ártico.

Os comissários viram a Rússia – que tinha acabado de anunciar planos para que um exército especial protegesse plataformas e oleodutos – ficar rica com seus campos de petróleo ao norte. "Olha só como aquele país está saindo do atoleiro", comentou Newton. "Eles estão se levantando, flexionando os músculos, sentindo-se os fortões – as pessoas vão respeitar. Tudo graças ao Ártico."

Nosso acampamento na ilha de Devon ficava em um trecho plano de uma elevação no sopé de uma colina avermelhada de seixos. A nossa frente estava a Passagem do Noroeste; ao lado, o fiorde onde foi [o assentamento] Dundas Harbour; e, abaixo, a algumas centenas de metros, as construções de madeira, desgastadas pelas intempéries, do posto abandonado da Polícia Montada. Havia restos de iceberg na baía e trechos de grama amarelada em torno das cabanas. O que havia de mais verde à vista eram as barracas triangulares dos Vandoos, enfileiradas em estilo militar. Nossa tripulação de Rangers inuítes, dois homens e duas mulheres que tinham chegado de helicóptero mais cedo, estava fechada em uma barraca próxima, jogando baralho. Eles ficavam dando gargalhadas porque um deles não parava de soltar puns. Eu estava metido em minha barraca verde, que dividia com o sargento Forte e com o cabo-chefe Bradley, a quem fora dito, incorretamente, que teriam abrigo.

Havia pouco a fazer. Na primeira noite, o sargento dos Vandoos passou horas tentando estabelecer contato com o Moncton e com os dois postos de observação do estreito. O que ele ouviu foi principalmente estática, mesmo depois de sua equipe arrumar várias vezes a antena do rádio. "Alguma estação, alguma estação?", perguntava ele, no vazio, pronunciando mal as palavras. "Aqui é Trinta, Um, Bravo... Pode repetir? Pode repetir? Pode repetir?" Um dos inuítes, que, ao contrário do quebequense, tinha aprendido inglês canadense-padrão na escola, assumiu o rádio, sem sorte também. Quatro dos Vandoos, aparentemente entediados, saíram correndo e subiram a colina atrás do acampamento, voltando apenas quando seus superiores gritaram. Eu fiquei contando icebergs. Havia quinze à vista, incluindo dois gigantes do tamanho de navios e duas metades de outro que os Rangers tinham visto partir-se mais cedo naquele dia. O gelo se mexia, porém tão lentamente que era preciso afastar os olhos um instante para notar qualquer mudança. O sol tentava, mas nunca se punha. A 74 graus ao norte, a noite, se é que se pode chamar assim, era um período de três horas de um cinza mais escuro do que o normal.

Descobrimos que a cerca elétrica que tínhamos recebido para manter os ursos-polares afastados não funcionava. Nossa proteção contra eles consistia em duas espingardas de calibre 303 e de quatro inuítes. Por isso, o sargento dos Rangers reuniu todo mundo em torno de seu laptop para ver um DVD sobre segurança contra ursos. Dica: não funciona despistá-los. Ele disse que os três primeiros disparos seriam "assusta-ursos" – explosões semelhantes às de fogos de artifício com o intuito de amedrontar os animais – e o último seria uma bala de chumbo. Segundo a lei canadense, somente os inuítes tinham permissão para matar ursos-polares, sem exceções. No entanto, em caso de vida ou morte, todos precisavam estar preparados para usar a bala de chumbo. Deveríamos mirar o urso no pescoço ou logo abaixo do ombro, onde teríamos chance de acertar no coração.

Mais turistas chegaram na segunda manhã – 92, todos com o mesmo modelo de jaqueta de Gore-Tex amarelo – e afluíram para nossas barracas. "Parece a marcha dos pinguins, não é?", disse o sargento Forte. Uma senhora de boina e mochila pequena aproximou-se e o encarou.

"Quem é você?", perguntou ela.

"Quem é você?", perguntou o sargento.

"Eu sou do navio", respondeu ela. Era norte-americana, de Chicago. Sua amiga, uma portuguesa que vivia perto do Canadá, no norte do estado de Nova York, aproximou-se. A conversa tomou o rumo da soberania. "Os norte-americanos são essencialmente gananciosos", disse a amiga. "Se houver petróleo aqui, eles virão. Todas essas guerras são por causa disso." Ela mencionou a ilha Hans, e o sargento Forte ficou animado.

"Eu acho que a solução mais direta para a ilha Hans é simplesmente plantar alguém lá", opinou ele. "Basta deixar gente lá o ano inteiro."

A mulher fez uma careta. "Mas aí os dinamarqueses também iam simplesmente mandar alguém para lá", respondeu ela.

A dupla saiu andando, e nós ficamos parados ali, no acampamento, com as mãos nos bolsos. "Aquela mulher tem opinião sobre tudo", comentou o sargento. "O que ela falou é completamente insano", disse Bradley. "É asneira falar em disputa por petróleo. A gente produz tanto e manda tanto para o sul que vocês não precisam vir aqui e tomar – estamos vendendo quase de graça." Observamos os turistas voltarem para seu barco em uma flotilha de Zodiacs. Assim que eles chegaram a bordo, um dos Rangers pegou seu rifle e deu um tiro em uma lebre ártica de quase 1 metro – uma bala entre os olhos a 200 metros de distância. Ele a tinha visto antes, mas não queria assustar os visitantes. Esfolou-a, cortou-a em pedaços e colocou-a sobre um saco plástico no meio do campo, onde ela começou a secar ao sol.

À época, nós não sabíamos, mas um ano mais tarde a Passagem do Noroeste estaria degelada e aberta pela primeira vez, segundo os registros históricos. A calota polar quebraria todos os recordes ao encolher até o formato de um rim, fino e doente, com meros 1,3 mil quilômetros na parte mais estreita. E a demonstração de força do Canadá no Norte, sua energia, seria eclipsada por um incidente internacional oferecido pela Rússia. Em agosto de 2007, um quebra-gelo que levava o explorador polar Artur Chilingarov, o vice-presidente do Parlamento russo e uma figura importante do partido Rússia Unida, de Vladimir Putin, encontrou uma abertura no gelo acima do polo Norte. Dois submersíveis entraram e por três horas desceram na mais completa escuridão até o leito marinho, a 4 mil metros de profundidade. Então o submersível de Chilingarov usou seu braço mecânico para plantar uma bandeira tricolor de titânio – a bandeira branca, azul e vermelha da Rússia – na argila plana do polo Norte verdadeiro e voltou à superfície, onde era esperado por mais de quarenta jornalistas. "O Ártico", proclamou ele na entrevista coletiva, "sempre foi russo". Nascia um meme: a batalha do Ártico.

Por um ano ou dois, todo mundo ia fingir que tanto a bandeira da Rússia como as operações de soberania do Canadá seguiam alguma lógica geopolítica coerente, que isso tinha de fato importância. Mas a verdade era que, segundo a Convenção sobre o Direito do Mar, a partilha do Ártico já estava a pleno vapor, só que era menos dramática: o que importava eram mapas batimétricos, levantamentos sísmicos e bons advogados. Os cientistas estão mapeando o leito marinho outrora não cartografado e vão discutir, com políticos e advogados, o que é e o que não é plataforma continental, o que pertence a quem, e depois o Ártico aquecido será dividido em cinco pedaços para cinco países ricos cujas emissões históricas ajudaram a tornar essa conquista tão importante – nenhuma bandeira, nenhum navio de guerra será necessário.

Longe de desprezar o direito internacional em sua corrida para o Norte, a Rússia foi a primeira nação do mundo a apresentar um pleito relacionado ao artigo 76, em 2001. Seu pedido inicial, que reivindicava 45% do oceano Ártico, foi rejeitado pela ONU porque os dados eram incompletos, e agora a Rússia está reunindo mais. Um cruzeiro de 45 dias com sessenta cientistas havia acontecido dois meses antes do mergulho de Chilingarov no polo Norte, produzindo pilhas de dados e zero barulho na mídia. Em um lúgubre escritório de uma travessa de São Petersburgo, os geólogos que comandaram esse e outros levantamentos me mostrariam orgulhosamente as fotografias de sua maneira de coletar dados sísmicos: homens empurrando para dentro de uma fenda no gelo um saco do tamanho de um carrinho de golfe cheio de dinamite.

O Canadá assinou a Convenção sobre o Direito do Mar em 2003; a Dinamarca, em 2004. Apesar das tensões que ainda existem em torno da ilha Hans, os dois países trabalharam juntos para provar que a dorsal de Lomonosov, a cordilheira submarina transártica de 1,8 mil quilômetros que pode justificar a reivindicação russa do polo Norte, também está conectada com a ilha de Ellesmere, do Canadá, e com a Groenlândia, da Dinamarca. Os Estados Unidos mandaram cientistas e representantes do Departamento de Estado para o norte do Alasca para preparar pleitos relacionados a partes dos mares de Chukchi e de Beaufort; uma vez passei um mês sem dramas com eles em um quebra-gelo. Quanto à quinta nação ártica, a Noruega, ela apresentou seu pleito associado ao artigo 76 em 2006. Exibindo dados reunidos por seu Ministério de Petróleo e Energia, reivindicou 250 mil quilômetros quadrados de relevo oceânico, reservando o direito de reivindicar mais assim que resolvesse com a Rússia sua disputa quanto à fronteira no mar de Barents, rico em petróleo – a disputa seria resolvida sem estardalhaço quatro anos depois.

Somente a Rússia diria em voz alta aquilo que as demais nações árticas estavam começando a admitir. "O aquecimento global não é tão catastrófico para nós quanto pode vir a ser para outros países", declarou um porta-voz do Ministério de Recursos Naturais. "Na verdade, nossa situação vai até melhorar. Uma parte maior do território russo estará disponível para a agricultura e para a indústria." Putin uma vez comentou de maneira mais casual: "Vamos deixar de gastar em casacos de pele e em outras coisas quentes". Em Moscou, ouvi palavras calorosas do próprio Chilingarov. "Claro que defendo a cooperação internacional no Ártico", disse-me em seu escritório na Duma, o Parlamento russo. Ele era a favor da Convenção sobre o Direito do Mar, e sua explicação da bandeira de titânio foi direta: quando um explorador vai a algum lugar – seja a Lua, seja o monte Everest, seja o polo Norte verdadeiro –, ele planta a bandeira de seu país. Chilingarov assinou uma fotografia da bandeira e do braço robótico para mim e depois deu nela uma dramática estocada com o dedo indicador, apontando para o leito marinho. "Olhe aqui, aqui e aqui", disse ele. "Há muito espaço para as bandeiras dos outros países." Como vim a perceber, se cada país tivesse um pedaço grande o bastante do Ártico, haveria pouco incentivo para uma briga pelos restos.

Com o tempo, descobri que essa era também a opinião ponderada das agências de inteligência norte-americanas. Em um encontro divertidamente furtivo em um Starbucks de Washington, D.C., discuti o relatório confidencial sobre mudança climática do Conselho de Inteligência Nacional com uma pessoa que pediu que fosse identificada como "alta autoridade da inteligência a par das questões". Sua perspectiva era clara. Há preocupação com refugiados de um Sul mais seco, claro. Há preocupação com a necessidade de interferir nas guerras por recursos da África. Há preocupação com os danos causados à infraestrutura doméstica pela elevação do nível do mar. Mas, no Ártico, quando seu país é uma das cinco nações apenas que reivindicam um quarto do resto do petróleo do mundo, em uma região que outros consideram propriedade comunitária global, não há razão para se preocupar muito com as outras quatro.

Mais tarde naquele mesmo dia, já no posto de observação, a Montreal apareceu no estreito, com o Moncton, menor, vindo atrás como um elefante bebê. Ficamos observando as embarcações deslizarem a nossa frente. O sargento dos Vandoos mexia no rádio e cantava baladas em inglês com sotaque francês: *"Are you lonesome tonight?... Are you sorry we drifted apart?"*. O inuíte encarou-o. "Elvís", disse ele. "Você não conhece Elvís?" Depois, liderou alguns soldados em uma malsucedida expedição de pesca. Quando chegaram, tiraram a roupa e mergulharam no oceano Ártico, ficando nele tempo suficiente para lavar os cabelos com um frasco de xampu Pert Plus.

Passamos um pente-fino nas rações – os itens indesejados foram jogados em uma caixa de papelão – e eu fiquei implicando com o sargento Forte a respeito do norte-americano de chapéu do dia anterior, um invasor que havia tido a audácia de dizer aos canadenses como eles deviam cuidar da própria terra. O sargento era canadense demais para rir da ironia. "Tudo bem", disse ele. "Ele estava certo. Nós precisamos tomar cuidado com o meio ambiente por aqui." A seriedade dele me afetou. Os petroleiros viriam inevitavelmente, e não existe método comprovado para limpar um vazamento no gelo. O petróleo fica preso embaixo dele, é difícil usar diques de retenção e os dispersores químicos não funcionam em temperaturas baixas; um dos métodos de maior sucesso tem sido simplesmente incendiar o petróleo e vê-lo queimar até sumir.

O rádio começou a funcionar, e do outro lado do estreito nos chegaram os relatos do que tinha acontecido com os outros postos de observação. Os homens e mulheres do Posto de Observação 2 desembarcaram em mar agitado – os pilotos da Marinha tinham ignorado a recomendação dos Rangers de usar um acesso mais fácil – e dois Zodiacs foram inundados pelas ondas. Os soldados precisaram usar os capacetes para esvaziar os botes. Alguns voltaram à Montreal apenas para se aquecer, enquanto o resto improvisou um acampamento no trecho mais baixo de uma encosta íngreme. De manhã eles souberam que seu objetivo, uma estação de pesquisa científica abandonada, ainda estava a 6 quilômetros de distância. Tiveram de ser levados de helicóptero. Ao chegarem, encontraram um dos bimotores da Força Aérea, que deveria servir de apoio, preso na lama de uma pista de pouso. O telefone via satélite não dava sinal, e o rádio mal funcionava. No Posto de Observação 3, as tropas quase foram devoradas por um urso-polar. Enquanto esperavam uma carona de helicóptero, tiraram a cerca contra ursos e removeram a munição das espingardas, que é o procedimento-padrão antes de um voo. O urso subia furtivamente um barranco e já estava a 50 metros do posto quando o piloto do helicóptero o avistou. Ele teve de mergulhar a aeronave para espantar o animal. Em comparação com a monotonia da ilha de Devon, isso tudo parecia bem emocionante. Mas nossa função era observar, e foi o que fizemos. Nosso trabalho era estar presentes, e nós estivemos.

A névoa voltou, e o mundo ficou cinza e fantasmagórico. Quando ela se dispersou, o sargento Forte e eu exploramos o posto avançado da Polícia Montada. A pintura vermelha da porta da frente estava apagada. Do lado de dentro encontramos uma máquina de costura, um barril de combustível enferrujado e uma mesa de madeira com livros empilhados: *Two Black Sheep*, *The Astounding Crime on Torrington Road* e *Buck Rogers in the 25th Century*. Na parede, alguém tinha pregado um inventário do verão de 1945: dois canis, um mastro, uma pá para brasas, uma mesa de cozinha com quatro cadeiras, um aquecedor a carvão, um barril de água de 170 litros, dois tanques de gordura. Os túmulos dos dois Mounties que tinham morrido ali ficavam colina acima. "Se eu pudesse voltar para uma cabana quentinha", disse o sargento, "eu aguentaria. Eu conseguiria aguentar um inverno aqui".

Tínhamos ainda três dias. Fizemos uma fogueira. Dormíamos cada vez mais tarde. O tempo passava sem deixar marcas. Uma noite, fiquei sozinho do lado de fora de minha barraca, observando o sol, que nunca se punha. Os dois Vandoos mais jovens – de dezesseis e de dezessete anos – tinham sido incumbidos do primeiro turno de vigia. Vi um deles pegar sua câmera de vídeo e começar a andar pela tundra, filmando quase nada, afinal. Seu colega, sentado, olhava a Passagem do Noroeste, erguia o rifle e mirava o vazio, depois abaixava a arma, a levantava, a abaixava.

Os jogos da Shell

Quando uma empresa petrolífera
acredita na mudança climática

Mais de trinta anos atrás, antes de a Royal Dutch Shell tornar-se a primeira das gigantes do petróleo a lucrar com o derretimento do oceano Ártico, o fundador de sua celebrada equipe de futurólogos foi ao Japão. Pierre Wack era um francês magro que gostava de queimar incenso, seguidor do guru careca greco-armênio Georges Gurdjieff, que ensinava seus discípulos a transcender o estado hipnótico do "sono acordado", no qual, em sua opinião, a maioria dos seres humanos passava a maior parte da vida. O próprio Wack falava principalmente por parábolas, e todo ano ele tirava algumas semanas de férias da Shell para meditar com outro guru na Índia. Nessa viagem ao Japão, Wack viu no centro científico de Tsukuba, ao norte de Tóquio, uma exposição de arte que considerou a metáfora perfeita para seu trabalho na empresa petrolífera. As várias telas de vídeo da mostra simulavam a maneira como diferentes animais viam o mundo. A abelha via centenas de imagens pequeninas; o sapo, uma realidade bidimensional sem profundidade. O mais importante era o cavalo. Como os olhos dele ficam de um lado e de outro da cabeça, a tela mostrava o contrário da percepção humana normal. "Os seres humanos enxergam os objetos periféricos, no canto dos olhos, borrados e distorcidos", explica Peter Schwartz, protegido de Wack, em *The Art of the Long View: Planning for the Future in an Uncertain World* [A arte da visão de longo prazo: planejando o futuro em um mundo de incertezas], seu livro sobre a ferramenta estratégica que a Shell denomina planejamento de cenários. "Nós enxergamos o centro com nitidez. Os cavalos, ao menos de acordo com essa representação japonesa, enxergam o periférico." O objetivo do planejador de cenários era ser como o cavalo: olhar a realidade, mas especialmente suas margens, de onde vêm as surpresas.

Em sua descrição mais simples, um cenário – ferramenta que guia a maior parte das grandes decisões da Shell há uma geração e é hoje adotada por todo mundo, da Disney ao Conselho de Inteligência Nacional – é uma história. Cada cenário é uma história provável a respeito de um futuro plausível, pesquisada e narrada por um futurólogo como Wack. Como é por meio de histórias que os seres humanos entendem mental e emocionalmente o mundo, supõe-se que o ato de imaginar um cenário força os tomadores de decisão a preparar-se para ele. Um cenário não é uma previsão: as previsões tendem a presumir que o futuro será uma continuação do presente, segundo Wack, e elas são inúteis bem no momento em que são cruciais – quando as empresas precisam se antecipar a "grandes mudanças no ambiente de negócios que tornam obsoletas estratégias inteiras". O objetivo de Wack era desenvolver múltiplas versões do futuro – uma melhoria na técnica de planejamento de cenários que ele aprendera originalmente com Herman Kahn, o homem em formato de pera que, na Rand Corporation e no Hudson Institute, foi o primeiro a contemplar o apocalipse nuclear e talvez a chamar a si próprio de futurólogo. "Herman Kahn tentava entender como seria mesmo o futuro – tentava captar o que estaria mais próximo da realidade", disse-me Schwartz. "Pierre tentava influenciar as decisões que tomamos hoje." Em vez de apostar tudo em determinado resultado, Wack fez com que sua empresa petrolífera se preparasse para prosperar em qualquer uma das versões do futuro que se concretizasse.

Na engomadinha Shell, um conglomerado de sensatos britânicos e de sensatos holandeses que levariam a empresa a se tornar, segundo certos parâmetros, a maior do mundo – com 87 mil funcionários em mais de 70 países e territórios –, os planejadores de cenários eram excêntricos que tinham acesso direto aos principais executivos. Eles bolavam futuros simplesmente heréticos demais para terem sido inventados pelos próprios homens de terno. "Eu tinha a sensação de estar caçando com uma matilha de lobos", disse Wack em uma entrevista antes de sua morte, em 1997, "de ser os olhos da matilha e enviar sinais aos outros. Agora, se você vê alguma coisa séria e a matilha não repara, é melhor checar: é você que está na frente?". Na época de Wack, a equipe de planejamento de cenários previu os dois choques árabes do petróleo da década de 1970 – inconcebíveis para os executivos, porque os preços do petróleo tinham permanecido bastante estáveis por muito tempo –, e a Shell prosperou, mas seus concorrentes não. Historicamente a menos lucrativa das Sete Irmãs do Petróleo, após uma década ela se tornaria a mais lucrativa, superando por um momento até a Exxon.

Durante o último mandato do elétrico e barbudo Peter Schwartz, engenheiro aeronáutico que estudara budismo tibetano, trabalhara com o "psicólogo transpessoal" Willis Harman e fizera amizade com Peter Gabriel e com o Grateful Dead, a Shell superou todos os supostos especialistas que diziam que o colapso da União Soviética era impossível.

As empresas petrolíferas são, pela própria natureza, orientadas para o futuro – são necessárias décadas para realizar pesquisas sísmicas, garantir concessões, fazer testes de perfuração nos poços, encontrar algo de valor, estabelecer parcerias, construir as plataformas, iniciar a produção e extrair uma reserva inteira –, porém na Shell a futurologia tornou-se parte da identidade corporativa. Outros cenários contemplavam a ascensão do extremismo islâmico, a expansão da consciência ambiental no mundo e, antes dos protestos em Seattle (contra a Organização Mundial do Comércio), uma reação violenta contra a globalização. Os cenários tinham títulos chamativos, adequados a uma boa história – "Corredeiras", "Belle Époque", "A Rússia mais verde", "Degenerescência", "Poder do povo", "Classe executiva", "Prisma" –, e eram caracterizados, acima de tudo, por sua abertura a ideias que faziam se contorcer os executivos. Portanto, não surpreende que a Shell tenha olhado de frente o futuro que faria se contorcer ainda mais os executivos de empresas petrolíferas: com a British Petroleum, ela foi a primeira entre as grandes a reconhecer publicamente a ciência da mudança climática.

Schwartz tinha ajudado a construir um modelo climático em grande escala na década de 1970 em seu emprego anterior, na SRI International, *think tank* de Palo Alto que havia inventado não apenas o *mouse* do computador como também o VALS (*Values, Attitudes and Lifestyles*) [Valores, atitudes e estilos de vida], metodologia de pesquisa usada por publicitários para mirar segmentos específicos do público norte-americano. Quando ele chegou à Shell, em 1982, a mudança climática e as emissões já faziam parte dos cenários da empresa, e parecia inevitável, disse-me ele, "que nos descarbonizássemos ao longo do tempo – por muitas razões, entre as quais o clima". Essa era uma razão pela qual a Shell começou a atuar agressivamente na área de gás natural, que libera menos carbono do que o petróleo.

Em 1998, Jeroen van der Veer, planejador de cenários que logo se tornaria CEO, dirigiu um estudo formal, relacionado à companhia inteira, sobre os impactos da mudança climática nos negócios globais da Shell. O resultado foi uma versão interna do Protocolo de Kyoto: o objetivo de reduzir em 10% as emissões globais da empresa até 2002, uma bolsa de carbono interna, um preço sombra de carbono e o compromisso de avaliar os projetos não apenas pelo lucro que poderiam gerar, mas também pelo carbono que emitiriam. Na bolsa de carbono, cada unidade da Shell recebia uma licença baseada em suas emissões pregressas e depois era incentivada a reduzir essas emissões e vender a licença a unidades que precisavam mais delas. O programa logo fracassou, porque era voluntário – somente as unidades que poderiam facilmente reduzir suas emissões participaram dele – e porque as poucas que precisavam de mais licenças simplesmente as solicitaram à sede da Shell, que as concedeu. No entanto, o compromisso de calcular as emissões internas permaneceu, e a companhia atingiu com facilidade a redução de 10% em 2002, em grande parte por cessar a combustão de metano que havia muito iluminava o céu sobre suas refinarias na

Nigéria. Se calcularmos o carbono do modo como faz a Shell, levando em conta apenas suas operações, ela emite tanto carbono quanto as Ilhas Marshall ou as Ilhas Virgens Britânicas. Se, de outro lado, incluirmos as emissões dos produtos que a empresa extrai do solo e vende para o mundo, ela está mais próxima da Alemanha, sendo responsável por no mínimo 3% das emissões anuais de gases de efeito estufa da humanidade.

Uma década após o primeiro estudo climático de Van der Veer, a Shell deu um grande passo adiante. Em 2008, ela divulgou dois cenários descrevendo o mundo até 2050, "Planos" e "Corrida", que advertiam explicitamente para os riscos da mudança climática. Eles também previam uma vasta explosão na demanda global por energia. Pela primeira vez, a Shell afirmou preferir um dos cenários: "Planos", mais verde e com menos emissões, oferecia um futuro mais promissor para a empresa e para o planeta. Van der Veer deu entrevistas, declarando que deveria se tornar mais caro emitir carbono e outros gases de efeito estufa. Acordos globais para bolsas de carbono eram urgentemente necessários. Seria necessário impor padrões de eficiência. Tudo isso implicaria mais regulamentações do governo. "As pessoas sempre acham [...] que o mercado vai resolver tudo", disse ele. "Isso, claro, não faz o menor sentido." Entretanto, à medida que o tempo passava e os governos continuavam a fazer pouco para regular as emissões, a Shell, seguindo a receita de Wack, preparou-se para prosperar em qualquer versão do futuro que se tornasse realidade. Seria um caso de teste de como as empresas com visão de futuro escolheriam navegar por conta própria pela mudança climática.

A Shell divulgou "Planos" e "Corrida" na mesma semana em que Robert Jan Blaauw, seu estrategista-chefe para o Ártico, estava em uma conferência chamada Fronteiras do Ártico, em Tromsø, na Noruega: seis dias de palestras, de cruzeiros pelo litoral, de banquetes, de shows de dança e de música em que também estavam presentes as gigantes ConocoPhillips e ExxonMobil, além de grandes empresas nacionais, como a Statoil, da Noruega, a Gazprom e a Lukoil, da Rússia, a Eni, da Itália, e a Total, da França. Na primeira noite, véspera da primeira aurora boreal do ano em Tromsø, fiquei observando centenas de executivos e de autoridades de pé comendo doces *solbolle* – bolas de sol – e sendo recebidos por um artista lapão vestido de suéter de lã. "Vocês estão sentindo o lobo?", perguntou ele à plateia poliglota, segurando o microfone com cuidado e começando a uivar.

O verão anterior tinha encolhido o gelo marinho ártico em mais de 1,3 milhão de quilômetros quadrados, duas vezes a área do Texas, um recorde dramático. A culpa era principalmente das emissões de carbono, boa parte vinda dos combustíveis fósseis. Contudo, dentro do auditório, a questão não era se o Ártico deveria ser desenvolvido, mas como. Disse o ministro de Petróleo e Energia da Noruega: "Considero importante reconhecer que isso [o derretimento] é também uma oportunidade". Um membro do Institute of the North, do Alasca: "Aliás, 25% das reservas conhecidas de carvão do mundo estão localizadas no Ártico". Um cientista social norueguês: "A Avaliação do Impacto Climático no Ártico analisa a maneira como a mudança climática afeta as condições de produção de petróleo e de gás, não como a produção de petróleo e de gás afeta a mudança climática global". Um executivo da ConocoPhillips: "Colocar o urso-polar na Lei de Proteção às Espécies Ameaçadas de Extinção não vai contribuir em nada para retardar o recuo do gelo". Um autor da nova Avaliação de Petróleo e Gás do Conselho Ártico: "Em geral, os animais que têm penas e pelagem são sensíveis a derramamentos de óleo". Um membro do gabinete de Sarah Palin, que seria posteriormente escolhido pelo presidente Obama para comandar o projeto do gasoduto do Alasca: "Como disse um famoso historiador, 'a riqueza gerada por Prudhoe Bay e por todos os outros campos da Encosta Norte desde 1977 vale mais do que todos os peixes jamais pescados, todas as peles jamais pegas, todas as árvores cortadas;

junte todo o cobre, todas as barbatanas de baleia, todo o gás natural, todo o estanho, toda a prata, toda a platina e qualquer outra coisa que já tenha sido extraída do Alasca. O balanço da história do Alasca é simples: uma Prudhoe Bay vale mais em dólares do que tudo o que já foi cavado, cortado, preso ou morto no Alasca desde o começo dos tempos'. Sim, para nós o petróleo é tudo".

No final da segunda manhã, durante uma sessão intitulada "Desafios ambientais: gerenciamento de risco e soluções tecnológicas", o chefe do programa para o Ártico do World Wildlife Fund subiu ao palco. "Perdão aos tradutores", disse ele, "porque vou falar bem rápido. O.k. Vocês comprariam uma casa em uma planície que fica abaixo de uma área que inunda a cada cinquenta anos? Se fossem de uma agência reguladora, estabeleceriam a cada cem anos o padrão para usinas nucleares em um acidente sério?". Ele falava alto, com sotaque australiano, e seu bigode se agitava para cima e para baixo enquanto sua cabeça se precipitava para a frente e para trás.

"Acho que a resposta da maioria das pessoas aqui seria 'não'", continuou. "Então por que nós, a espécie mais inteligente e inventiva do planeta, continuamos a promover atividades que oferecem muito mais riscos do que qualquer uma das que acabo de citar?" Ele começou a desfiar fatos: o ritmo do aquecimento do Ártico, a contração do manto de gelo da Groenlândia e a elevação do nível do mar em consequência da cheia dos rios da Sibéria. O carbono atmosférico estava aumentando 1,9 parte por milhão a cada ano, em comparação a 1,5 parte por milhão nos últimos trinta anos. Os reservatórios naturais de carbono – oceanos, plantas – conseguiam agora armazenar 10% menos carbono do que cinquenta anos atrás, com a diminuição de sua eficiência como depósitos. "Desde 2000, as emissões de carbono de combustíveis fósseis triplicaram – triplicaram em comparação com a década de 1990!", exclamou ele. "Estamos ultrapassando até as maiores projeções de emissões do IPCC." Então exibiu um gráfico e mostrou como estávamos acima da linha vermelha.

"Bem, permitam-me resumir", disse ele. "Perdemos 22% da área do gelo marinho em dois anos, e vocês acham isso perfeitamente normal. Perdemos 80% do volume do gelo marinho ártico nos últimos quatro anos, e fingimos que isso só é parte de nosso negócio." Ele olhou para a plateia, claramente agitado. "Então, o que podemos concluir?", perguntou. "Que o rei está nu. A expansão das atividades de petróleo e gás no Ártico aumentará as emissões de gases de efeito estufa, as quais provocarão novas mudanças sistêmicas e de temperatura da Terra, que, por sua vez, causarão fortíssimos impactos no Ártico e no planeta, que prejudicarão a vocês e a mim. Senhoras e senhores, estamos vivendo um paradoxo." Ele então pediu moratória para toda a exploração de petróleo e gás *offshore* no Ártico. Por um instante, houve um silêncio perplexo – a raiva dele parecia deslocada, rude, um transtorno, uma interrupção do que até então tinha sido uma conferência bem interessante – e em seguida a plateia aplaudiu polidamente.

Com o tempo, a Shell teria uma resposta ensaiada ao aparente paradoxo, que era dizer que não havia paradoxo algum. "A questão era saber se produzir petróleo e gás no Ártico constituía um paradoxo", disse Blaauw em outra conferência. "Acho que não. A história é bem simples. Hoje nós dividimos o planeta com 6,9 bilhões de pessoas. Em 2050, haverá 9 bilhões. Para dar conta de uma demanda que cresce tão rápido, especialmente na China e na Índia, fontes de energia diversas precisam ser desenvolvidas em paralelo. Energia renovável, sim, em volumes cada vez maiores. Temos de reduzir as emissões de CO_2. No entanto, também precisamos dos combustíveis fósseis e da energia nuclear. Precisamos de todos eles. À medida que as fontes de petróleo e de gás convencionais se esgotam, devemos olhar para recursos não convencionais e para locais não convencionais. É exatamente aí que entra o Ártico."

Os executivos da Shell também evitam cuidadosamente qualquer sugestão de que as ambições da empresa no Ártico estejam ligadas ao derretimento do gelo marinho. Isso é razoável sob muitos aspectos. Como observou Blaauw, na última vez em que os preços do petróleo atingiram as alturas, após os choques da década de 1970, a Shell começou a explorar os mares árticos de Chukchi e de Beaufort, a oeste e ao norte do Alasca, só desistindo de uma dúzia de prospecções depois que os preços caíram de novo. Sua principal plataforma de perfuração ártica, a Kulluk, com 28 mil toneladas e 80 metros de diâmetro, comprada em 2005 e restaurada a um custo de mais de 300 milhões de dólares, tem mais de trinta anos; ela havia sido construída no mesmo período de preços altos. Agora os preços tinham recuado, a oferta global era ainda menor e tecnologias avançadas também tornavam o Ártico mais viável comercialmente: graças a uma nova tecnologia de exploração, a perfuração direcional, não é mais necessária uma plataforma cara e ambientalmente perturbadora para cada poço. Em vez de dúzias de furos no leito marinho, uma única plataforma poderia perfurar uma teia de poços em todas as direções. Houve mais uma mudança fundamental: nas décadas de 1980 e de 1990, o gasoduto Trans-Alasca, de 1,3 mil quilômetros, estava cheio de petróleo de Prudhoe Bay, cheio demais para levar qualquer outra coisa. Agora estava tão vazio que as autoridades do Alasca buscavam, desesperadas, novas fontes, para evitar que o petróleo seco nos canos ficasse tão frio que congelasse.

No entanto, o derretimento do gelo não é irrelevante. Em declarações públicas e em conversas privadas, os representantes da Shell admitem as seguintes verdades: a mudança climática é real. A mudança climática está derretendo o Ártico. Mares sem gelo são melhores para navegar. Mares sem gelo são melhores para limpar petróleo derramado. Mares sem gelo são melhores para pesquisas sísmicas, pois, como explica o site da empresa, "permitem que os exploradores enxerguem através da matéria sólida do mesmo jeito que um ultrassom enxerga um bebê dentro da mãe". E, em lugares como o Alasca, os governos só permitem a perfuração de poços no verão, estação que vem ficando cada vez mais longa, ano após ano. Como disse o vice-presidente da Shell à plateia de outra conferência, "eu serei uma das pessoas que mais vão celebrar um verão sem fim no Alasca".

Certa manhã, encontrei Blaauw na fila do café da Arctic Frontiers, e ele expressou opinião semelhante. Uma armada de dezoito navios da Shell tinha partido recentemente para o mar de Beaufort, onde a empresa havia outra vez adquirido concessões de perfuração em 2005, mas fora bloqueada nos tribunais por uma coalizão de grupos nativos e ambientalistas antes que a exploração de verão pudesse começar.

"Naquele ano, era tão anormal a pouca quantidade de gelo", disse-me Blaauw, "que é uma pena que não tenhamos podido prosseguir com as perfurações". O Ártico não era como a Arábia Saudita. "Se alguém perder a oportunidade de fazer uma perfuração no Oriente Médio", explicou ele, "pode voltar em seis semanas. Mas o Ártico é lento, muito lento. É preciso esperar um ano inteiro até o gelo sumir de novo". Perguntei se o que diziam sobre o Extremo Norte ser o próximo gigante da produção de petróleo era exagero. Não era, respondeu ele. Eu devia ficar de olho na iminente Licitação 193 do Alasca, o primeiro leilão *offshore* do mar de Chukchi em dezessete anos. "Existem enormes esperanças para o Ártico", disse ele, "e eu acho que você vai ver isso refletido nos preços dessa licitação de Anchorage".

"No mundo otimista de 'Planos'", escreveu Jeroen van der Veer no folheto que apresentava os dois cenários da Shell para 2050, "cada vez mais ações locais abordam os desafios do desenvolvimento econômico, da segurança energética e da poluição ambiental. Aplica-se um preço a uma massa crítica de emissões, dando um grande estímulo ao desenvolvimento de tecnologias de energia limpa". Haveria medidas de eficiência energética, carros elétricos, painéis solares – "um mundo cada vez mais de elétrons do que de moléculas" – e, crucialmente, a ampla adoção da captura e do armazenamento do carbono, conhecida como CCS [Carbon Capture and Storage], o processo ainda embrionário de aprisionamento do carbono em usinas de energia antes que ele entre na atmosfera. A CCS manteria os gases de efeito estufa no solo, o que manteria as empresas de combustíveis fósseis no negócio. A Shell se prepararia para ambos os cenários, segundo Van der Veer. "Mas, em nossa opinião, os resultados de 'Planos' oferecem as maiores esperanças."

"Planos", assim como sua contrapartida, "Corrida", foi concebido como um resultado plausível daquilo que a Shell denominou as três duras verdades: haveria uma mudança de passo no uso global de energia ("Os países em desenvolvimento, como os gigantes populacionais China e Índia, estão entrando na fase mais intensiva de uso de energia do crescimento econômico"); não haveria energia convencional o suficiente para manter o ritmo ("Em 2015, o aumento da produção de petróleo e gás de fácil acesso não estará à altura da taxa projetada de aumento da demanda"); e a mudança climática e outras pressões ambientais eram reais e só pioravam ("As pessoas estão começando a perceber que o uso de energia pode tanto nutrir como ameaçar aquilo a que elas dão mais valor: sua saúde, sua comunidade e seu meio ambiente, o futuro de seus filhos e o próprio planeta").

Em "Planos", a mudança vem de baixo para cima, na medida em que os receios das pessoas a respeito de sua economia e de sua qualidade de vida levam à ação local, o que leva à ação regional, nacional e, por fim, internacional – "uma massa crítica de respostas paralelas às pressões da oferta, da demanda e do clima". O comércio de carbono se acelera, diz o relato, "e os preços de CO_2 se fortalecem desde o começo. As percepções começam a alterar-se em relação ao dilema de que o contínuo crescimento econômico contribui para a mudança climática". Mesmo no mundo em desenvolvimento, "as pessoas fazem a conexão entre o comportamento irregular do clima local e as implicações mais amplas da mudança climática, incluindo as ameaças às reservas de água e às regiões litorâneas. Após a expiração do Protocolo de Kyoto em 2012, um significativo arcabouço de comércio de carbono internacional, com verificação e acreditação sólidas, emerge da colcha de retalhos de planos regionais e intermunicipais". Em 2050, segundo "Planos", a vasta maioria das usinas movidas a carvão e gás dos países mais ricos do mundo teriam CCS, reduzindo o total geral de emissões em 20%.

Jeremy Bentham, o britânico fã de teatro e ex-presidente da Shell Hydrogen, que hoje ocupa o lugar de Wack e de Schwartz, liderando a equipe de planejamento de cenários, depois me explicou por que um preço para o carbono seria crucial para a CCS. "Uma regra geral é que uma usina de carvão de 1 gigawatt custa 1 bilhão de dólares", disse, "e que custa outro bilhão equipá-la com CCS. Esse segundo bilhão não gera retorno, a menos que exista um preço para o dióxido de carbono". Havia outra regra geral a ter em mente. "Uma vez que alguma coisa esteja provada técnica e comercialmente, ela vai passar a crescer a uma taxa de dois dígitos." No entanto, um crescimento de 25% ao ano, projetado ao longo de trinta anos, ainda era minúsculo. "Isso é só 1% do sistema energético global", continuou Bentham, "porque o sistema energético global é enorme". Em outras palavras, "Planos", o cenário esperançoso da Shell, não era tão esperançoso. "A melhor perspectiva climática, levada ao extremo do plausível, era 'Planos'", afirmou ele. "'Planos' era uma perspectiva de cerca de 3,5 graus. Acho que podemos falar abertamente que esperamos algo mais, mas precisamos pensar em como operar em um mundo que está nessa trajetória. Elevação do nível dos mares. Turbulência climática, tempestades e coisas do tipo. Eu sou físico. Quanto mais energia você captura em qualquer fluido, mais turbulento ele fica."

"Corrida", a contrapartida de "Planos", descreveu um futuro ainda mais assustador – e um futuro que ficou mais parecido com a realidade na meia década desde sua publicação. O principal traço do mundo descrito nesse cenário é ser reativo. "Os acontecimentos são mais rápidos do que as ações." Os países continuam a queimar carvão e reservas de petróleo, competindo por eles, emitindo cada vez mais carbono e mudando de curso só quando a natureza os força a isso. "Os planejadores de políticas prestam pouca atenção no uso mais eficiente de energia, até a hora em que as reservas ficam pequenas", escreveu Van der Veer. "Igualmente, as emissões de gases de efeito estufa não são tratadas com seriedade antes que haja grandes choques climáticos."

Nos primeiros anos de "Corrida", apesar de alguma "turbulência", a economia global continua a crescer. "Os governos nacionais, os principais atores de 'Corrida'", explicou a equipe de Bentham, "dirigem suas políticas energéticas para a alavancagem da oferta, porque limitar o crescimento da demanda energética – e, portanto, do crescimento econômico – é algo simplesmente impopular demais para os políticos". Boa parte da energia que move esses tempos desenfreados vem do carvão, o combustível fóssil mais sujo, que emite duas vezes mais carbono do que o gás e três vezes mais do que o petróleo. "Em parte em resposta às pressões públicas pela 'independência energética' e em parte porque o carvão oferece uma fonte de empregos local, as políticas governamentais em muitas das maiores economias incentivam esse recurso nativo. Entre 2000 e 2025, a indústria de carvão global dobra de tamanho, e em 2050 ela é duas vezes e meia maior."

Em sua fome de energia, os países de "Corrida" também se voltam para os biocombustíveis. Estes competem com a produção agrícola, especialmente nas regiões do mundo em que se planta milho, e elevam os preços dos alimentos. Os importadores de biocombustíveis incentivam sem querer os países mais pobres a destruir florestas tropicais para cultivar cana e dendê, resultando em maiores emissões do CO_2 que estava depositado no solo das antigas florestas. Os investidores também derramam "cada vez mais capital em projetos petroleiros não convencionais" – como as areias betuminosas do Canadá –, que enfrentam a oposição de grupos ambientalistas por suas elevadas emissões e pelo grande uso de água.

Em "Corrida", os ativistas do clima fazem mais estardalhaço, porém "o público em geral se cansa do alarmismo. A discussão internacional sobre a mudança climática fica travada em um 'diálogo de surdos' ideológico entre as posições conflitantes dos países mais ricos e industrializados contra as nações mais pobres, em desenvolvimento – paralisia essa que permite que as emissões de CO_2 atmosférico aumentem incansavelmente". Quase no fim do cenário, quando se torna impossível ignorar a redução da oferta e a mudança climática, as emissões começam a diminuir. Contudo, a concentração de CO_2 está chegando a mais de 550 partes por milhão – 200 acima da linha vermelha de 350 partes por milhão identificada por ativistas e por muitos diplomatas e cientistas. "Uma fração cada vez maior da atividade econômica e da inovação", escreveram os planejadores do cenário, "dirige-se em última instância para os preparativos para o impacto da mudança climática". Isto é, o mundo precisa adaptar-se àquilo que se tornou.

Quando perguntei a Bentham em 2012 se o futuro estava mais com cara de "Corrida" do que de "Planos", ele foi atipicamente conciso. "Pois é", respondeu. "É o que parece."

Antes de eu seguir a Shell até o Alasca para a licitação, viajei pelo litoral da Noruega ao sair da conferência em Tromsø para dar uma olhada no futuro Ártico. Hammerfest, antes uma lúgubre cidade pesqueira, abrigava Snøhvit, ou Branca de Neve, a operação de gás natural líquido mais ao norte do mundo, observada de perto pela Shell e por suas rivais. Cheguei na véspera do dia marcado para o início da produção, e a instalação de 10 bilhões de dólares havia muito tempo tinha ocupado uma ilha outrora verdejante adjacente à cidade. Vista do novo e faustoso shopping center de Hammerfest, era um emaranhado de chaminés, luzes e canos, tendo como pano de fundo um fiorde e uma fileira de picos nevados. O campo de gás ficava longe da costa, no mar de Barents, a quase 250 metros de profundidade, e conectado à ilha por mais de 140 quilômetros de canos. A produção estava atrasada. Alguns meses antes, os ventos mudaram enquanto os engenheiros testavam a capacidade da planta, e as chamas – o excesso de gás queimado através das chaminés – cobriram carros e casas com uma camada de fuligem negra. A operadora da unidade, Statoil, empresa de petróleo da Noruega e futura rival da Shell na licitação do Alasca, trouxe médicos para fazer exames de detecção de elementos cancerígenos e agentes comunitários para entregar os cheques com as indenizações.

Ali, no topo da Escandinávia, onde a corrente do Atlântico Norte deixava a maior parte do litoral degelada, a esquizofrenia nacional norueguesa estava amplificada. Segundo país mais rico do mundo, com o segundo maior fundo soberano, uma reserva de 500 bilhões de dólares conhecida vulgarmente como o Oljefondet, ou Fundo do Petróleo, a Noruega estava tão repleta de dinheiro do petróleo que podia dar-se ao luxo de ficar preocupada com o meio ambiente: em 2000, ela se tornou o primeiro e até hoje o único país a demitir seu governo por falta de progresso no que dizia respeito a emissões de carbono. Ela levou a sério o Protocolo de Kyoto, a tal ponto que Snøhvit se tornaria uma estação de testes de CCS e, portanto, um teste para a verificação da possibilidade de um cenário como o de "Planos". Ela reinjetaria o CO_2 no leito marinho depois de extrair todo o gás natural. Nesse ínterim, os problemas de produção de Snøhvit poderiam por si fazer com que a Noruega descumprisse suas metas de Kyoto. E o fundo soberano do país, que por razões éticas excluía investimentos em empresas de tabaco e negociantes de armas, tinha na Shell – talvez igual à Noruega em esquizofrenia – sua maior acionista individual.

Enquanto Hammerfest esperava a unidade voltar a funcionar, dei uma volta pela ilha com um porta-voz da Statoil, passando pela segurança, percorrendo um túnel embaixo do fiorde e visitando os barracões de trabalhadores importados: turcos, gregos, eslovenos, poloneses, finlandeses e russos. O vento soprava de novo, e o Arctic Princess, um dos maiores navios de transporte de gás do mundo, estava ancorado na baía. No entanto, o que mais me interessou foi o novo pacto da cidade com o diabo. Em uma pizzaria do centro, conheci o único político local que se opunha à instalação: uma garota de dezenove anos do Partido Vermelho, de linha socialista revolucionária. Conversamos principalmente sobre compras. "Eu adoro o eBay!", disse ela, que então contou que usava o site para comprar roupas norte-americanas a mais de 6 mil quilômetros de distância. O gás de Snøhvit iria para Bilbao, na Espanha, e, depois, para o Japão e para a China pela passagem do Nordeste, a nova rota mercante transponível acima da Rússia, também conhecida como Rota do Mar do Norte. Boa parte do dinheiro ficaria ali. A Statoil pagava à cidade de Hammerfest, com 9,4 mil habitantes, 22 milhões de dólares por ano em impostos imobiliários, e isso, admitia a socialista, comprava lealdade. Até a mãe dela era a favor de Snøhvit.

Em seu escritório de frente para a baía, o vice-prefeito de Hammerfest elogiava os novos projetos da cidade: a reforma das escolas primárias, um aeroporto maior, uma arena esportiva chamativa, um centro cultural de vidro "completamente digital". Os preços das casas tinham dobrado em cinco anos; havia carrinhos de bebê por toda parte nas ruas cobertas de neve. Era fácil esquecer que até pouco tempo atrás Hammerfest era uma cidade moribunda, considerada o lugar mais violento da Noruega e cuja população encolhia. "A briga era limpa, não do tipo com faca", garantiu-me ele. Perguntei sobre a fuligem das chamas. "As pessoas não gostaram", disse, "mas aceitaram."

Eram duas da tarde, inverno no Extremo Norte, e estava escurecendo. Saí bem na hora de ver Snøhvit despertar – o Ártico em chamas. Uma labareda jorrou a uns 120, 150 metros da chaminé mais alta, humilhando as montanhas, pairando sobre a cidade, banhando-a de luz laranja. A 3 quilômetros de distância, eu conseguia ouvi-la arder e podia sentir seu calor em meu rosto.

"Eu não poderia começar antes de agradecer", disse Randall Luthi à plateia presente à Licitação 193, em Chukchi, e um mar de negociantes e de lobistas do petróleo lançou um olhar silencioso para ele, ou talvez através dele, para o mapa com os blocos petrolíferos projetado em uma tela que ia do teto ao chão. "O agradecimento vai para a indústria, por dar a conhecer seus interesses", continuou. "Mas obrigado também aos que expressaram preocupações, porque este é um momento muito revelador do estado atual do mundo, da nossa economia, do nosso futuro energético. São tempos difíceis, com decisões difíceis e perguntas difíceis. Uma pergunta que me fizeram: por que o arrendamento?"

Fora do salão, na principal biblioteca pública de Anchorage, um grupo de ativistas – dois homens inupiats e três mulheres brancas, uma delas fantasiada de urso-polar e um par de botas da Sorel – brandia cartazes escritos a mão: "Petróleo e ursos-polares não combinam!", "Empresas petrolíferas, FORA de nosso jardim!", "Gelo nas brocas!" e "Por um jantar sem ÓLEO!". Sua respiração se condensava no ar gélido. Do lado de dentro, na frente da tela, três funcionárias com aparência de matronas de escola, armadas com fita adesiva, caixas de clipes de papel e garrafas de água, vigiavam uma mesa coberta de pastas azuis: as ofertas. Luthi, rancheiro de Freedom, Wyoming, que George Bush tinha nomeado diretor da Minerals Management Service (MMS), usava um terno cinza com mau caimento, e se encontrava de pé sobre um palco ornado com o distintivo da MMS. "Rendas minerais – Minerais *offshore* – Intendência" era o que estava escrito, com as palavras em torno de uma águia dourada. A MMS ainda seria abalada pelo escândalo "petróleo por sexo", ainda seria culpada por sua supervisão negligente na catástrofe da Deepwater Horizon no golfo do México, ainda seria reformada ou ao menos renomeada como Boemre – o Bureau of Ocean Energy Management, Regulation, and Enforcement [Agência de Controle, Regulação e Execução de Energia Oceânica], e depois apenas como Boem. A Licitação 193, pela qual 118.800 quilômetros quadrados seriam oferecidos em pedaços de 23.310 quilômetros quadrados, estava indo adiante apesar dos sérios atrasos do órgão superior à MMS, o Departamento do Interior, relacionados a uma decisão vigiada de perto: se o urso-polar, um dos habitantes do gelo marinho que recuava em Chukchi, deveria ser considerado oficialmente a primeira espécie ameaçada de extinção do aquecimento global. Seria a licitação mais lucrativa da história do oceano Ártico, e a Shell sairia na frente dos rivais com ofertas que somavam 2,1 bilhões de dólares.

Antes de o leilão começar, Luthi tentou responder à própria pergunta. "Por quê? Nossa demanda por energia vai aumentar cerca de 1,1% por ano na próxima geração", disse. "Não se acredita que a produção norte-americana vá manter o ritmo. Agora, não é preciso muito para perceber que, quando a demanda é maior do que a produção, há um déficit. O mar de Chukchi é amplamente considerado uma das últimas fronteiras energéticas da América. Agora, eu não acho que devamos vê-lo como a última fronteira, e sim como uma fronteira de oportunidades ilimitadas."

"Entendemos a importância do mar de Chukchi para as pessoas que vivem em sua costa", continuou. "Consultamos as comunidades, incluindo as aldeias nativas de Point Hope, de Point Lay, de Wainwright, de Barrow e os iniupit... os inupit... Desculpem, a comunidade inupiat da costa ocidental do Alasca."

Alguém na plateia riu.

"Inupiat", repetiu Luthi. "Sempre erro isso. Sentei lá atrás e ensaiei..."

Um homem levantou-se para ler as ofertas – 667 no total, outro recorde para o Ártico. "Estimamos que esse leilão vá demorar quatro horas", disse, lembrando aos licitantes que os fundos eletrônicos deveriam estar em uma conta do Tesouro norte-americano no máximo às duas da tarde do dia seguinte.

O primeiro conglomerado vencedor foi a espanhola Repsol, sem contendores, por 75.050 dólares. Não havia gritos, nem empolgação. Era um leilão silencioso, com todas as ofertas feitas de antemão. O homem lia quase monotonamente – "Bloco 7011. Uma oferta. Repsol, 75.050 dólares. Bloco 7019. Uma oferta. Repsol, 75.050 dólares. Bloco 6868. Uma oferta. Shell Golfo do México, 303.394 dólares" – e as matronas passavam as pastas azuis por debaixo da mesa, da esquerda para a direita. Fora uma ou outra tosse, o salão estava quieto.

"Bloco 6154. Uma oferta. ConocoPhillips, 125.110 dólares", anunciou o homem. "Bloco 6155. Duas ofertas. Primeira oferta: Shell Golfo do México, 4.106.999 dólares. Segunda oferta: ConocoPhillips, 251.625 dólares. Bloco 6515. Uma oferta. Shell, 508.900 dólares." E assim foi. A Shell continuava vencendo: um bloco por 4.105.958 dólares. Outro por 14.300.435 dólares. Outro por 31.005.358 dólares. Outro – e esse mereceu um murmúrio dos presentes – por 87.307.395 dólares. Então outro por 105.304.581 dólares.

Duas horas se passaram. Fizemos um intervalo no lobby, onde a fantasia de urso-polar da ativista agora jazia amarrotada em um banco de pedra perto da janela, ao lado de uma corretora falando ao celular. O grupo espremeu-se para voltar, e o apresentador retomou sua monotonia. Ele lia os números por extenso: "Cento e cinco milhões, trezentos e quatro mil, quinhentos e oitenta e um". Quando o total chegou à casa dos bilhões, perdi todo o senso de proporção. Shell. Dez milhões, cento e um mil quinhentos e cinquenta. Statoil. Dois milhões, setecentos e sessenta e dois mil seiscentos e vinte e dois. Shell. Noventa e seis mil seiscentos e três. Shell. Cinquenta e quatro milhões, cento e quatro mil oitocentos e catorze. Shell. Seis milhões, cinquenta e sete mil seiscentos e setenta e nove. Shell. Trezentos e sete mil setecentos e cinquenta. Shell. Shell. Shell. Cento e um mil trezentos e trinta. Oitenta e dois mil e oitenta e oito. Vinte e quatro milhões, trezentos e sete mil seiscentos e um.

Já era possível ler o futuro: a mudança da Shell da posição de companhia petrolífera mais verde para a de alvo do Greenpeace por seus sonhos árticos. Sua transformação de empresa que insistia por uma lei de mudança climática no Congresso norte-americano em empresa que silenciosamente admitia que o governo realizaria muito pouco.

Sua aceitação de que o futuro ficava cada vez mais parecido com "Corrida". Poucos meses depois da Licitação 193, a Shell desistiu de sua fatia de 33% na maior fazenda eólica do mundo, a London Array, de 1.000 megawatts, e, em um ano, havia abandonado todos os novos financiamentos para energia eólica, solar e de hidrogênio. No Canadá de Stephen Harper, ela começou a assegurar fundos governamentais para construir a Quest, uma planta de CCS pioneira, de 1,35 bilhão de dólares, nas areias betuminosas do Athabasca, a fim de injetar o carbono capturado em rochas porosas a mais de 1,5 quilômetro de profundidade. Controversamente, no entanto, a Shell também investia de maneira pesada nas próprias areias betuminosas, grandes despejadoras de carbono. Se ela as extraísse sem CCS funcional, disseram grupos ativistas em um relatório de 2009, tornar-se-ia a empresa petrolífera mais dependente em carbono do mundo.

A equipe de futurólogos de Jeremy Bentham passou para seu próximo conjunto de cenários, que exploravam a interconexão entre água, energia e alimentos, chamada *stress nexus* – questão vital em um mundo em adaptação à mudança climática. "A água é necessária para praticamente todas as formas de produção energética", escreveu Bentham. "A energia é necessária para tratar e transportar a água, e tanto a água como a energia são necessárias para o cultivo de alimentos. Esses são apenas alguns elos." A mudança climática está relacionada aos três, e todos os três – seja na forma de desmatamento para a produção de alimentos, seja na de dessalinização intensiva em carbono para a produção de água potável – estão relacionados à mudança climática. "Já trabalhei em refinarias", contou-me Bentham. "Água, sempre. Água para aquecer, água para escoar – a água sempre foi uma questão operacional importante. Agora ela é muito mais uma questão estratégica central." O vice de Bentham, um ex-jornalista da BBC, acrescentou que a natureza local do estresse hídrico tornava-a mais explosiva politicamente do que as emissões de carbono. "Há anos acontecem guerras por causa de água", disse, "ao passo que é difícil imaginar uma guerra por causa de CO_2".

Em 2012, conversei com Bentham sobre a fuga da Shell da energia renovável, e ele me garantiu que a saída da companhia da London Array e de outros projetos renováveis tinha um aspecto bem diferente do lado de dentro. "Quando concentramos nossa atenção em pontos ótimos, quais são eles? Há o reconhecimento de que existem coisas que se consegue fazer bem", explicou, "e coisas às quais não se consegue acrescentar valor". A energia eólica estava relacionada a turbinas e a outro tipo de infraestrutura que a própria Shell não construía. A solar estava relacionada a silicone, que também não era sua especialidade. "A Shell não tinha muito a acrescentar", disse ele. No entanto, a empresa estava indo adiante com seus biocombustíveis brasileiros – safras de segunda geração que não competiam com alimentos – e com a CCS no Canadá. "E a Shell cruzou a barreira de mais de 50% de petróleo para mais de 50% de gás – agora somos uma empresa de gás", acrescentou Bentham. "O gás é um combustível bem 'Planos'."

Peter Schwartz, que havia muito se aposentara da Shell para difundir, como uma espécie de consultor de negócios, o evangelho do planejamento de cenários, foi mais franco. Como, perguntei, as coisas faziam sentido com a preferência declarada da Shell por "Planos"? "Não fazem", respondeu. Então ele se corrigiu: "Na verdade, sob alguns aspectos elas fazem sentido, porque a energia renovável tem estado mais para 'Corrida' do que para 'Planos'. Quer dizer, olhe os Estados Unidos. Vamos dar continuidade aos incentivos fiscais ou não? Agora os incentivos eólicos estão aí de novo para quem quiser. E há um sistema de bolsa de carbono começando na Califórnia e só ali. E então? Como isso acontece? Esse não é o mundo de 'Planos'. No Ártico, estamos definitivamente correndo. Não temos plano algum".

A emergência
da Groenlândia

Um movimento de independência esquenta

Quando cheguei à Groenlândia, os secessionistas tinham se reunido em uma arena esportiva comunitária no meio da costa oeste da ilha. Upernavik era uma cidade de 1,1 mil habitantes à latitude de 73 graus em uma tundra sem árvores a 1.000 quilômetros ao norte da capital, Nuuk. Da ilha de Devon, onde eu tinha permanecido no posto de observação com os Vandoos, ela ficava a cerca de 800 quilômetros a leste, do outro lado da baía de Baffin. No entanto, Upernavik, desenvolvida pelos dinamarqueses, contrastava muito com o vazio de Devon. A cidade tinha uma unidade de processamento de pescado, um cemitério em uma encosta com túmulos de concreto cobertos com flores de plástico, uma única rua pavimentada e uma loja de bebidas sem placa instalada em um antigo contêiner. As casas de madeira eram pintadas com bonitas cores primárias. Os adolescentes, com o hip-hop explodindo nos celulares, passavam o tempo nas ruas, onde, de manhã, fileiras de bolsas amarelas cheias de excremento esperavam para ser coletadas por lixeiros. Upernavik era, como o resto da Groenlândia, peculiar e tortamente moderna – escandinava no projeto, mas nem sempre no temperamento.

A Groenlândia havia sido colônia dinamarquesa por três séculos e agora estava às vésperas de uma expansão petroleira e mineral que poderia levá-la a tornar-se outra coisa: o primeiro país do mundo criado pelo aquecimento global. Eu tinha vindo participar do *road show* dos secessionistas – e testemunhar o momento em que algumas das supostas vítimas da mudança climática começariam a ganhar dinheiro com isso. A Groenlândia era um caso extremo do dilema com que deparavam cidadãos do mundo desenvolvido, muitos do hemisfério Norte: se a mudança climática não os prejudicaria tanto assim pessoalmente – se ela até talvez os ajudasse –, por que não abraçá-la?

Comandado pela Agência de Autogoverno, o *road show* consistia em meia dúzia de políticos groenlandeses – homens e mulheres usando jeans, peles e tênis – e dúzias de reuniões em prefeituras. Antes de um referendo em novembro de 2008, eles tentavam chegar a quase toda a Groenlândia: 57 mil pessoas espalhadas por 57 povoados e 18 cidades em uma área de quase 2,2 milhões de quilômetros quadrados, três vezes maior do que o Texas e cinquenta vezes maior do que a Dinamarca continental. Não há praticamente nenhuma estrada conectando os assentamentos da ilha; ela tem dois semáforos, ambos em Nuuk, onde há 15 mil habitantes. Viajávamos de teco-teco, de helicóptero, de barco a motor e a pé.

Na arena esportiva, um dos políticos aquecia a plateia com um caso engraçado sobre uma baleia. Ele tinha sido policial ali na década de 1990 e sua história era mais ou menos assim: o chefe de polícia recebe o telefonema de um cidadão. O cidadão é pescador. Ele pegou uma baleia. Não sabe o que fazer com ela. O chefe diz para o cidadão: "Coloque-a no barco. Amanhã cuidaremos disso".

Coloque-a no barco! Amanhã cuidaremos disso! A plateia, umas sessenta pessoas, explodiu em gargalhadas. Mininnguaq Kleist, o chefe de 35 anos da Agência de Autogoverno e principal apresentador de PowerPoint da organização, até se recurvou. Também fingi rir, mas não tinha a mínima ideia do sentido daquilo.

Quando chegou a vez de Minik, ele começou a andar na frente dos slides projetados usando fones de ouvido com microfone, parecendo mais um televangelista do que um revolucionário. As pessoas estavam sentadas em cadeiras vermelhas na área embaixo da cesta de basquete, e, do outro lado da janela, na baía perto da usina de processamento, havia um iceberg. Dali a alguns meses seria votada, como explicava Minik, não a independência completa, mas uma espécie de meio caminho, que estava sendo chamado de "autogoverno" – "*Namminersorneq*" em groenlandês, "*Selvstyre*" em dinamarquês. A Dinamarca, que dá à Groenlândia quase 650 milhões de dólares anuais em subsídios – mais de 10 mil dólares por pessoa –, tinha concordado.

Caso o referendo tivesse o resultado esperado, o groenlandês se tornaria a língua oficial; os groenlandeses seriam reconhecidos como povo específico pelo direito internacional. "Vamos assumir a polícia", afirmou Minik, "a imigração, a educação e o Judiciário". Nas águas da costa norte da Groenlândia, o Serviço Geológico dos Estados Unidos tinha acabado de identificar a 19ª mais rica do mundo dentre as 500 províncias petrolíferas conhecidas: um golfo do México inexplorado no Atlântico Norte. Ao sul de onde estávamos, perto da baía de Disko, as primeiras concessões de petróleo tinham acabado de ser vendidas para empresas como a Chevron e a ExxonMobil. A Shell e suas parceiras logo reivindicariam uma concessão a 800 quilômetros de Upernavik, na baía de Baffin. Em terra, as geleiras recuavam e revelavam imensos depósitos de zinco, de ouro, de diamantes e de urânio. "O controle dos recursos minerais e do petróleo também estará nas mãos da Groenlândia", disse Minik.

Eles planejavam ganhar a liberdade cavando poços. Pelo acordo, a ilha dividiria os rendimentos excedentes dos minerais com a Dinamarca, que ficaria com os primeiros 15 milhões de dólares. À medida que os lucros aumentassem, o subsídio anual de 650 milhões de dólares da Dinamarca diminuiria. Por fim, ao longo de cinco ou dez anos, de quinze anos ou vinte, se ficasse quente o bastante, se eles perfurassem o bastante, o subsídio chegaria a zero, e a Groenlândia declararia independência. Em química, existe a energia de ativação: acrescente calor, obtenha uma reação. Na Groenlândia, havia o aquecimento global: acrescente calor, ganhe uma revolução. Isso, porém, era secessão na velocidade da mudança climática, em fogo baixo.

Quando Minik concluiu, o prefeito de Upernavik, um homem magro com alguns dentes a menos, levantou-se para apresentar uma questão. "Uma parte do dinheiro volta para a Dinamarca?", perguntou, surpreso. Uma senhora de suéter preto emendou: "Se ganharmos esse dinheiro todo, quanto vai ficar na Groenlândia?".

No entanto, os políticos estavam apostando em mais do que mineração. Peixes valiosos – bacalhau, arenque, halibute e hadoque – estavam migrando para as águas da Groenlândia, indo para o norte à medida que os oceanos se aqueciam. Havia uma onda de turistas do desastre, gente que vinha ver as geleiras desprendendo-se para o mar. As chegadas de navios de cruzeiro tinham aumentado 250% em quatro anos, e as lojas vendiam cartões-postais mostrando o gelo derretido com os dizeres "Mudança climática e aquecimento global". A expansão da temporada agrícola no sul da Groenlândia – já três semanas maior do que era no começo da década de 1990 – significava mais plantações de batata, mais hortas de cenoura e mais grama para mais cabras. A Alcoa planejava construir uma fundição de alumínio – 360 mil toneladas por ano, a maior do mundo – que seria movida a energia hidrelétrica, fornecida pelos jorrantes rios da ilha. Um par de navios tinha acabado de estender cabos de internet de alta velocidade pelo estreito da Dinamarca, conectando a Groenlândia à Islândia e seguindo para a América do Norte, e havia planos para a criação de fazendas de servidores – armazéns de processadores de computadores trabalhando para o Google, para a Cisco ou para a Amazon – a fim de aproveitar o baixo custo da eletricidade e a alta latitude. "Normalmente eles precisam de muito ar condicionado", explicou Minik. Havia planos até para o gelo derretido: exportar água. "O volume estimado do manto de gelo da Groenlândia é de 1,7 milhão de quilômetros cúbicos, o maior reservatório de água do mundo", gabava-se um site criado pela Secretaria do Gelo e da Água. Os investidores poderiam vender "2 milhões de anos de história em uma garrafa!".

Não é culpa de ninguém na Groenlândia, mas as Maldivas provavelmente estão condenadas. A ilha de Tuvalu provavelmente está condenada. O arquipélago de Kiribati provavelmente está condenado.

As Ilhas Marshall provavelmente estão condenadas. As Seychelles provavelmente estão condenadas. As Bahamas provavelmente estão condenadas. As Ilhas Carteret provavelmente estão condenadas. Ao menos um quinto de Bangladesh provavelmente está condenado. Vastas áreas de Manila, Alexandria, Lagos, Karachi, Calcutá, Jacarta, Rio, Miami e Cidade Ho Chi Minh provavelmente estão condenadas. Há água suficiente armazenada no maior reservatório do mundo, o manto de gelo da Groenlândia, a massa congelada que cobre 81% da ilha. A taxa de derretimento do manto de gelo vem crescendo 7% por ano desde 1996. Se algum dia ele derreter por completo, os níveis oceânicos globais vão aumentar mais de 6 metros.

No Alasca, cidades como Newtok, Shishmaref e Kivalina também estavam em risco, cada vez mais inabitáveis por causa da erosão da costa, do derretimento do permafrost e do aumento da salinidade. As autoridades de Newtok tinham adquirido outro local para a cidade em uma nova ilha ao sul – com um morro – e estavam fazendo lobby nas esferas estadual e federal pelos 130 milhões de dólares necessários para deslocar seus 315 habitantes. A Coalizão de Erosão e Relocação de Shishmaref tinha escolhido um novo lugar no continente, a alguns quilômetros de distância, e também aguardava fundos. Os habitantes de Kivalina eram autores de um processo por formação de quadrilha contra oito empresas de energia, incluindo a ConocoPhillips, a ExxonMobil e a Chevron, acusadas de incitar o ceticismo quanto ao aquecimento global para que pudessem produzir mais petróleo. O processo – que seria rejeitado por um juiz da Califórnia – era observado de perto por advogados processualistas norte-americanos. Como ouvi um deles dizer empolgado em uma conferência, "isso realmente poderia abrir as comportas... ah, provavelmente esse não é o melhor termo".

Pequenos países insulares também consideravam mover processos relacionados ao clima – em 2002, Tuvalu ameaçou processar a Austrália e os Estados Unidos –, mas em grande parte o que eles queriam era um lugar novo: 75 tuvaluanos e 75 kiribatianos iam para a Nova Zelândia todo ano em cotas de imigração; os primeiros cinco dos cerca de 1,7 mil habitantes das Ilhas Carteret mudaram-se para terras recém-adquiridas em Bougainville, também em Papua-Nova Guiné, em 2009. Na Austrália, Don Kennedy, cientista nascido em Tuvalu, estava angariando apoio para comprar de Fiji uma ilha para seu povo. Nas Maldivas, o carismático presidente Mohamed Nasheed, o "Obama das Maldivas", o rosto da mudança climática antes de ser derrubado por um golpe, declarou estar tentando comprar terras no Sri Lanka ou na Austrália, só por precaução. Isso levou um ministro indonésio a anunciar que o país tinha algumas ilhas para vender.

Nos Alpes, o derretimento das geleiras em torno do monte Matterhorn tinha mudado de lugar uma fronteira que existia desde 1861 – ela seguia uma linha de neve que havia sumido –, fazendo com que a Itália e a Suíça se reunissem para começar a negociar uma nova fronteira. Na Caxemira, os especialistas receavam que a aceleração do derretimento da geleira de Siachen fosse acirrar ainda mais o conflito entre a Índia e o Paquistão. A mudança no cenário político do mundo assustava quase todos. A ONG Christian Aid estimou que, em 2050, 1 bilhão de pessoas serão retiradas de sua casa pelo aquecimento global. A Friends of the Earth disse que haverá até 100 milhões de refugiados climáticos. O IPCC falou em 150 milhões. *The Stern Review*, em 200 milhões. O Comitê Internacional da Cruz Vermelha afirmou que já havia entre 25 milhões e 50 milhões.

As implicações do derretimento eram tão ruins para tantas partes do mundo que parecia quase rude, mesmo em Upernavik, considerar quanto elas eram boas para a Groenlândia. Desde 2003, o manto de gelo tinha encolhido mais de 1 milhão de toneladas, tanto que o leito rochoso subjacente subia 4 centímetros por ano, como um navio lentamente aliviado de sua carga. Na Groenlândia, a terra se elevava mais rápido do que o mar.

Minik gostava de pesar honestamente as consequências. A caminho de Upernavik, no aeroporto de Kangerlussuaq, um prédio na tundra da Groenlândia ocidental que parecia uma hospedaria de esqui nos Alpes – espreguiçadeiras, janelas enormes, uma cafeteria com bandejas, turistas ricos usando Gore-Tex –, escutei a história de sua vida. Ele me contou que, depois de se tornar campeão nacional de badminton da Groenlândia, fez mestrado em ética na Universidade de Aarhus, na Dinamarca. Sua tese, "Autonomia ou secessão da Groenlândia: considerações filosóficas", era uma obra de teoria da secessão, um estudo que analisava se um país tem ou não o direito moral de separar-se de outro. Uma das primeiras revelações, disse Minik, tinha vindo daquilo que ele chamava de "minha primeira crise filosófica", depois de ter tentado aplicar o ideal aristotélico da vida boa a cada mínimo aspecto da sua vida real: nem toda ação pode ser moral.

Ele era franco a respeito da vida que estava sendo destruída pela mudança climática. "Para os caçadores, é um problema", disse. "Os trenós puxados pelos cachorros quebram a camada de gelo e caem. Ou então não há camada de gelo." Era mais difícil caçar focas. Era mais difícil pescar no gelo. No norte, era difícil fazer tudo, exceto mudar para as cidades maiores.

Minik era igualmente franco em relação aos dinamarqueses: eles tinham sido quase sempre colonizadores benevolentes. Em sua tese e, mais tarde, em suas palestras sobre o autogoverno, havia usado os argumentos morais dos dinamarqueses contra eles mesmos. Em apenas um ponto sua filosofia divergia de modo significativo da de Allen Buchanan, professor da Universidade Duke e pai da teoria moderna da secessão. "Segundo ele, você precisa ter sido prejudicado para justificá-la", explicou-me Minik. "A Dinamarca precisa prejudicar a Groenlândia de maneira realmente grave antes de podermos nos separar. Não concordo. Às vezes deve-se encarar isso como um casamento: adultos que se unem e se separam de acordo com sua vontade."

A Groenlândia tornou-se parte da Dinamarca em 1721, quando o missionário luterano Hans Egede apareceu e começou a salvar almas.

Os primeiros dinamarqueses ensinaram aos inuítes que o inferno era quente, e não muito frio, como eles outrora acreditavam. Os dinamarqueses ensinaram que a vida comunitária – os alimentos repartidos, as expedições de caça em grupo, as esposas compartilhadas – era pecaminosa. Ensinaram que as pedras e os pássaros não eram dotados de espírito. Os groenlandeses não tinham pão, tampouco um conceito de pão, e por isso Egede traduziu outro pilar da crença ocidental – o Pai-nosso – de maneira a encaixar-se na realidade groenlandesa. "A foca nossa de cada dia nos dai hoje", rezavam os inuítes.

Na colônia dinamarquesa, a Coroa tinha declarado já em 1782 que o bem-estar dos groenlandeses deveria "receber a mais alta consideração possível, [sobrepujando] quando necessário os interesses do próprio comércio". Os dinamarqueses apossavam-se de baleias, peixes e carvão, mas retribuíam com casas, escolas e hospitais. Em 1953, deram plena cidadania dinamarquesa a todo groenlandês. Deram a estudantes como Minik a possibilidade de estudar gratuitamente na universidade de sua escolha na Europa ou na América do Norte. No Canadá da década de 1940, por sua vez, os inuítes eram identificados por números em plaquetas como as usadas pelos militares, porque não tinham sobrenomes, e eram removidos para ilhas estéreis a fim de servirem como reforço de reivindicações de soberania. Nos Estados Unidos, inuítes, incluindo um garoto chamado Minik, foram colocados em exibição no Museu Americano de História Natural pelo almirante Robert Peary, o explorador que mais tarde faria a afirmação, provavelmente falsa, de que tinha sido o primeiro a chegar ao polo Norte.

O gelo sazonal impedia a chegada de navios a Upernavik, que também não dispunha de árvores para cortar nem de estradas que permitissem a entrega de suprimentos. A cidade, além disso, ficava a 3 mil quilômetros da Dinamarca. No entanto, lá havia um belo ginásio de esportes com placar digital, pé-direito de 30 metros e longas vigas de madeira com 1,5 metro de espessura. O hospital local contava com uma equipe composta de dinamarqueses e suecos, o supermercado Pisiffik praticava preços subsidiados, o sinal de celular era forte, e a rua, pavimentada – nada a ver com as cidades inuítes que eu tinha visto no Canadá e no Alasca. Ali perto, o cume de uma montanha havia sido cortado e aplainado: era o aeroporto de Upernavik, sua ligação com o mundo. No aeroporto havia banheiro acessível a pessoas com deficiência.

Vistos dali, os dinamarqueses, que obtinham um quinto de sua eletricidade da energia solar, que tinham acabado de concordar em entregar 98% de seu território e que logo realizariam a conferência sobre mudança climática de Copenhague – chamada de "Hopenhagen"* antes de todos ficarem desapontados –, pareciam peculiarmente idealistas, alvos fáceis. Eu tinha de me indagar quanto a suas motivações. Estariam planejando ficar com a ilha Hans? Estariam planejando ficar com o leito do oceano Ártico com base na Convenção sobre o Direito do Mar? Minik, porém, não se perguntava sobre isso, tampouco se estava subestimando as pessoas erradas.

Um dia depois do encontro na arena esportiva, os políticos partiram para a pequenina vila baleeira de Kangersuatsiaq, onde ficariam sentados em um centro comunitário pintado de vermelho e discutiriam o referendo com outra plateia. Minik e eu seguimos em um barco pesqueiro de 22 pés pilotado pelo prefeito desdentado de Upernavik, que apontou para uma traineira de halibute e nos disse que na década de 1970 as águas ali ficavam cobertas de gelo do fim de dezembro até maio; agora ficavam abertas o ano inteiro. Traineiras de camarão tinham começado a vir para Upernavik, seguindo para o norte atrás não só de suas presas, mas também de arenques – espécie de peixe que havia assustado os nativos quando eles os pescaram pela primeira vez. Ele me falou de um novo concurso realizado pelo Departamento de Minas e Petróleo da Groenlândia: "Envie pedras de sua comunidade". "Se sua amostra for a melhor", explicou, "você ganhará 125 mil coroas dinamarquesas!" – mais de 20 mil dólares.

* Porto da Esperança, em dinamarquês. [N.T.]

Fomos na direção da terra, cortando as ondas a 25 nós, aproximando-nos do manto de gelo, e a temperatura caiu 10 graus. Contornamos um íngreme penhasco de basalto escuro de 1.000 metros que tombava diretamente no fiorde, ficando longe da base para evitar ser atingidos por pedras em queda.

Minik, encapotado em um casaco acolchoado Arc'teryx, apontava para os jovens pássaros airos – parentes dos fradinhos – flutuando na água. Eles haviam acabado de deixar o ninho. Como estavam gordos demais para voar, tinham de simplesmente ficar boiando ali por horas ou dias até perderem peso – presas tão fáceis para os caçadores quanto, por exemplo, um país novato para as preocupações estrangeiras com petróleo e minério. Toda vez que serpeávamos em volta de um airo, Minik apontava para ele e ria como um louco enquanto o pássaro em vão batia as asas.

Em Upernavik, fiquei hospedado em uma casa amarela de dois andares a pouca distância da rua pavimentada. Encontrei-a depois de mandar um e-mail a um aldeão, que me disse para ligar para outro aldeão, que enviou uma silenciosa mulher inuíte encontrar-me no aeroporto. Ela colocou minha mala em um táxi, me levou até a casa, escreveu o número de coroas que eu lhe devia (450, na época cerca de 90 dólares), entregou-me uma chave e foi embora. Poucas horas depois, a porta se abriu de novo, e a mulher trouxe meus colegas-surpresa: um holandês jovem e um dinamarquês mais velho, ambos cientistas que trabalhavam para o Geus, o serviço dinamarquês de pesquisa geológica.

Eles tinham vindo recuperar um instrumento deixado no manto de gelo a 76 graus ao norte – a cerca de 300 quilômetros e duas horas de voo dali. Era um tripé de metal de 3 metros com disco rígido, painel solar e diversos sensores destinados à mensuração do derretimento glacial. O aparelho havia parado de funcionar, e, embora aquele trecho do gelo não estivesse encolhendo tão depressa, o Geus vinha gastando dezenas de milhares de dólares para recuperá-lo. Como havia lugar sobrando no voo, também eu tive a oportunidade de beneficiar-me da generosidade da Dinamarca. Ademais, na Groenlândia, era caro e quase impossível fretar helicópteros: as empresas de petróleo e de mineração já tinham reservado todos.

O helicóptero era um monorrotor Bell 212, imaculadamente vermelho como o resto da frota da Aeronáutica da Groenlândia. Em uma manhã, logo após o alvorecer, subimos nele e voamos sobre a cidade, sobre os fiordes. Da janela vimos nevoeiros espessos e ilhas vazias, depois um único iceberg em uma baía ventosa, centenas de icebergs, por fim milhares. O piloto, norueguês, voava por entre eles, poucos metros acima d'água. Então subimos de novo e seguimos a camada de gelo ao norte. Nos lugares em que as geleiras estavam se partindo, precipitando-se no oceano, a água do mar tinha congelado durante a noite. No próprio manto de gelo, a superfície infinda era repleta de fissuras, em um padrão de milhares de cortes paralelos. Eu via tons de azul, de cinza, de branco e de marrom, o vermelho das rochas, o laranja do sol nascente. O que eu não via era gente: em diversas ilhas havia restos de vilas, muros de pedra e prédios abandonados, e a paisagem tinha ficado ainda mais vazia quando os caçadores se mudaram para as cidades.

Dividi minha janela com um dinamarquês que também soubera dos assentos vagos no helicóptero. Chamava-se Nikolaj e era técnico de laboratório no hospital de Upernavik. Ele e o piloto eram coproprietários de uma empresa de caiaques que alugava barcos, bolsas impermeáveis, telefones via satélite e rifles calibre 30-06 para se proteger contra ursos-polares. Os negócios iam bem. Naquele verão, tinham aparecido quinze estrangeiros, entre eles dois israelenses que ficaram um mês acampados em uma ilha.

Paramos para um reabastecimento obrigatório na vila de Kullorsuaq – o único sinal de vida eram os uivos de cães de trenós – e fiz diversas perguntas a Nikolaj sobre o hospital. Os médicos eram todos estrangeiros, disse-me. "Eles ficam um mês de cada vez; os obstetras, talvez uma semana. Para eles, é como tirar férias." Perguntei o que ele achava do referendo. "As pessoas aqui são mimadas", respondeu. "Elas não têm ideia de quanto as coisas realmente custam." A Groenlândia devia permanecer com a Dinamarca, mas encontrar um jeito de ficar com o dinheiro do petróleo, sugeriu o piloto. Pensando alto, perguntei se a Dinamarca era mesmo tão esclarecida a ponto de abrir mão de todo aquele petróleo. "Isso simplesmente diz algo sobre os dinamarqueses", disse um dos membros do Geus. Passamos noventa minutos no manto de gelo, só o tempo suficiente para o tripé ser desmontado e guardado em uma caixa de madeira, e então voamos de volta para Upernavik bem a tempo de eu conseguir participar de mais uma etapa do *road show*.

Em Uummannaq, uma ilha de 13 mil pessoas, famosa por ser o local de origem da Siissisoq, banda de *heavy metal* que cantava em groenlandês a respeito da matança dos mamíferos africanos, o *road show* recebeu a visita do então primeiro-ministro da Groenlândia, Hans Enoksen, acalorado secessionista e improvável mentor de Minik. Ele era um ex-comerciante local que havia ascendido ao poder em 2002 depois de servir como ministro da Caça e da Pesca. No auditório de uma escola secundária, observei-o tomar parte no massacre, empreendido por quatro adversários, do único político antissecessão. O principal salão da escola era claro, anguloso e moderno, com teto abobadado e paredes decoradas com pinturas – trípticos de icebergs, um quadro de bananas e uvas. Severo e incansável, Enoksen socava o ar lentamente enquanto falava. A casa estava cheia, com oitenta cidadãos ou mais. "Há trezentos anos somos um povo colonizado", troou ele. "Agora que temos essa oportunidade, como podemos dizer não?"

O primeiro-ministro fretou uma lancha azul no dia seguinte, e fomos visitar assentamentos próximos. Saímos do porto de Uummannaq, passamos pelo heliporto da ilha, por sua montanha-símbolo em forma de coração, de quase 1,2 mil metros de altitude, e por um largo canal entre íngremes penhascos de granito estratificado. Após algum tempo, o primeiro-ministro virou-se para mim. "O embaixador norte-americano em Copenhague tem apoiado bastante o autogoverno", disse, e Minik traduziu. "Muito mais do que qualquer um antes dele." (Em um telegrama vazado, o embaixador James P. Cain gabava-se de apresentar Enoksen e Aleqa Hammond, futura primeira-ministra, "a algumas das principais instituições financeiras norte-americanas em Nova York".)

O apoio dos Estados Unidos não surpreendia. Em 1946, o governo estava tão impressionado com o potencial estratégico da Groenlândia que tentou secretamente comprar a ilha da Dinamarca por 100 milhões de dólares. As Forças Armadas norte-americanas ainda mantinham a base aérea de Thule, uma instalação do tempo da Guerra Fria no Extremo Norte da Groenlândia e que recentemente tinha sido usada para os voos de rendição extraordinária* da CIA. Antes disso, aparentemente perdemos uma ogiva nuclear ali – deixando os caçadores comerem peixes e focas contaminados por radiação. Agora que sabíamos que havia muito gelo na Groenlândia, nossas empresas estavam adquirindo blocos de exploração.

Perguntei-me se abandonar a Dinamarca não significava abraçar os Estados Unidos. Não necessariamente os Estados Unidos como suseranos – na verdade, a China logo faria um lance pelos minérios da Groenlândia –, mas os Estados Unidos como ideal capitalista. O americanismo – o livre mercado, a necessidade de crescimento, a incessante busca de petróleo. Perguntei ao primeiro-ministro: trocar o dinheiro dinamarquês pelo dinheiro de outros estrangeiros era mesmo independência? Ele não chegou a responder exatamente. "Se descobrirem petróleo, os estrangeiros virão de qualquer jeito", disse Enoksen. "Mas, depois de votarmos pelo sim, eles trabalharão para nós." Ele bateu o punho contra o peito três vezes e depois o ergueu para o céu. "É isso que vai mudar em meu governo", afirmou.

---

* Programa da CIA na Europa de sequestros-relâmpago de suspeitos de terrorismo, que eram levados para países menos rigorosos em relação ao uso de tortura. [N.T.]

Meses antes, eu tinha participado da primeira Conferência Anual da Groenlândia sobre Desenvolvimento Sustentável de Petróleo e Minério, que aconteceu em um hotel Radisson em Copenhague, em maio de 2008. Apenas um groenlandês nato deu palestra. Praticamente indistinguível dos demais participantes, todos homens de meia-idade, a maioria de camisa social branca ou azul, ele apresentou a pesquisa dos mercados de Los Angeles e de Tóquio feita pelo Secretariado do Gelo e da Água da Groenlândia. Ela era extremamente promissora. Os compradores de água engarrafada não sabiam quase nada de sua ilha, disse ele, mas sabiam tudo o que precisavam saber. "O conhecimento deles sobre a Groenlândia se limita a 'gelo' e 'frio'", explicou.

Os demais palestrantes, canadenses, australianos, britânicos e suecos, operadores veteranos no Rajastão, na Guiné, na Mongólia e nas Filipinas, descreveram a corrida pelos minérios: as descobertas de ouro no oeste da Groenlândia e as minas de ouro no sul; diamantes de 2,5 quilates encontrados pela empresa canadense Hudson Resources; rubis escavados pela também canadense True North Gems; minas de molibdênio a céu aberto previstas por outra canadense, a Quadra Mining; e descobertas de urânio e de minerais raros por uma empresa de propriedade australiana que receberia investimento chinês, com nome local, a Greenland Minerals and Energy. Um representante do Geus expôs as perspectivas petrolíferas da Groenlândia. Os mineiros discutiram a difícil logística da ilha, mas falaram dos "termos comerciais de nível mundial". Se você conseguisse chegar lá, segundo o que eles davam a entender, os inuítes o deixariam perfurar onde quisesse. A perspectiva de que a mineração bancasse sua independência da Dinamarca tinha deixado os groenlandeses muito bem-dispostos.

O palestrante que relacionou de maneira mais explícita a fortuna de sua mina à mudança climática foi Nick Hall, presidente da companhia britânica Angus & Ross. Ele mostrou à plateia a fotografia de uma montanha de mármore acima de um gigantesco fiorde: o Anjo

Negro. O depósito de zinco ali é um dos mais ricos do planeta. Foi descoberto na década de 1930, explorado na de 1960, e a mineração durou entre 1973 e 1990 por túneis escavados bem acima do fiorde. Depois foi abandonado. A empresa de Hall assumiu a concessão em 2003, quando os preços do zinco estavam prestes a subir, e em 2006 dois geólogos, em uma expedição diurna, descobriram um depósito tão puro quanto o original às margens da já encolhida geleira dos Lagos Sul. Antes do derretimento, o depósito estava escondido por uma parede de 30 metros de gelo glacial. Além da temporada mercante estendida, ali estava, como admitia Hall, o "lado bom do aquecimento global".

Assim que concluiu, Hall foi cercado por financistas. Australianos de terno engomado que representavam dinheiro britânico entregaram-lhe cartões de visita. Um canadense ofereceu-lhe os serviços de sua empresa de logística: enfermeiros, médicos e outras equipes de campo. Também o abordei, perguntando-lhe se eu podia visitar a mina. A Angus & Ross, sob todos os aspectos responsável e bem-intencionada, simbolizava a desconfortável realidade enfrentada pelos "vencedores" do aquecimento global que estavam no Norte, fossem eles inupiats, groenlandeses, islandeses ou canadenses: os moradores locais não tinham o capital, o conhecimento ou a base populacional para transformar o Ártico sozinhos. Havia o risco de que eles ficassem com a maior parte da mudança e com a maior parte da degradação, e estrangeiros ricos, com a maior parte dos lucros.

Quando parti de Uummannaq para visitar a mina, saí do mesmo porto de onde tinha saído com o primeiro-ministro Enoksen e entrei no mesmo canal largo, mas dessa vez o capitão do barco era um dinamarquês que trabalhava para os britânicos. Ao deixarmos o canal, cruzamos um trecho encapelado de mar aberto e depois margeamos outro grupo de penhascos. Adentrando um longo fiorde, acenamos para pescadores e diminuímos a velocidade para observar uma aldeã cortar uma foca sobre uma pedra. O fiorde estreitou-se, e a água ficou vítrea. Depois de duas horas, o Anjo se ergueu a nossa frente: uma mancha de Rorschach de zinco negro e fantasmagórico 600 metros acima de um penhasco predominantemente branco.

Era o fim de uma temporada de trabalho de verão, e o campo de mineração estava quase vazio. Consistia em uma série de prédios pré-fabricados em um platô artificial, cercado por ruínas de concreto e por máquinas enferrujadas da operação original. Perto do porto havia um teleférico – comprado de segunda mão da estação de esqui de Disentis, nos Alpes suíços em processo de derretimento – que algum dia atravessaria o fiorde de 1,5 quilômetro até a mina. Os prédios continham divisões com beliches e um salão com sofás confortáveis, uma TV de tela plana e wi-fi de alta velocidade. No salão, o gerente de operações da mina, o australiano Tim Daffern, explicou-me o plano de sua empresa.

Depois de tirarem as 2 toneladas de zinco que tinham sobrado na mina original – essencialmente os pilares de apoio, que seriam trocados por outros de cimento –, eles se concentrariam no depósito da geleira dos Lagos Sul. Era certo que o recuo continuaria: eles tinham encomendado um estudo do Geus e de alguns cientistas britânicos para confirmar a certeza. Se a mina original durasse cinco anos, a dos Lagos Sul asseguraria para eles mais uma década. Um terceiro depósito que tinham identificado poderia valer mais dois anos, e um quarto, outros três – tudo enquanto as geleiras encolhiam. "Vamos explorar qualquer lugar em que o gelo recuar", disse Daffern.

Os predecessores de Daffern haviam despejado os resíduos no fiorde. O lixo consistia em 0,2% de chumbo e 1% de zinco e enferrujava antes de conseguir afundar nas profundezas sem oxigênio. Toda primavera, um fluxo de água dos derretimentos espalhava o lixo ainda mais longe. Ele era ingerido pelos mexilhões, que eram comidos pelos peixes, que alimentavam as focas, e lá se ia o lixo cadeia alimentar acima. Após dezessete anos de mineração, o fiorde levou outros dezessete para recuperar-se.

Daffern e eu andamos sob a chuva, subindo o campo de mineração até avistarmos todo o fiorde, os nevoeiros cerrados, os seracs* da geleira Alfred Wegener. Aventurei-me pelo antigo túnel de uma mina até seu declive se acentuar e virar uma camada de gelo. Daffern apontou para outro túnel, onde tinham encontrado sacos de produtos químicos que haviam sido descartados e depois vedados por um trator em algum momento da década de 1980. Daffern prometeu agir de maneira diferente. Ele também prometeu, assim como todo mundo na conferência sobre mineração, contratar o máximo de pessoal local possível. Quando voltamos, degustamos um almoço incrível, de cinco pratos, preparado pelo cozinheiro do campo, um cara chamado Johnny, que era filipino.

No sétimo dia do *tour* de autogoverno de Minik, após sete encontros em sete vilas e cidades, os políticos foram descansar em uma pousada governamental ao lado do aeroporto de Qaarsut, enquanto esperavam para voltar para casa. Nosso voo só sairia às quatro e meia da tarde, e tínhamos o dia inteiro livre. Havia um bufê com granola, iogurte e pão fresquinho. A TV estava ligada; sacamos nossos celulares e laptops e folheamos o jornal. Então o primeiro-ministro entrou e anunciou que o barco de um caçador estava pronto para nos levar para uma rápida visita à vila de Niaqornat, de 68 habitantes, a mais de uma hora dali pela península de Nuussuaq. Sair de novo era masoquismo. Somente Minik e eu quisemos acompanhá-lo.

O barco aberto devia ter uns 15 pés. Entramos nele em uma praia cheia de cascalho abaixo da pista de pouso, acompanhando a rebentação para não molhar os pés. Minik colocou seu laptop em uma bolsa de plástico. Ele e eu nos encolhemos para nos protegermos do vento

---

* Fragmento grande de gelo que se rompe com o movimento ou com o derretimento de geleiras. [N.E.]

cortante, mas o primeiro-ministro, usando jeans, luvas finas e boné de beisebol, ficou na popa do bote, observando o litoral passar.

O mar estava calmo, e havia praias por todo o caminho; acima delas, as encostas erguiam-se abruptamente por 2 mil metros, os cumes já cobertos de neve. Avistamos focas e icebergs do tamanho de casas e enfim demos a volta para chegar ao porto natural de Niaqornat. A impressionante vila ficava em uma faixa de terra baixa entre uma torrezinha de pedra ao lado do oceano e os picos brancos da península. Havia casas de madeira clara, mas nenhum carro. Em algumas prateleiras, os aldeões haviam colocado para secar os restos de peixes para os cães dos trenós e pedaços de halibute e de foca para eles próprios. Barcos abertos e icebergs dividiam o porto. O sol brilhava. Ao menos uma vez eu via a Groenlândia de minha imaginação – e talvez também a do primeiro-ministro.

O encontro aconteceu na escola, e um quarto da população de Niaqornat compareceu, se for contado o bebê. Como tela para o projetor, viraram de costas um enorme mapa da Groenlândia e o penduraram no quadro-negro. Acima do mapa havia diagramas para que as crianças aprendessem os nomes dinamarqueses de objetos cotidianos: balão, casaco, rei, cigarro. Enquanto o primeiro-ministro falava, dei uma olhada em um pôster que mostrava oito espécies de baleia da região e suas principais características: peso, velocidade máxima, comprimento, o tempo que conseguiam prender a respiração. Um homem de camiseta com os dizeres "Pesca de tubarão em águas profundas" perguntou sobre dinheiro, e Minik passou alguns slides que eu ainda não tinha visto: projeções de renda da mineração atingindo a estratosfera no futuro. Um slide mostrava os blocos de petróleo que a Groenlândia já havia vendido para empresas estrangeiras. Eles ficavam logo do outro lado da península.

Almoçamos na casa de um dos partidários do primeiro-ministro, um grande caçador, que havia decorado as paredes com caninos de narval, crânios de leão-marinho e fotografias de ursos-polares mortos. Ele dispôs sobre a mesa carne de baleia parecida com charque e também nos serviu pele fria de narval, que suas filhas e o primeiro-ministro fatiaram em pedaços mastigáveis. Sua coleção de CDs e seu computador ficavam no canto, com o gerbo de estimação de uma das filhas. Seu filho adolescente apareceu com um sanduíche pronto e colocou-o no micro-ondas. O primeiro-ministro empanturrou-se de narval. "Se não comêssemos o que o mar nos dá", disse ele, "não estaríamos aqui". Quando chegamos ao porto para partir em nosso barco, a aldeia reuniu-se para a despedida; alguém tinha distribuído bandeirinhas da Groenlândia, e os cidadãos as agitaram até sairmos de vista.

Poucos meses depois, Niaqornat se tornaria uma das poucas aldeias a votar 100% a favor do autogoverno. O referendo seria aprovado com 75,5% na Groenlândia, mas na pequenina Niaqornat ninguém teria dúvida.

No começo de nosso *tour*, Minik receava estar esquecendo boa parte da filosofia que tinha estudado. "Estou envolvido demais com a política", disse-me. No entanto, durante nossa última conversa, ele voltou a ser filósofo, ao refletir não apenas sobre a moralidade da secessão como sobre os meios para esse fim. Estávamos em Ilulissat, grande cidade turística da Groenlândia, onde fizemos uma última escala. Ali perto ficava Sermeq Kujalleq, a geleira que mais rápido se desfaz no hemisfério Norte, lançando 35 trilhões de litros de gelo na baía de Disko todo ano.

Eu tinha passado o fim de tarde na calçada em frente ao hotel Arctic, situado à beira de um precipício onde, por acaso, se realizava a conferência Preocupação Comum com o Ártico, do Conselho Nórdico: dignitários europeus usando cores sóbrias diziam palavras abstratas de preocupação com o aquecimento do Norte. Enquanto eu admirava a baía repleta de icebergs ao pôr do sol, ouvi um dos participantes flertar com uma loura atraente, disparando fatos sobre o apocalipse vindouro.

Seu tom era solene; sua voz, quase um sussurro. "Não quero assustar você", murmurou. Era a primeira vez que eu ouvia uma pessoa tentar recorrer à mudança climática para levar alguém para a cama. "Eu realmente não quero assustar você", repetiu ele. A mulher não parecia nem um pouco assustada.

No andar de cima, Minik e eu pedimos hambúrgueres no bar e ficamos contemplando as luzes de Ilulissat. "É tão estranho…", disse Minik. "Quanto mais o manto de gelo derrete, mais a Groenlândia sobe. Outros países estão afundando, e a Groenlândia está subindo. Ela está literalmente subindo." Abaixo de nós, os dignitários enfileiravam-se para seu banquete. "Sabemos que da primeira vez o Anjo Negro prejudicou muito o meio ambiente", continuou Minik. "Ele arruinou o fiorde. Será que não há problema em arruinar três ou quatro fiordes para construir o país? Odeio pensar nisso, mas temos muitos fiordes. Não sei… Isso seria uma filosofia utilitarista, não seria?"

Ele balançou a cabeça. "Sabemos muito bem que vamos causar mais mudança climática fazendo perfurações em busca de petróleo", disse. "Mas por que não perfuraríamos? Fazer isso não vai nos permitir comprar nossa independência?"

Pai da invenção
Israel salva os Alpes do derretimento

Depois de a Groenlândia votar pelo sim, viajei no inverno seguinte para um lugar em que o derretimento não era nada bem-vindo. O Pitztal, ou vale de Pitz, fica a 50 quilômetros a oeste de Innsbruck, a capital do estado do Tirol, na Áustria. Para chegar ali, dirigi um Ford Fiesta alugado a toda a velocidade pela rodovia e depois virei ao sul no vilarejo de Arzl, onde havia diversos hoteizinhos e uma igreja com uma torre cuja abóbada tinha camadas como uma cebola. Subi por uma estrada de duas pistas, passei por mais cidadezinhas de cartão-postal, por campos, por vacas e por cabanas de pastores – resquícios da economia pré-turismo –, até que as muralhas de florestas do vale ficaram mais íngremes e surgiram ônibus e mais ônibus de holandeses em férias. Após meia hora, o vale estava lotado. Havia um estacionamento, uma cabine de venda de bilhetes e um túnel escavado na encosta de uma montanha – uma ferrovia funicular subterrânea. Embarquei; oito minutos depois eu tinha subido mais de 1.000 metros e contemplava a geleira mais famosa dos Alpes, que estava desaparecendo.

Uma medida do declínio da geleira de Pitztal é que um dos teleféricos de esqui construídos em seu topo teve de ser movido três vezes em 25 anos. Outro é o gigantesco cobertor isolante que o resort coloca sobre a geleira todo verão, na esperança de retardar o derretimento. Como um todo, os Alpes europeus perderam metade do gelo no último século, um quinto disso desde a década de 1980. As 925 geleiras batizadas da Áustria estão recuando a uma média de 10 a 15 metros por ano, taxa duas vezes maior do que a registrada uma década atrás. O que trouxe fama internacional a Pitztal em particular – reportagens na NBC, artigos na *National Geographic* e no *USA Today* – foi menos a taxa do derretimento do que a absurda última tentativa do cobertor da geleira. Trabalhadores cobrem cerca de 30 acres a um custo anual de 120 mil dólares, preservando 1,5 metro vertical de neve a cada estação. A técnica chegou a Zugspitze, na Alemanha, e a Andermatt e Verbier, na Suíça. Mas ela só funciona parcialmente: coberta ou não, a geleira de Pitztal já encolheu tanto que hoje está 200 metros acima da estação de teleférico. Durante as importantíssimas médias temporadas – Pitztal é o mais elevado dos cinco resorts austríacos usados para o esqui no outono e na primavera –, a última parte da corrida é uma pilha de cascalho chanfrado.

Cerca de 80 milhões de turistas vêm aos Alpes a cada temporada de esqui. Por volta de 1,2 milhão de tiroleses, incluindo praticamente todos em Pitztal, dependem do esqui na geleira para sua subsistência. No entanto, na Europa inteira, no mundo inteiro, uma economia corre perigo. No início de 2007, as encostas estavam nuas uma semana antes da famosa corrida do campeonato mundial de Hahnenkamm, em Kitzbühel, cidade vizinha de Pitztal, e foi preciso levar de helicóptero 4,5 mil metros cúbicos de neve, a um custo de mais de 400 mil dólares. No mesmo ano, um investidor britânico adquiriu Ernen, estação de esqui na Suíça, por um franco suíço; os gerentes dos resorts de Whistler, no Canadá, começaram a usar simulações computadorizadas de aquecimento global para escolher o local de seu próximo teleférico (resposta: melhor procurar um lugar mais alto); cientistas bolivianos declararam que a geleira Chacaltaya, a única área de esqui do país, com 5,3 mil metros, perderia completamente sua camada de gelo em três anos (a previsão estava correta); e a Ski-Trac, pista giratória em ambiente fechado projetada por australianos, foi promovida com estardalhaço "como a resposta ao problema da mudança climática". No inverno seguinte, áreas de esqui *indoor*, entre elas a SnowWorld Landgraaf, com 213 metros verticais, nas terras baixas da Holanda, foram oficialmente acrescentadas ao circuito de corridas europeu.

A fabricação de neve tornou-se uma indústria global de bilhões de dólares. Canhões hoje borrifam neve artificial sobre quase metade da área de esqui da Áustria, consumindo praticamente 1,9 milhão de litros de água por acre de neve artificial. Nos Alpes, os fabricantes de neve usam mais água do que a cidade de Viena, com 1,7 milhão de habitantes – a mesma quantidade de água por acre, a bem dizer, que um campo de trigo típico. Contudo, a fabricação de neve tradicional, por mais que sugue os lagos e lagoas da Europa, não consegue proteger a economia alpina. Ela requer condições perfeitas – temperaturas abaixo de zero, umidade inferior a 70% e ventos mínimos – e, ao menos em Pitztal, essas condições raramente estão presentes na hora em que são mais necessárias.

Quando visitei o resort, as montanhas ofuscavam de tão brancas, mergulhadas no sol pleno e cobertas pela neve natural de fevereiro. O cascalho estava oculto, ao passo que partes do cobertor isolante permaneciam à vista, com as hastes de suas divisões sobressaindo na encosta como vértebras. Do fim do funicular, a 2.840 metros, acompanhei a multidão em um bondinho de paredes transparentes até 3.440 metros, olhando o vasto aquário de uma bacia dividida por cristas dentadas. Uma lufada de vento frio veio a meu encontro no topo, e rapidamente pus meus esquis. Fui descendo por trechos de gelo até uma vasta extensão de poeira macia, que levava a uma pista lisa, que terminava em um prédio de cimento de 15 metros de altura, modernista, com painéis de ardósia – a razão pela qual eu tinha vindo. O prédio abrigava um dos primeiros modelos do All Weather Snowmaker, da IDE, máquina de 2 milhões de dólares capaz de cuspir 1.000 metros cúbicos de neve em 24 horas a qualquer temperatura e em qualquer dia do ano. Para Pitztal, era a salvaguarda mais recente na guerra contra o derretimento. Para mim, depois de viajar pelo Alasca, pela Noruega e pela Groenlândia, era um símbolo de um novo tipo de resposta climática. Ali, como em muitos dos lugares que eu visitaria, os efeitos do aquecimento global nada tinham de positivo. Eram um problema. O lado bom, se houvesse um, estava em vender o melhor esparadrapo.

Um rosado gerente de cargas chamado Reinhold me conduziu até o interior do prédio e ficou a meu lado enquanto eu observava um cilindro branco gigantesco, uma balbúrdia de tubos e canos e uma fileira de painéis de instrumentos acinzentados que cobria a parede do fundo. Nenhum de nós conseguia ler as inscrições. Estavam escritas em hebraico.

"O impacto econômico do aquecimento global está começando a aparecer", dizia o *release*. "O All Weather Snowmaker, da IDE, coloca sob seu controle aquilo que antes não podia ser controlado!" Parecia charlatanice, mas a propaganda que havia atraído os austríacos tinha bom *pedigree*. Ela vinha de um país com um histórico de superação, de uma empresa – a Israel Desalination Enterprises – que já ganhava milhões com a mudança climática tirando o sal da água salgada. A razão pela qual viajei para a Áustria, e em seguida para Israel, é que a historieta da máquina de fazer neve – e seu entrelaçamento com a dessalinização – representava a perfeição de um ideal cor-de-rosa: o de que a inovação e as forças do mercado, quando disparadas contra a mudança climática, podem salvar-nos dela. Tanto Israel como a IDE encarnavam uma visão de mundo ao mesmo tempo fortalecedora e perigosa: a de que as soluções valem por seus efeitos colaterais. E suas máquinas eram novas provas de que as defesas tecnológicas contra a mudança climática de modo geral vão primeiro para quem pode pagar por elas, os que emitem mais carbono, os que cuidam de si antes de se voltarem para o mundo em desenvolvimento.

Como os israelenses poderiam entender de neve me foi explicado uma semana depois de eu ter deixado Pitztal, quando conheci o diretor de tecnologia e autoproclamado "melhor esquiador" da IDE, em sua casa, a meia hora de Tel Aviv. Avraham Ophir, um homem de cabelos brancos e voz baixa, estava morrendo de câncer. Seus colegas Moshe Tessel e Rafi Stoffman, que ficaram sentados comigo em um sofá, olhavam-no com um misto de ternura e reverência. Ele era o conhecimento institucional da IDE, hoje uma empresa-símbolo de Israel, além de protagonista de uma de suas duas histórias de criação no gulag. Ele reclinou-se em uma cadeira de couro vermelho e começou a contá-la.

"Olhe, é uma longa história, mas eu vou tentar resumi-la", disse. "Nasci no leste da Polônia, em uma cidade chamada Bialystok. Meu pai era dono da fábrica que produzia terebintina, que vem da madeira das árvores daquela região. No começo da Segunda Guerra Mundial, primeiro fomos ocupados pelos alemães por duas semanas, e depois os russos chegaram. Como meu pai era capitalista, foi preso e mandado para um gulag no norte da Sibéria. E nós, como familiares do prisioneiro, fomos mandados para o sul da Sibéria, onde hoje fica o norte do Cazaquistão." Ali, Avraham foi obrigado a aprender a esquiar. "Você pegava duas pranchas simples de madeira bem fortes", descreveu, "colocava uma faixa de couro em volta e passava a bota de todo dia por baixo da faixa. Era assim que a gente ia para a escola". Normalmente um garoto mais velho acompanhava os alunos, por causa dos lobos. Quando vinham tempestades de neve, chamadas *buran*, eles achavam o caminho fazendo zigue-zague a partir de postes telefônicos espaçados 45 metros um do outro em seu trajeto. Eles sobreviviam aos longos invernos comendo peixes pescados no verão e curados com sal.

A história da máquina de fazer neve também começou na Sibéria. Na Rússia, contou Avraham, "havia um engenheiro judeu chamado Alexander Zarchin. O engenheiro era sionista. Por ser sionista e homem de tecnologia, os soviéticos mandaram-no para um dos gulags, o mesmo de meu pai. E na Sibéria é muito frio, mas no verão nunca chovia. O gulag era perto do oceano Ártico." O campo de trabalho precisava de uma fonte de água potável. Assim, no verão, disse Avraham, "eles abriam uma comporta e deixavam a água do mar entrar em uma lagoa. No fim do verão, eles fechavam a comporta, e a camada superior da lagoa congelava." Ao congelar, o sal e a água eram forçados a separar-se. "Por natureza, os cristais de gelo da água do mar são pura água", explicou. Quando o verão voltava, a superfície começava a derreter, tirando toda a salmoura residual do gelo, e Zarchin e os demais prisioneiros começavam a bombear o líquido das profundezas salinas da lagoa. Eles mensuravam o nível de sal à medida que bombeavam, e, assim que o nível ficava suficientemente baixo, segundo Avraham, "fechavam a comporta e deixavam o sol derreter o resto do gelo – e tinham água potável". Ele olhou para nós com orgulho. "Como você pode ver", disse, desfigurando a frase que eu logo ouviria em todo lugar em Israel, "a necessidade é o pai da invenção".

Depois da guerra, Avraham teve permissão para voltar à Polônia e mais tarde viajou clandestinamente pelos Alpes com um grupo de crianças judias, sobreviventes do Holocausto, até chegar à Itália – e, finalmente, ao Estado de Israel, recém-fundado. Alexander Zarchin, seu futuro chefe, também fugiu dos gulags para Israel, onde logo encontrou fama como inventor. Em 1956, David Ben-Gurion, primeiro premiê do país, obcecado por água, deu a Zarchin 250 mil dólares para construir uma unidade piloto de dessalinização. Em 1960, a revista *Look* afirmou que aquilo que estava sendo chamado processo Zarchin viria a ser "mais importante do que a bomba atômica". O truque de Zarchin era reproduzir o congelamento siberiano usando uma câmara a vácuo: quando a pressão está abaixo de 4 milibares, a água salgada resfriada vira gelo e, assim, fica dessalinizada. Seu projeto, que foi incorporado como IDE, empresa com fins lucrativos, tornou-se um veículo tanto do capitalismo como do nacionalismo. "Ele redigiu a patente quando viu que o país precisava de água", disse Avraham. "A maior parte de Israel era um deserto naquela época, mas na Bíblia o país era cheio de árvores. Você lê que Absalão, filho de Davi, estava fugindo a cavalo, e seus cabelos ficaram presos no galho de uma árvore, e assim ele foi morto." Avraham apontou para seu suntuoso jardim, que se via pela janela. "Decidimos que faríamos este país ter a mesma aparência de antes", continuou. "E as pessoas que vieram do Leste Europeu e de outros lugares queriam convertê-lo em alguma coisa que as lembrasse de onde elas viviam antes."

Quando os investidores estrangeiros chegaram, Zarchin, nervoso, cobriu os medidores de suas máquinas com panos, determinado a impedir que qualquer pessoa roubasse seus segredos. No entanto, a dessalinização a vácuo foi rapidamente superada por técnicas mais eficientes de osmose reversa, e a IDE levou quarenta anos para encontrar uma utilidade real para o processo Zarchin. O momento eureca – que dessa vez coube a Avraham – ocorreu na África do Sul, onde uma máquina de gelo a vácuo da IDE recebeu a missão de ajudar a resfriar a mina de ouro mais profunda do mundo, 3 mil metros abaixo da superfície da Terra, onde os trabalhadores enfrentavam temperaturas de 50 graus.

Isso foi em 2005, explicou Moshe. Ele e Avraham estavam na África do Sul para testar a máquina mais nova da mina. Avraham viu uma pilha de neve produzida no calor do sol africano, e seus olhos se iluminaram. "Moshe, me arrume um par de esquis", pediu. Moshe foi a Johannesburgo e encontrou esquis. "No almoço, ele fez um grande show", disse Moshe. "Eu falei: 'Avraham, estou impressionado, você esquia bem para sua idade'" – ele estava com 72 anos –, "'mas, antes de levarmos isso até os Alpes, vamos chamar um especialista'. Procurei um na internet."

O especialista que Moshe encontrou, um técnico olímpico finlandês, pegou um avião até a África do Sul. Segundo Moshe, ele concluiu que a pilha era de "neve boa para esquiar – não poeira, como em Aspen, mas aquilo que os profissionais chamam de neve da primavera". A IDE então trouxe uma dúzia de executivos de resorts de esqui, contou Moshe, "e construímos duas montanhas de neve; passamos dois dias com o pessoal, comendo, bebendo, e depois disso eu já tinha dois pedidos". Zermatt, a lendária cidade no sopé do Matterhorn, na fronteira suíço-italiana, hoje derretendo e mudando de lugar, recebeu a primeira máquina de fazer neve da IDE. Pitztal recebeu a segunda.

Em 2009-10, a primeira temporada completa em que a nova máquina foi empregada, Pitztal tornou-se a primeira área de esqui a abrir no hemisfério Norte. Data: 12 de setembro. Depois do fracasso dos Jogos Olímpicos de Inverno de 2010 em Vancouver, em que foi preciso levar neve de helicóptero para as encostas nuas das montanhas Cypress, a Rússia, anfitriã dos Jogos de 2014, pediu à IDE uma demonstração em

Pitztal. As autoridades ficaram impressionadas. A Rússia começou a estocar neve debaixo da terra e debaixo de lonas, planejando ter até 3 mil toneladas de neve para quando as competições começassem.

"Conseguimos vender neve para o esquimó", disse Avraham.

"Agora quero vender areia para os beduínos", afirmou Moshe.

"Eles não têm dinheiro", retrucou Rafi, rindo.

Para a IDE e para o resto da indústria de dessalinização, havia um aspecto ainda mais auspicioso da perda de gelo do planeta. Depois do derretimento, vem a seca. Nos Alpes, assim como no Himalaia, nas montanhas Rochosas, nos montes Ruwenzori ou nos Andes, o gelo que desaparece é uma reserva de água que desaparece. Geleiras são reservas. Campos de neve são reservas. No inverno, eles aumentam com a precipitação, prendendo a água no alto. No verão, exatamente quando é mais necessária, a água vai sendo liberada lentamente. A diminuição das geleiras coloca em risco o suprimento de água de 77 milhões de pessoas nos Andes tropicais, assim como a energia hidrelétrica que gera metade da eletricidade da Bolívia, do Equador e do Peru. Na Ásia, 2 bilhões de pessoas em cinco grandes bacias hidrográficas – as dos rios Ganges, Indo, Brahmaputra, Yang-Tsé e Amarelo – dependem da água que vem do derretimento do Himalaia. As geleiras da cordilheira, que irrigam milhões de acres de arroz e de trigo na China, na Índia e no Paquistão, perdem cerca de 4 a 12 gigatoneladas de gelo por ano. Na Espanha, que está ficando tão seca, e com tanta rapidez, que já existe quem alerte para a "africanização" – como se o Saara fosse cruzar o estreito de Gibraltar –, os Pireneus perderam quase 90% de sua camada glacial. Um século atrás, as geleiras que alimentavam rios de grande importância para a agricultura, como o Cinca e o Ebro, estendiam-se por 8.150 acres ao longo da cordilheira. Hoje elas cobrem 960 acres. E, mesmo nos Estados Unidos, milhões de pessoas dependem de geleiras e da precipitação de neve no inverno: o sul da Califórnia, verdejante graças a rios alimentados pelas montanhas, especialmente o Colorado, corre o risco de perder 40% de sua reserva de água até a década de 2020 se o derretimento nas montanhas Rochosas e na serra Nevada mantiver o ritmo atual.

Em certo sentido, os israelenses entenderam melhor do que ninguém o que significava cair na seca. Eles sabiam o que fazer. Vindos da Europa, como explicara Avraham, eles enfrentaram um ambiente distinto – mais quente, mais seco e menos hospitaleiro do que aquele que conheciam –, e o enfrentaram diretamente. O sionismo tinha sido guiado por ideais iluministas: fé na razão, fé no capitalismo, fé de que qualquer problema, inclusive o tratamento dos judeus na Europa, tinha uma solução racional desde que o homem fosse racional o bastante para encontrá-la. Os primeiros israelenses não se curvaram diante da natureza. A resposta iluminista à escassez de água, tanto antes como agora, foi procurar a solução mágica: uma solução de engenharia, uma solução do lado da oferta.

"Para aqueles que fazem o deserto florescer, há espaço para centenas, milhares, talvez até milhões", escreveu Ben-Gurion em 1954, quando ele próprio se mudou para o deserto do Neguev. Em seguida, o primeiro-ministro deu apoio à planta de testes de Zarchin no Neguev. Começou a financiar operações de semeadura de nuvens, incluindo a Operação Precipitação, da década de 1960, em que caças foram armados com lançadores de iodeto de prata. Ele construiu o Aqueduto Nacional, com 130 quilômetros de canos, canais, túneis e reservatórios para levar água do mar da Galileia, no relativamente úmido norte, até o Neguev, no árido e subpovoado sul. Algumas das soluções não funcionaram. Outras tiveram efeitos colaterais. O aqueduto levaria a uma guerra com a Síria pela água a montante do rio Jordão e logo alimentaria uma indústria agrícola enorme, voltada para a exportação. Exportar 1 grama de trigo correspondia a exportar 1 litro de água, e assim Israel exportaria o equivalente a 100 bilhões de litros por ano. Na época, porém, poucas pessoas se perguntaram se isso fazia sentido.

Agora estávamos todos virando israelenses. No Peru, em 2009, um cientista ganhou um prêmio do Banco Mundial por sua proposta de pintar os Andes de branco e assim repelir o calor letal do sol. Na região de Ladaque, na Índia, um engenheiro aposentado construiu uma geleira artificial de 50 mil dólares à sombra do Himalaia, reunindo o que escoava em lagos circundados por pedras que congelariam e se ligariam a uma geleira existente no inverno. Na Espanha, Barcelona tornou-se a primeira cidade da Europa continental a recorrer à importação emergencial de água: 1,9 bilhão de litros transportados em 2008, em um petroleiro adaptado. Na China, o governo central preparou-se para alterar o curso de rios em uma escala inaudita: o Projeto de Transferência de Água do sul para o norte um dia levará 17 trilhões de litros de água por ano do planalto do Tibete, que abriga 40 mil geleiras em derretimento, às cidades do Norte, árido e em fase de industrialização. Mais de 300 mil cidadãos estavam sendo deslocados para abrir caminho para canos e canais. Enquanto a China esperava pela água do Tibete, sua Agência de Modificação do Clima – 32 mil camponeses cuidando de trinta bases por todo o país ao custo de 60 milhões de dólares por ano – estava bombardeando os céus com lançadores de foguetes e armas antiaéreas de 37 milímetros, disparando pastilhas de iodeto de prata na esperança de induzir chuva. E, na China, na Índia, no Peru, na Espanha e aparentemente em todo país em que o aumento do calor e do derretimento tinha levado à seca, imensas unidades de dessalinização também aumentavam em número. Entre 2003 e 2008, 2.698 unidades foram construídas no planeta inteiro, e havia outras centenas em construção.

Na época em que visitei Israel, a IDE era responsável por quase quatrocentas unidades de dessalinização em todo o mundo, incluindo a maior, a mais eficiente e a mais celebrada: a de 325,5 trilhões de litros por dia em Ashkelon, Israel, ao lado da faixa de Gaza, às margens do Neguev. A parceira da IDE na unidade era a Veolia, a maior empresa de água do mundo e um dos principais portfólios de ações do Deutsche Bank. Depois de Ashkelon, a IDE tinha assinado contratos para construir a maior unidade da China, por 119 milhões de dólares; uma de 163 milhões de litros por dia na ressequida Austrália, por

145 milhões de dólares; e uma unidade gigante, de 412 milhões de litros por dia, em Hadera, ao norte de Tel Aviv, por 495 milhões de dólares.

A IDE também era parte do consórcio que estava construindo duas controversas unidades de 189 milhões de litros por dia em Carlsbad e em Huntington Beach, na Califórnia. Um engenheiro da Poseidon Resources, empresa à frente da construção, contou-me que eles conseguiriam produzir água com quantidade mineral e sabor idênticos aos da Pellegrino. "As pessoas vão tomar San Pellegrino da torneira", disse, "e vão tomar banho com San Pellegrino".

Ashkelon atendeu a quase 6% da demanda total de Israel, um primeiro passo no plano do país de retirar do mar um quarto de sua água até 2020. Após subsídios, o preço do metro cúbico era de meros 60 centavos – comparável ao da água de torneira nos Estados Unidos e muito mais barato do que em certas partes da Europa. Depois de comprada pelo governo, nacionalizada e lançada no Aqueduto Nacional, a água da usina era indistinguível do resto. No entanto, como a equipe de planejamento de cenários da Shell ressaltou em sua exploração da interconexão entre água, energia e alimentos, havia um problema: unidades de dessalinização, inclusive a de Ashkelon, usam enorme quantidade de energia. Usinas de energia – nuclear, a carvão, a gás, hidrelétrica – usam enorme quantidade de água para o resfriamento. Se elas são alimentadas por carvão ou, em uma medida menor, por gás natural, também emitem enorme quantidade de carbono. O carbono intensifica o aquecimento, o aquecimento amplia a seca, e a dessalinização começa a ficar com jeito de uma serpente que morde a própria cauda.

Levando em conta um copo de água de 240 mililitros, um copo de água de Ashkelon demanda 10,2 mil joules. A unidade funciona à base de gás natural, o que faz com que ela seja mais limpa do que a maioria, mas esse copo de água ainda se traduz em 500 miligramas de emissões de CO_2. Se o israelense médio fosse consumir toda a sua água de Ashkelon, isso causaria 0,6 tonelada métrica de emissões anuais – cerca de metade do que cada pessoa no planeta pode emitir se pretendemos um dia interromper o aquecimento. (Os israelenses hoje emitem cerca de 10 toneladas, e os norte-americanos, 20 – ambos já muito acima do limite.) Na Califórnia, os números são bem piores. A unidade de dessalinização de Carlsbad, a maior dos Estados Unidos, pode vir a obter grande parte de sua energia do carvão. Ela então se tornará responsável por mais emissões de carbono – 97 mil toneladas métricas por ano – do que uma dúzia de países insulares. Contudo, ninguém está dizendo que a dessalinização pode salvar o mundo. Nem as máquinas de fazer neve podem salvar as geleiras do mundo. Elas só podem salvar as partes ricas do destino que se abaterá sobre o resto.

"Se ouvir um apito, vá para debaixo do carro", disse Elisha Arad, engenheiro da IDE, quando ele, Rafi e eu partimos para Ashkelon. Os palestinos tinham acabado de começar a disparar seus primeiros Grads, foguetes de 170 milímetros com alcance suficiente – 14 quilômetros – para atingir Ashkelon desde a faixa de Gaza. Um dia antes, uma escola havia sido alvejada, e foram necessários dois tratores para remover o foguete da cratera.

"Nós lhes damos água; eles nos dão foguetes", reclamou Rafi. Isso era verdade, ainda que incompleta: na ofensiva do mês anterior contra o Hamas na faixa de Gaza, que as Forças Armadas israelenses chamaram de Operação Chumbo Fundido, Israel tinha danificado 11 poços, 32 quilômetros de redes de água e mais de 6 mil caixas-d'água em telhados. Depois, havia fechado as fronteiras, impedindo que bombas hidráulicas, canos e cimento entrassem em Gaza e, portanto, impossibilitando os reparos. Um ano após a operação, 10 mil pessoas ainda estariam sem acesso à rede de água, e o principal aquífero de Gaza ficaria salinizado. Os palestinos começariam a fazer gatos nos dutos de Israel, e o país reagiria contra aquilo que seria denominado de roubo de água. Em Israel, o consumo *per capita* de água era de 280 litros por dia; em Gaza, 91 litros – abaixo dos 100 a 150 litros que a Organização

Mundial da Saúde diz serem necessários. Elisha sugeriu que o Hamas não tinha atacado a usina de Ashkelon porque não queria: ali se produzia a água de que todos precisavam. Rafi deu a entender que era porque os membros do Hamas eram ruins de mira.

Nosso jipe roncou por uma estrada vazia Neguev adentro, passando por uma plantação de cactos e por um estranho posto avançado de casas pré-fabricadas na areia, povoado, havia dez anos, por colonos judeus que tinham se mudado de Gaza para lá em uma disputa política sobre a qual meus anfitriões não tinham muitas lembranças. Elisha, um sexagenário careca que, sempre que ouvia uma pergunta, exibia uma única profunda ruga na fronte, falou-me do mar Morto: ele deveria estar sendo reabastecido pelo rio Jordão, mas o Aqueduto Nacional ficava levando a água para outro lugar. "Agora ele está morrendo, literalmente morrendo", disse. "Está perdendo 1 metro por ano. Em vinte anos vamos deparar com a total falta de água, a menos que ela venha de outro lugar." Ele afirmou que ninguém se preocupava em conservar. "Os agricultores pagam dez vezes menos pela água. Se eles pagam 10 centavos, então eu pago 1 dólar? Claro que, nesse caso, eles não estão nem aí."

Ao virarmos pouco antes de chegar à unidade de dessalinização, vimos um balão pairando acima da fronteira com Gaza: um sistema de alerta contra foguetes. "Ele avisa as cidades", explicou Elisha. "Dá tempo às pessoas – tempo, digamos, para encontrar abrigo." Silencioso, onividente, futurista, o balão deve ter parecido opressor para quem vive do outro lado dos muros de Israel. Do lado de cá, porém, era reconfortante. Achei parecida a perspectiva do país em relação à seca – tantas emissões de carbono vindas de tanta dessalinização, uma praga para o mundo, em troca de água sem fim, uma bênção para Israel. O que fazia sentido dentro das fronteiras de um país, especialmente quando cercado de inimigos, nem sempre fazia sentido fora delas.

A unidade de dessalinização dividia espaço com uma usina de energia de 1,1 mil megawatts movida a carvão. Tratava-se de um local escolhido não pela eletricidade barata, mas pela chance de minimizar os impactos ambientais: a usina a carvão despejava água quente; a unidade de dessalinização despejava água hipersalina. Quando as correntes se misturavam, as duas eram diluídas. "Agora os peixes estão sofrendo... mas... hã... menos", disse-me Moshe. A instalação estendia-se sinistramente vazia por 17 acres, ocupados por meros quarenta empregados, os quais se alternavam em turnos de oito horas, quase sozinhos em um futuro automatizado.

Sob um céu baixo de nuvens cúmulos suspensas, colocamos capacetes amarelos. O Mediterrâneo estava verde-escuro, mas os prédios eram pintados de azul-oceano. Elisha levou-nos de um a outro, das bacias de decantação às bombas de pré-tratamento, aos filtros de carbono e aos filtros sintéticos. A unidade usava osmose reversa, um processo concorrente do de Zarchin, desenvolvido nas décadas de 1950 e 1960 por um engenheiro químico judeu no sul da Califórnia e aperfeiçoado na década de 1970 na Universidade Ben-Gurion do Neguev. Seu principal galpão era ocupado por uma fileira quádrupla de membranas de osmose reversa – 40 mil delas, dispostas em tubos de pressão de 8 polegadas ligados pelas extremidades. Em qualquer lugar por onde andássemos, eu ouvia água correndo. Do lado de fora, havia abrigos antibomba de concreto distantes poucas centenas de metros um do outro. "Se você está entre zero e 4,5 quilômetros de Gaza, você tem 15 segundos", disse Elisha. "Se está entre 4,5 e 10 quilômetros, tem 30 segundos." Estávamos entre zero e 4,5 quilômetros. Paramos em um salão de controle, e ali, de um tanque azul, projetava-se uma torneira. Elisha trouxe um copo. A água tinha gosto puro, perfeitamente natural, e, depois de termos tomado a primeira rodada, repeti a dose.

De volta a Tel Aviv, tive uma série de reuniões com empreendedores da água, cada qual vendendo seu jeitinho tecnológico. Israel tinha se tornado, como diziam, "a nação *start-up*", mas isso era a materialização de outra tendência: a tecnologia de água pronta para exportação parece vir mais prontamente de países com escassez de água – Israel, Cingapura, Espanha e Austrália –, que estão contra a parede da mudança climática. Em Israel, os semeadores de nuvens tradicionais ainda eram uma legião, e um grupo de pesquisadores também tinha proposto cobrir uma extensão de 2 mil acres do Neguev com material negro, que absorveria o calor, a fim de criar uma ilha artificial de calor, induzindo chuvas ao sabor dos ventos. Em um arranha-céu no centro da cidade, encontrei-me com executivos da Whitewater, cujo fundador tinha ajudado a Domino's Pizza a entrar no mercado israelense. A empresa tinha laços estreitos com o primeiro-ministro Benjamin Netanyahu, e seu enfoque era marcadamente israelense: ela ajudava a proteger as reservas de água do país de contaminações e de ataques terroristas.

Minha última reunião foi com o doutor Etan Bar, um esguio e obcecado professor de engenharia ambiental da Universidade Ben-Gurion. Ele havia acabado de patentear uma nova maneira de combater a seca, aparentemente tão revolucionária – e voltada para os lucros – que me perguntei se ele não poderia tornar-se o próximo Alexander Zarchin. No que deve ter sido o dia mais chuvoso do ano, encontramo-nos no saguão do Sheraton de Tel Aviv com dois de seus marqueteiros, Yitzhak Gershonowitz e Levi Wiener. "Sabe", disse este, quase imediatamente, "a necessidade é a mãe da invenção".

O doutor Bar reclinou-se e detalhou, empolgado, sua criação. "Tirar umidade do ar e transformar em água líquida", explicou. "Aliás, esse processo é conhecido desde os tempos bíblicos." No começo do inverno, o povo judeu rezaria a prece da chuva, *Tefilat Geshem*, mas, no começo da estação seca, no começo da Páscoa, rezaria a prece do orvalho, *Tefilat Tal*, porque o orvalho era considerado um dom de Deus. "No sul de Israel, você encontra campos antigos, todos irrigados com orvalho, que é a condensação da umidade do ar", disse o doutor Bar.

"Você pode acreditar ou não que o planeta é influenciado pelo dióxido de carbono", continuou, "mas o fundamental é que ele está ficando cada vez mais quente, o que significa duas coisas: existe mais evaporação do mar, porque a temperatura da água está mais alta, e a umidade da Terra não consegue condensar-se, porque a temperatura do ar está mais alta". Em países tropicais que um dia tiveram "chuva quase todo dia, 365 dias por ano", a estação chuvosa já não era tão chuvosa. "Você está andando em uma névoa poluída, porque a umidade está presente, mas não a chuva. Todo mundo sabe disso."

O doutor Bar tinha projetado uma caixa que, segundo ele, resolvia o problema, imitando um Deus antigo: ela aspirava ar e cuspia água. Ele enumerou os passos: primeiro, o ar é tragado por um dessecador, que absorve o vapor d'água, mas não os poluentes. Em seguida, o dessecador é aquecido, liberando a água em um recipiente que contém um volume de ar muito menor. Por fim, o calor é retirado, a fim de ser reutilizado no processo, e o vapor esfria e se condensa. "Pronto", disse. "É muito simples. Muito simples mesmo. É um filtro que filtra a água do ar. Só isso." Ele afirmou que apenas precisava de investidores.

"Levi dizia que a necessidade é a mãe da invenção", continuou, "mas eu…"

"Você não acha?", perguntou Gershonowitz.

"Não, não acho", respondeu o doutor Bar. "Eu acho que as necessidades do mercado são a mãe da invenção."

"Se há uma coisa para a qual existe mercado, essa coisa é a água. A natureza está trabalhando para nós. A natureza é nossa melhor relações-públicas. Por quê? Porque não há água! Olhe só o Chipre. Na Grécia, a situação é a mesma. Na Costa do Marfim, não chove mais. E eu não estou falando das regiões desérticas. Estou falando de lugares onde costumava haver muita água." Gershonowitz e Wiener balançaram a cabeça com entusiasmo. "Em 2020", continuou o doutor Bar, "cerca de um terço da população mundial não vai ter acesso garantido à água potável. O consumo médio global de água está entre 50 e 100 litros por dia. Agora, multiplique isso por 2,5 bilhões de pessoas! É só disso que você precisa. Se você me perguntar o que é potencial de mercado, potencial de mercado é isso!".

PARTE II

A seca

> Juro por minha vida e por meu amor à vida que nunca viverei por outro homem, nem pedirei que outro homem viva por mim.
>
> JOHN GALT

Grande demais para queimar

Incêndios públicos, bombeiros privados

O primeiro sinal que furamos foi na Main Street com a Jamboree Road, perto do Hyatt, e furamos principalmente porque podíamos. O chefe Sam ligou a sirene, e dezoito faixas de trânsito congelaram-se instantaneamente. Aproximamo-nos do cruzamento. Aceleramos. Viramos. Aceleramos de novo. Nosso Ford Expedition vermelho, com faróis vermelhos no teto, estampado com a palavra FOGO, disparou pela 405, cantando pneus. Um carro após o outro foi dando passagem até que, ao chegarmos à I-5, um idiota em um Civic não deu. "Olha só esse cara", murmurou o chefe Sam, e então cortou pelo meio para passar correndo à frente dele.

O tráfico diminuiu perto da Disneylândia, mas o vento de Santa Ana aumentou. Era um vento leste, quente, vindo do deserto, que sugava todo o resto de umidade da paisagem. Ele se afunilava pelos cânions em lufadas, levando folhas, pedaços de pano, sacos plásticos e nuvens de poeira. O pó era soprado estrada afora, indo para o mar, e nossa caminhonete, agora a 120 quilômetros por hora na faixa do meio, sacolejava. O chefe Sam, líder de um exército de bombeiros privado com fins lucrativos, pisou fundo. Ele me ofereceu uma barra de proteína. Colocou fones de ouvido, pegou seu BlackBerry e começou a fazer ligações.

Chamada para sua equipe: "Neste instante, o Carro 31 deve estar em ação conjunta ou em patrulha. O Carro 42 tem de estar pronto para agir. Sem atrasos. Estejam por aí, a postos. Bem posicionados. Saiam da cama e vão para os carros. Imediatamente."

Chamada ao vivo para o noticiário da KTTV Fox 11. Ligação para uma rádio. Entrevista com outra: "Nem existe mais temporada de incêndio. É o ano todo". Chamada para outra: "Oi, aqui é o chefe de bombeiros Sam DiGiovanna. Já passei informes para vocês antes. Querem alguma coisa para os incêndios de agora de manhã? DiGiovanna. *D-I. G-I. O. V. A. N-N. A.* E é bem simples. Di. Gi. O. Vanna…". Ainda estávamos a quilômetros do incêndio no cânion de Little Tujunga, passando só agora pelo centro de Los Angeles, rumo ao norte. Antes de algumas chamadas, o chefe Sam ligava a sirene. Quando terminava, desligava.

Ao telefone, ele se identificava como chefe de treinamento na Verdugo Fire Academy, seu emprego de meio período. Ele não mencionava as empresas de seguro com que tinha contratos – muito menos a American International Group, ou AIG, onde dirigia a Unidade de Proteção contra Incêndios Florestais. O setor de seguros era o que mais tinha a temer com a mudança climática – ele precisava arcar com o aumento dos danos causados por furacões e incêndios –, mas também, paradoxalmente, o que mais tinha a ganhar: seu mercado se expandia, especialmente em lugares como o ressequido oeste norte-americano. As seguradoras financiavam pesquisas climáticas ao mesmo tempo que as inovações da AIG contribuíam para afundar a economia global, e o chefe Sam e eu seguíamos na direção do incêndio ao mesmo tempo que a AIG era socorrida pelo governo federal: 85 bilhões de dólares, só para começar.

Saímos da I-5 e pegamos a Highway 2. Uma nuvem branca de fumaça agora era visível a distância, em algum lugar a leste de Pasadena, e o chefe Sam sintonizou o noticiário. As chamas ardiam bem perto da autoestrada 210, disse o locutor. Wall Street estava em ligeira alta, 400 pontos. O chefe Sam mudou para sua rádio favorita, a Smooth Jazz 94,7, e uma versão instrumental de *Minute by Minute*, dos Doobie Brothers, encheu a cabine da caminhonete.

O primeiro perímetro isolado pela polícia, uma linha diagonal de cones laranja guardada por uma única radiopatrulha, apareceu depois de virarmos na 210. Todo mundo estava sendo desviado da estrada, o que causava engarrafamento, mas aceleramos na faixa da esquerda. A sirene voltou. O chefe Sam, de 49 anos – 29 deles como bombeiro –, de cabelos escuros e amplo peitoral, com aparência de autoridade em seu uniforme azul não oficial e com sua caminhonete vermelha de incêndio, acenou de maneira convincente ao policial. O policial acenou de volta. Eu olhei o tráfego passar indistintamente até cruzarmos os cones e ficarmos a sós. De repente tudo tinha aparência de guerra, cheiro de fumaça. O chefe Sam não demonstrou emoção, mas largou o BlackBerry.

As nuvens mais negras eram químicas, de um combustível artificial, tóxico – não era chaparral nem madeira. Provinham de um trailer em chamas. De um aterro sanitário em chamas. De um caminhão de entregas em chamas, parado em um canteiro. Helicópteros estrondavam no alto, despejando nuvens brancas de água que não pareciam surtir nenhum efeito. Lufadas sopravam o vapor para os lados, junto com a fumaça. Na estrada, forças de ataque – comboios de cinco veículos de cidades vizinhas – passavam a 130 quilômetros por hora. Um caminhão do corpo de bombeiros do condado de Los Angeles passou por nós, rebocando um trator de esteira. Sinais de trânsito apareciam e desapareciam, obscurecidos pela névoa. As próprias colinas estavam ficando negras, e, onde a vegetação tinha queimado, as pedras se soltaram e pequenos desabamentos cobriam as estradas adjacentes.

A equipe da AIG estava esperando em um parque municipal em Sylmar, ponto de apoio para o combate contra o incêndio de 5 mil acres que consumia o cânion de Little Tujunga. As caminhonetes, os carros de bombeiro 21 e 23, eram Fords F-550 vermelhos com mangueira laranja e painéis cromados – apenas dois dos vários veículos comandados pelo chefe Sam. Os homens, na casa dos vinte ou trinta, de aparência impecável, estavam entediados. Essa área, embora em risco, não era ainda rica o bastante para que eles começassem a trabalhar: o Grupo de Clientes Privados da AIG só segurava e protegia casas que valiam pelo menos 1 milhão de dólares. Eles estavam esperando as coisas piorarem.

O incêndio de Little Tujunga era normal, disse-me o chefe Sam. Estávamos em outubro, e isso se encaixava no padrão. Ele tinha me explicado o efeito da mudança climática no combate a incêndios na tarde anterior, no Hyatt, seu hotel favorito, aonde me levou após meu voo ter pousado em Orange County. Dirigimos com pressa, deixamos a caminhonete dele na faixa de emergência e marchamos até a recepção, onde ele me arrumou um quarto pela tarifa do governo. "Será que o quarto pode contar para meus pontos Gold?", perguntou. "Nós vamos... hã... ficar juntos." Ele me deu um chute cúmplice por debaixo do balcão do check-in. Então ficamos sentados no saguão, comendo as ervilhas com *wasabi* de cortesia. "Adoro isto", comentou.

O úmido vai ficar mais úmido. O seco vai ficar mais seco. O que queima vai queimar mais vezes. Os cientistas não conseguiam dizer de maneira definitiva se a seca da Califórnia naquele momento estava especificamente relacionada à mudança climática, mas o estado, assim como boa parte do Ocidente, estava a caminho de tornar-se aquilo que os modelos computacionais previam: uma bacia de poeira, muito frequentemente em chamas.

Aquele incêndio tinha irrompido após a primavera mais quente na Califórnia em 88 anos, em seu nono verão mais quente na história documentada, em sua menor precipitação em 114 anos, em seu quarto mês de seca oficial e em seu segundo ou terceiro ano de seca não oficial. Arnold Schwarzenegger, governador à época, aparecia nas passeatas dos agricultores do Vale Central, gritando com eles: "*Querremos* água! *Querremos* água! *Querremos* água!". O fogo logo devoraria casas simplesmente porque os hidrantes estavam secos.

"Quando comecei, em 1977", contou o chefe Sam, inclinando-se para a frente em sua poltrona, "havia uma temporada bem definida" – o fim do verão e particularmente o outono, quando as colinas ficavam secas de tanto calor, quando os ventos de Santa Ana retornavam. No entanto, isso tinha acabado. Em abril de 2008, disse ele, as temperaturas excepcionalmente altas e a baixa umidade alimentaram um incêndio florestal de 600 acres em Sierra Madre. Em 2007, um recorde de 21 incêndios florestais simultâneos no sul da Califórnia havia levado a uma evacuação também recorde: 346 mil casas. O segundo maior incêndio na história do estado, o Zaca, consumira 240.207 acres e 118 milhões de dólares em custos de combate a incêndios – outro recorde. Em maio de 2009, o incêndio de Jesusita, em Santa Bárbara, queimaria 8,7 mil acres e oitenta casas, obrigando pelo menos 15 mil pessoas a sair de seus lares. No sul da Califórnia, os incêndios dos dois anos anteriores ao de Little Tujunga foram os dois piores nas últimas duas décadas, enegrecendo, respectivamente, 1,3 milhão e 1 milhão de acres. "Com esse aquecimento global", disse o chefe Sam, "estamos tendo incêndios com mais frequência, em áreas distintas".

Por todo o planeta, a primeira década do novo milênio foi uma década de incêndios: no Alasca, na Espanha, na Sibéria, na Córsega, na Bolívia, na Indonésia e na Colúmbia Britânica. No Novo México, no Oregon, no Colorado, no Texas e no Arizona. Nas Colinas Negras de Dakota do Sul e nos pântanos da Carolina do Norte. Na Grécia, os piores incêndios em meio século durante a pior seca em milênios. Na Austrália, o pior incêndio já registrado durante a pior seca de que se tem notícia. Na Rússia, incêndios tão destrutivos a ponto de o presidente – Medvedev, não Putin – dizer em alto e bom som que a mudança climática era real. Os maiores incêndios já registrados na Geórgia, na Flórida e em Utah. Por todos os Estados Unidos, em média 7 milhões de acres queimaram em cada ano do novo milênio – duas vezes a média da década de 1990. Entre 1986 e 2006, o número de grandes incêndios florestais aumentou 400%, e a área incendiada, 600%.

Os efeitos da mudança climática nos incêndios florestais não se limitaram à falta de água ou ao calor dos dias mais quentes. O derretimento da neve no começo da primavera implicava temporadas de cultivo mais longas e, a partir de certo momento, mais material inflamável. Temperaturas médias mais altas significavam que os verões eram efetivamente mais longos e que resíduos inflamáveis tinham mais tempo para secar. Invernos mais quentes significavam que larvas de parasitas – besouros-do-pinheiro, besouros-do-abeto-vermelho, besouros-de-casca, lagartas – podiam desenvolver-se e expandir-se, matando enormes florestas, criando mais combustível com a matéria morta e ressequida. Se a seca continua, as árvores não conseguem secretar as substâncias com que afastam as pragas. No oeste dos Estados Unidos, as temperaturas da primavera e do verão tinham aumentado apenas 0,87 grau Celsius desde meados da década de 1970, mas a temporada de incêndios já era 78 dias mais longa.

Isso se agravou com o crescimento meteórico de Los Angeles, sua expansão para os sopés das cordilheiras de Santa Mônica e de San Gabriel, propícias a incêndios. Segundo a Cal Fire, agência florestal e de proteção anti-incêndio do estado, 40% das residências da Califórnia estavam em áreas de risco alto ou extremo. Só no sul, o Serviço Florestal tinha identificado 189 mil dessas casas construídas entre 2003 e 2007. Na década de 1960, os incêndios florestais queimaram em média cem construções por ano. Na década de 1990, a média subiu para trezentas. Na primeira década do novo milênio, foram 1,5 mil. "Normalmente, consideramos que o combustível são árvores, arbustos e folhas", disse o chefe Sam. "Mas agora não são só as árvores. As casas também são combustível."

Milhares de prestadores de serviços privados já estavam combatendo incêndios florestais para órgãos do governo. Dos 280 pilotos e membros da equipe de solo do programa de aviação da Cal Fire, 130 eram na verdade empregados pela DynCorp International. Do orçamento de 1,5 bilhão de dólares do Serviço Florestal para o combate a incêndios – cerca de um terço de seu orçamento total –, mais da metade foi para empresas do setor privado, muitas delas sediadas no Oregon: o núcleo, por sabe-se lá que motivo, do setor de combate a incêndios com fins lucrativos. Esse moderno e privatizado campo poderá contar com equipes da Grayback Forestry ou da GFP Enterprises, do Oregon, apoio aéreo da Precision Aviation, também do Oregon, e fornecimento de alimentação da OK's Cascade Company, do Estado de Washington. Ele terá chuveiros móveis, lavanderias móveis e escritórios móveis, além de ar-condicionado, conexão com a internet e tendas com piso. O combate a incêndios custa ao governo federal mais do que o dobro do que custava dez anos atrás.

Se a primeira maneira de lucrar com a mudança climática – a do Ártico – consistia na expansão, explorando terras e recursos virgens, essa era uma nova fase. A oportunidade aqui também representava um tipo de crescimento, sim, mas proveniente da escassez, de uma crise pessoal – da economia de soma zero da aflição. Para que houvesse vencedores, era necessário que houvesse perdedores.

A inovação-chave da empresa do chefe Sam, a Firebreak Spray Systems, de Hood River, no Oregon, foi ser terceirizada das seguradoras, não do governo (ainda que ela fosse fundir-se com a AIG temporariamente). Fundada pelo empreendedor Jim Aamodt, que inventou os borrifadores que ajudam a manter frutas e legumes frescos nos supermercados, e por Stan Brock, ex-*tackle* do time de futebol americano New Orleans Saints, a Firebreak tinha um sistema patenteado de cobrir casas com Phos-Chek líquido – o mesmo retardante químico desenvolvido pela Monsanto e usado pelo Serviço Florestal. O produto era incolor e inofensivo, segundo me disse o chefe Sam, e protegia a casa por até oito meses, muito mais tempo do que os géis e as espumas concorrentes.

Em 2005, a Firebreak foi trabalhar para a divisão de seguros da AIG, aumentando a frota do Grupo de Clientes Privados de duas para doze caminhonetes e expandindo seu alcance de catorze códigos postais de elite da Califórnia – 90049, 90077, 90210 etc. – para quase duzentos, além de códigos em Vail, Aspen e Breckenridge, no Colorado. O chefe Sam entrou na empresa em 2006, depois de cinco anos como chefe de bombeiros em Monrovia, na Califórnia. Ele planejava uma segunda carreira em *coaching* de executivos até ler a respeito da nova unidade de incêndios florestais da AIG na *Fortune*. "Era o negócio do futuro", disse-me, "e eu queria participar desde o começo".

A Firebreak estava crescendo – o chefe Sam e seu amigo George tinham acabado de iniciar um programa piloto de duas caminhonetes para a Farmers Insurance –, mas logo veio a concorrência. A Chubb protegia segurados em treze estados do oeste por meio da Wildfire Defense Systems, de Montana, que borrifava o retardante concorrente Thermo-Gel. O Fireman's Fund contratou a Fireprotec, de San Diego, para abrir um espaço defensável em volta das casas dos clientes e ofereceu serviços de evacuação para os mais ricos. A Fire-Pro USA, também de San Diego, borrifava casas com o gel FireIce, patenteado. A Pacific Fire Guard, de Wildomar, mandava "a tropa de elite dos bombeiros" borrifar casas com o retardante GelTech. A Golden Valley Fire Suppression, do vale de Carmel, oferecia serviços de borrifamento de espuma na Craigslist e "limpeza de terreno com rebanho de cabras". Ela atraía os clientes com uma pesquisa on-line. Questão 6: "Se você pudesse contar com um corpo de bombeiros particular que trabalhasse especificamente para salvar SUA residência no caso de um incêndio que a colocasse em risco, e o preço dessa proteção fosse de 35 mil dólares (com opção de financiamento), mais 1.600 dólares por ano depois, qual a probabilidade de você contratá-lo?".

As caminhonetes da Firebreak dispunham de sistemas de comunicação de última geração, gabava-se o chefe Sam, incluindo o software de mapeamento da RedZone, que previa o curso de um incêndio e revelava os endereços dos clientes com "um dedo no pontinho". Diferentemente das sobrecarregadas brigadas públicas, a Firebreak podia dar-se ao luxo de ser melhor. "Para ser sincero", disse ele, "acho que somos mais sofisticados do que muitos órgãos municipais".

Bombeiros privados pareciam um sonho libertário – o setor privado atuando quando o governo falha –, e na verdade eram exatamente isso. Enquanto a Califórnia ardia, Adam B. Summers, da Reason Foundation, um *think tank* de livre mercado financiado historicamente pela Shell, pela British Petroleum, pela ExxonMobil e pelos irmãos Koch, que negavam a mudança climática, publicou um artigo de opinião no *Los Angeles Times*: "Usemos os recursos do setor privado para melhorar a proteção contra incêndios". A Califórnia, disse ele, era um estado de altos impostos e fortes regulamentações, e esse ambiente de negócios sufocante estava afugentando empregos. Aumentar impostos para combater mais incêndios só pioraria as coisas. "O estado e os municípios podem oferecer serviços melhores de proteção contra incêndio usando recursos militares e do setor privado", declarou. "O setor privado tem um histórico longo e pleno de distinções no que diz respeito a serviços de alta qualidade, como serviços paramédicos, de segurança e, sim, de bombeiros, a custos menores." Summers destacou a Firebreak e a AIG como dignas de louvor. "Como acontece em diversos outros serviços terceirizados", escreveu, "os prestadores de serviços de proteção contra incêndio muitas vezes oferecem serviços iguais ou melhores a custos significativamente mais baixos".

"A economia está ruim", disse-me o chefe Sam no Hyatt. "É importante que os municípios comecem a trabalhar com a iniciativa privada. Os órgãos municipais não conseguem fazer tudo sozinhos." Já tínhamos comido as ervilhas com *wasabi*. Ele chamou uma garçonete: "Oi, detesto fazer isso, desculpe incomodar, mas será que você pode me trazer um pouco d'água?".

O chefe Sam e eu deixamos o ponto de apoio e subimos de caminhonete na direção do fogo, a fim de conferir o programa piloto para a Farmers Insurance. Era o segundo dia em que a nova equipe enfrentava chamas de verdade, e o chefe Sam ainda estava em busca de uma fatia de mercado maior. Ele tinha acabado de mandar o carro de bombeiro 43 sair de San Diego e vir para cá, deixando a cidade indefesa e preocupando o pessoal da Farmers. Paramos para conferir. "Estou no local neste instante", disse o chefe Sam para seu contato na Farmers, tranquilizando-o, enquanto mirávamos a parede de um viaduto na estrada.

Dirigimos até o cordão de isolamento policial de Little Tujunga, onde os moradores tinham sido reunidos na calçada, carregando álbuns de fotografia em fronhas, TVs de tela plana em caixas de papelão, celulares nas mãos. Cruzamos o cordão com o pisca-alerta ligado, acenando com a cabeça para a polícia. Do outro lado, latas de lixo ainda estavam no meio-fio diante de cada casa vazia – devia ter sido o dia da coleta – e o vento as derrubava, esparramando seu conteúdo na rua. Alguns retardatários com máscaras de gás desafiavam a ordem de evacuação. Uma criança andava em círculos com sua bicicleta no meio da via. Um senhor de idade com camisa de flanela molhava a calçada em frente a sua casa com um regador de jardim.

O carro de bombeiro 25 da Farmers estava estacionado sozinho em uma rua lateral. O motorista era George, um homem afável com cabelos e bigode grisalhos que tinha combatido por décadas ao lado do chefe Sam antes de ambos se aposentarem do corpo de bombeiros de Monrovia. Ele deu a partida no motor, e as duas caminhonetes encararam a subida até chegarmos a uma casa modesta, de apenas um andar – a Farmers era menos exclusiva do que a AIG –, que estava em perigo imediato menor. Usando capacete e equipamento de proteção amarelos, o jovem parceiro de George saltou, desenrolou uma mangueira laranja, carregou-a alguns degraus de tijolo para cima e apertou o bocal, cobrindo com Phos-Chek a grama já doente da casa. O chefe Sam incentivou-me a tirar algumas fotos. Tirei.

Então aguardamos, e comecei a perceber que os problemas éticos que algumas pessoas tinham com serviços como os da Firebreak – lucrar com o desastre, proteger só os ricos – eram secundários em relação a outro problema: a Firebreak tinha dificuldades para oferecer qualquer espécie de proteção. A lista de casas que deveriam ser borrifadas – nossa "lista de prioridades" – era expedida do Oregon, onde supostamente se determinava a direção tomada pelo incêndio e quais casas da Farmers estavam em seu caminho. No entanto, o incêndio mal se deslocava, porque o corpo de bombeiros de Los Angeles o tinha praticamente contido. E o programa piloto era muito novo, com operadores tão inexperientes que pareciam ter dificuldades para encontrar os endereços da Farmers. Aguardamos ordens fora da casa que tínhamos acabado de borrifar, depois ficamos na larga avenida Gavina, onde ela cruzava o Pacoima Wash, e então subimos para as casas maiores e mais novas do bairro: palmeiras, telhados de estuque, vistas amplas, proximidade das chamas. Passaram-se quarenta minutos. Um helicóptero Skycrane e um avião anti-incêndio despejaram retardante nas colinas. Dezenas de bombeiros públicos, livres para simplesmente combater o incêndio, passaram rápido por nós. Ninguém deu atenção a nossa presença. Por fim, George recebeu outro endereço.

O chefe Sam e eu seguimos o carro 25 de George. Passamos por amontoados de placas de "Vende-se" cercadas de fumaça, descemos uma quadra, verificando os números das casas, e descemos mais um. Fomos lentamente adiante e freamos, olhando os faróis traseiros da caminhonete piscando. O chefe Sam estava ficando agitado. "George, essa é uma das nossas?", perguntou ele pelo rádio. "Essa casa na esquina é uma das nossas? Bom, encontre a nossa. Essa é nossa? Vamos encontrar a nossa e borrifar."

Duas horas depois de chegarmos ao local, observei George borrifando uma segunda propriedade da Farmers, uma casa de estuque de dois andares em uma subdivisão chamada Mountain Glen. Quinze minutos depois, estávamos estacionados de novo, aguardando uma nova lista.

"Chefe… hã… Carro 43", estrepitou o rádio. Eles tinham acabado de vir correndo de San Diego, seguindo para o norte. "Estamos no endereço para onde o comando nos mandou. Na verdade, aqui não há nenhuma área precisando de borrifamento. Só queria saber aonde você quer que a gente vá agora."

O rosto do chefe Sam adquiriu uma expressão dura. "O.k. Você está falando com a pessoa errada. É a central que diz aonde você tem de ir. Eu não tenho uma lista de prioridades, Todd. Você tem o número de telefone da central?"

"Entendido, chefe. Recebemos orientações para procurar você, mas vou entrar em contato com eles."

Paramos em um ponto em que podíamos ver o combate e observamos homens e mulheres do corpo de bombeiros de Los Angeles atacarem o incêndio. Uns tinham mangueiras; outros, pás. Uma jornalista do *Daily News* de Los Angeles começou a entrevistar o chefe Sam, que estava sentado em sua caminhonete; então, saí e fiquei perambulando até encontrar George, bem na hora em que um dos homens do corpo de bombeiros de Los Angeles se aproximou da janela.

"Quer dizer que vocês fazem só certa área?", perguntou o bombeiro. "Vocês vão até alguns endereços e se…"

"Se eles estiverem em perigo, a gente tenta chegar antes e borrifar, isso", respondeu George. "A gente tenta chegar antes, mas, com esses ventos erráticos, sabe como é…"

"Sei", disse o bombeiro. Ele sabia.

"É como nos velhos tempos", interveio o parceiro de George, "com todas as seguradoras".

Era uma referência obscura – ainda que precisa – a Londres no século XVII, quando todo combate a incêndio era feito por seguradoras privadas. O bombeiro absorveu a informação. Depois que ele saiu, George subiu o vidro da janela. "Está vendo só?", comentou. "Ele já está se sentindo melhor."

Voltei para a caminhonete do chefe Sam, e demos a volta na esquina, saindo da fumaça. O jazz calminho voltou, e então ele abaixou o volume para dar outro telefonema: "Oi, sou chefe de bombeiros aqui em Los Angeles. Agora mesmo eu estava no Hyatt, será que você poderia me mandar umas ervilhas com *wasabi*?… Qual? Com as ervilhas verdes?… O Hyatt… O.k… E quanto…? Sim. Pode mandar uma caixa? Uma caixa grande?… O.k. Pode mandar um quilo e meio".

O aquecimento global representava um grave risco para as companhias de seguros, mas também significava outra coisa: publicidade gratuita em escala bíblica. O risco maior só era problema se não estivesse coberto ou se não estivesse incluído no preço. Do contrário, era uma oportunidade para ganhar dinheiro. Simon Webber, do Schroder Global Climate Change Fund, disse-me que a Munich Re – a maior resseguradora do mundo, com 37 mil funcionários em cinquenta países e até 5 bilhões de dólares de lucro anual – era seu principal investimento. Um gerente rival, Terry Coles, do F&C Global Climate Opportunities Fund, explicou como uma boa temporada de furacões ajudava as seguradoras a aumentar as taxas. "Em geral, as pessoas esperam que as seguradoras fiquem em baixa", disse. "Muitas ações são vendidas. No entanto, a menos que venha um furacão realmente sério, elas elevam os prêmios e efetivamente recebem o benefício das margens aumentadas."

Em 1992, quando o furacão Andrew, de categoria 5, atingiu a Flórida e a Louisiana, as seguradoras pagaram mais de 23 bilhões de dólares em sinistros – US$ 1,27 por cada dólar recebido naquele ano. Elas buscaram empresas de modelagem de catástrofe, como a Eqecat e a Risk Management Solutions (RMS) – as analistas quantitativas da indústria de seguros –, que usaram um século de dados meteorológicos para prever perdas futuras e, com base nisso, elevaram seus preços. Em 2005, depois do furacão Katrina, a primeira tempestade de categoria 5 da nova era climática, elas pagaram mais de 40 bilhões de dólares, porém, graças a um mercado expandido e a modelos melhores, apenas US$ 0,715 por dólar recebido. A indústria ainda teve 49 bilhões de dólares de lucro naquele ano, e também lucrou, às vezes mais, às vezes menos, em todos os anos posteriores. Depois de a RMS atualizar seus parâmetros de furacões em 2006 – levando quatro cientistas a um local de veraneio nas Bermudas para o que foi chamado de "elicitação de especialistas" –, a Allstate usou os resultados sem revisão por pares para justificar um aumento de 43% nas taxas da Flórida, decisão impedida pelos agentes reguladores do Estado. A State Farm foi igualmente impedida de aumentar as taxas em 47%. Ambas, então, cancelaram dezenas de milhares de apólices, como também fez a Allstate em áreas ameaçadas de tempestade em Nova York muito antes da chegada do furacão Sandy:

30 mil apólices canceladas só nos cinco distritos. As empresas tiveram mais sucesso elevando as taxas na Califórnia: poucas semanas depois do incêndio de Little Tujunga, o comissário de seguros do estado aprovou um total de 115 milhões de dólares de aumento para a State Farm e para a Farmers – acréscimos de 6,9% e 4,1%, respectivamente. A elevação de 6,9% da Allstate foi aprovada em janeiro de 2009.

A indústria de seguros, outrora serena, parecia tão pronta para crescer que até o Vale do Silício estava entrando no negócio. Em 2006, um ex-aluno de Berkeley fundou aquela que seria a Climate Corporation, que aproveitava a força dos *big data* – modelos climáticos, previsões de tempo hiperlocais – para vender seguros de safras para os agricultores do meio-oeste e, em algum momento, seguros climáticos para o mundo inteiro. Em 2011, a empresa já havia compilado 50 terabytes de dados crus e levantado mais de 60 milhões de dólares de investidores, entre os quais o Google Ventures, a Allen & Company, os fundadores do Skype, Niklas Zennström e Janus Friis, e Vinod Khosla, influente personalidade na tecnologia verde que disse que os seguros "ajudariam os agricultores do planeta a lidar com o clima cada vez mais extremo que resulta da mudança climática". O CEO da Climate Corporation afirmava que 3,8 trilhões de dólares do PIB dos Estados Unidos e 70% de suas organizações eram afetados pelo clima todo ano; ele tinha concebido a empresa no percurso para seu antigo trabalho, no Google. O caminho passava por um local de aluguel de bicicletas na frente da praia: aberto e próspero quando fazia sol, fechado e financeiramente submerso quando chovia. Enquanto a Climate Corporation encontrava novas maneiras de subscrever as apostas dos consumidores, suas próprias apostas eram subscritas pela indústria de seguros tradicional, a maior fonte de financiamento da ciência climática fora dos governos. "Se tivermos uma perda, a resseguradora cobrirá 100% dela", disse o CEO a uma plateia em Stanford. "Quer dizer, os investidores de risco não querem apostar no clima. Eles querem apostar em uma equipe que pode ajudar o capital de outras pessoas a apostar no clima."

Para os inovadores, o crescimento estava em toda parte. A AIG tinha a Firebreak, mas, nas margens de risco em que seus ricos donos de apólices se agrupavam, seu Grupo de Clientes Privados oferecia a Unidade de Proteção contra Furacões: homens com aparelhos de GPS e telefones via satélite que entravam em campo após a tempestade, selando portas e janelas, tapando buracos em telhados, cobrindo claraboias com lonas, removendo obras de arte valiosas. No mundo corporativo, a Apólice Multirrisco Kyoto, da Munich Re, protegia os investidores da inadimplência de carbono, e seus derivativos climáticos ajudavam projetos com energia solar a proteger-se dos dias nublados, e seus projetos com energia eólica, dos dias calmos. A Munich Re realizou um "workshop de risco climático" em Princeton um dia depois do incêndio de Little Tujunga. (Seria prudente formular as apólices de maneira a limitar a responsabilidade climática, determinaram.) Nas conferências sobre mudança climática de Poznan e de Copenhague, a resseguradora tentou vender seu plano de adaptação para o mundo em desenvolvimento: um *pool* de seguros de 10 bilhões de dólares por ano financiado pelos governos, mas gerido, claro, pela Munich Re. Nesse ínterim, duas outras resseguradoras, a Willis Group, do Reino Unido, e a RenaissanceRe, das Bermudas, despejaram dinheiro na pesquisa de furacões, e a última, também na modificação de furacões, enfraquecendo as tempestades ao semear nuvens com aerossóis ou partículas de carbono. Em julho de 2008, depois de os inuítes de Kivalina processarem as empresas de energia, a Liberty Mutual apresentou a primeira apólice de seguro do mundo a proteger executivos corporativos de processos "advindos da suposta liberação imprópria de dióxido de carbono".

Um novo incêndio começou pouco antes do almoço. O chefe Sam notou-o da avenida Gavina: uma pluma de fumaça escura subindo em algum lugar a oeste de nós. Uma nova crise, uma nova oportunidade. Um propósito real, talvez, para seus homens. No entanto, como não estávamos ligados ao sistema público, passaram-se minutos cruciais antes que nossos operadores nos dissessem o nome do incêndio, Oat Mountain, ou o local, acima do bairro de Porter Ranch, que ficava a 20 quilômetros de distância. Mesmo depois de terem obtido, da Incident Page Network, um sistema de alertas públicos de US$ 8,95 por mês, eles pouco podiam dizer sobre sua extensão ou trajetória. Ainda bem que os bombeiros públicos, correndo ladeira abaixo com as sirenes ligadas, pareciam saber aonde ir. "Estão vendo aquele incêndio bem ali, para onde todas essas unidades estão sendo redirecionadas?", perguntou o chefe Sam à equipe do Carro 43. "Podem começar a ir para aquele lado." Ele mandou as duas bombas da AIG irem atrás. Porter Ranch era "uma comunidade selecionada", disse. "Há muitos clientes da AIG ali."

Antes de nos juntarmos a eles, paramos para comer tacos. O Ranchito era um pequeno restaurante salvadorenho em um centro comercial perto do cordão de isolamento de Little Tujunga, ao lado de uma farmácia Rite Aid. Todos aplaudiram quando entramos. "Estamos fazendo um bom trabalho?", perguntou o chefe Sam. Ele e George pediram dois tacos de peixe cada um, e sentamos de frente para a TV. Quando havia sinal, a KCAL 9 mostrava imagens ao vivo de fumaça e fogo, imagens aéreas de sopés de colinas em chamas. Um letreiro passava as últimas informações: a evacuação era obrigatória em Porter Ranch. Centenas de bombeiros convergiam para a área perto do bulevar Sesnon. Estávamos fascinados. Aquela era a melhor informação até o momento.

Antonio Villaraigosa, prefeito de Los Angeles, estava prestes a dar uma entrevista coletiva. "Aposto que ele vai usar o colete de novo", afirmou o chefe Sam. Estava certo. O prefeito se postou na frente dos microfones usando um colete de incêndio amarelo idêntico ao usado pelo chefe Sam. Ele começou a falar: "Eu só gostaria de dizer que todos os bombeiros de Los Angeles, todos os bombeiros...".

"... e a Firebreak", disse baixinho o chefe Sam.

"... estão fazendo um ótimo trabalho."

Ficamos 45 minutos absorvendo informação. Ao sairmos, o dono da taqueria nos deteve. "Vocês querem levar umas garrafas de água, alguma coisa?", perguntou. Estávamos bem, respondeu George.

Mal tínhamos chegado ao estacionamento quando uma mulher se aproximou apressada, implorando por socorro. Logo estávamos todos correndo para a Rite Aid. Uma garota na fila do caixa tinha tido um colapso. Estava deitada no piso, cercada por uma multidão. George abaixou-se, falando com ela em espanhol. Ela estava tendo uma crise de asma, disse ele. Estava prestes a retirá-la quando três homens do corpo de bombeiros de Los Angeles, atendendo uma chamada de emergência, irromperam pela porta. Três homens de amarelo olharam para três outros homens de amarelo. Houve um silêncio desconfortável. "Vamos deixar esta para vocês", disse George, e saímos atrás do incêndio.

Se apagar incêndios pode ser considerado uma metáfora grosseira para o combate à mudança climática, então as brigadas de bombeiros públicas estariam mais próximas da mitigação – do corte de emissões para o bem comum –, e as equipes privadas mais próximas da adaptação, com cidades ou países individuais esforçando-se para proteger os próprios terrenos. Vale recordar que, no caso do combate a incêndios, isso já foi tentado.

O homem que deu à Grã-Bretanha seus primeiros bombeiros e ao mundo seu primeiro seguro contra incêndios foi o filho de um pregador puritano batizado com o nome de Nicholas If-Jesus-Christ--Had-Not-Died-For-Thee-Thou-Hadst-Been-Damned Barbon [Nicholas Se-Jesus-Cristo-Não-Tivesse-Morrido-Por-Ti-Estarias-Condenado Barbon]. Posteriormente ele preferiu ser chamado só de Nicholas. Em 1666, quando ele estava perto dos trinta, ocorreu o Grande Incêndio de Londres. O fogo começou no forno de um padeiro em Pudding Lane – alguns pedaços de bacon estorricaram – e, como a casa era feita de madeira, e as de seus vizinhos também, e Londres não possuía bombeiros, o fogo alastrou-se com facilidade. As pessoas corriam para todo lado, carregando objetos de valor em carruagens. "O ruído, o estrepitar e o ribombar das impetuosas chamas", escreveu um observador, "os gritos de mulheres e crianças, a pressa das pessoas, a queda de torres, casas e igrejas eram como uma horrenda tempestade". Duas prisões, 87 igrejas e mais de 13 mil casas, que abrigavam 70 mil dos 80 mil habitantes da cidade, foram destruídas.

Os economistas hoje recordam Nicholas Barbon como um dos primeiros filósofos do livre mercado. Seus textos nasceram do Grande Incêndio. Com tantos terrenos agora vazios e disponíveis a baixo preço, uma de suas reações foi tornar-se incorporador – "o principal construtor especulativo de sua geração", de acordo com o historiador Leo Hollis. O panfleto An Apology for the Builder [Apologia do construtor], publicado por Barbon em 1685, pretendia protestar contra os novos impostos sobre a construção da Grã-Bretanha e proteger seu negócio. O texto exaltava o que acontece quando as pessoas se aglomeram em cidades: "Sendo o Homem Naturalmente Ambicioso, o Convívio ocasiona a Emulação, considerada a Superação do outro em Vestes, Utensílios e Mobília da Casa; de outro lado, se um Homem vivesse Solitário, sua maior Despesa seria a Alimentação". Barbon protestava contra a interferência do governo e dizia que a construção era "o principal Impulso do Comércio". Ele teria apreciado o sul da Califórnia antes do desastre.

Em 1690, quase um século antes de Adam Smith descrever a mão invisível, Barbon publicou sua obra mais famosa, A Discourse of Trade [Discurso sobre o comércio]: "Os Produtos Nativos de cada País são as Riquezas do País, e são perpétuos, e nunca serão consumidos; Animais da Terra, Aves do Céu e Peixes do Mar Aumentam Naturalmente: Todo Ano há Nova Primavera e Novo Outono, produzindo um Novo Estoque de Plantas e Frutas. E os Minerais da Terra são Inexauríveis; e, se o Estoque Natural é Infinito, o Estoque Artificial feito do Natural há de ser Infinito". Barbon acreditava que não havia limites fundamentais à oferta e que o crescimento não tinha consequências reais; o homem poderia tirar infinitamente o melhor da natureza sem estar sujeito a suas regras. "Isso mostra um Equívoco", escreveu, daqueles que elogiam "a Parcimônia, a Frugalidade e as Leis Suntuárias como meios de tornar uma Nação Rica". O que arruinava uma economia era o excesso de regulação. O que engrandecia uma economia era o lado da demanda – gastar, gastar, gastar, crescer, crescer, crescer – e, quanto mais e mais um homem quisesse, mais e mais ele receberia.

Mais de trezentos anos depois, em 2005, Maurice "Hank" Greenberg foi forçado a sair do cargo de CEO da AIG, que ocupara por 37 anos, e seus assessores inventaram do nada um *think tank* e o colocaram como testa de ferro. Era parte de uma campanha mais ampla de reabilitação, que incluiria a contratação de renomados professores – o decano da Sloan School do MIT, professores de Wharton e da Universidade de Chicago – para dizer coisas boas sobre Greenberg, redigir trabalhos que frisassem sua genialidade liberal e realizar conferências em que ele seria o principal palestrante. O nome: Barbon Institute.

Hoje, o libertarismo do tipo prefigurado por Barbon está fortemente associado ao negacionismo climático. Se corrigir o problema demandaria mais intervenção governamental, alguns prefeririam negar sua existência. No entanto, à medida que essa posição vai ficando menos defensável, alguns grupos parecem começar a fazer uma mudança tática: em vez de negarem a ciência, negam que reduções de carbono obrigatórias sejam a solução. Para os descendentes intelectuais do Barbon apologista do livre mercado, uma postura filosoficamente coerente sobre a mudança climática é promover soluções de mercado como a Firebreak – o que significa promover a outra resposta de Barbon ao Grande Incêndio.

Além de abrir sua empresa de construção, Barbon instalou uma empresa de combate a incêndios, a Fire Office. Um contemporâneo descreveu-a como "criados de libré com crachás e outras pessoas robustas", sempre prontos "quando qualquer súbito incêndio ocorre, o qual apagam com esforço e perícia, não hesitando, em casos de necessidade, em expor-se a grandes riscos". A Fire Office oferecia apólices de seguro por 7, 11, 21 ou 31 anos – 2 xelins e 6 *pence* por libra de aluguel para uma casa de tijolos, o dobro para uma casa de madeira, incluindo os serviços dos robustos bombeiros. Barbon conseguiu mais de 4 mil clientes.

A empresa, porém, logo atraiu competidores: a Friendly Society, a General Insurance Company, a Hand-in-Hand Company. Cada brigada tinha o próprio uniforme – casacos azuis com listras vermelhas, ou camisas azuis com botões prateados, ou calças amarelas e sapatos de fivela de prata – e as próprias marcas, placas de metal pregadas nas casas para que todos soubessem exatamente quem ia salvar quem. Sempre que alguma parte de Londres pegava fogo, as brigadas lutavam tão ferozmente umas contra as outras por água e áreas de concentração que as autoridades foram obrigadas a estabelecer multas: 5 xelins por atacar um bombeiro rival; 2 xelins e 6 *pence* por jogar água nele. Era caótico e, na verdade, ineficiente. No começo do século XIX, a confusão era tanta que os bombeiros privados foram substituídos por bombeiros públicos, para os quais o único adversário era o fogo.

Vistos de perto, o chefe Sam e seus homens também pareciam menos eficientes do que as equipes públicas. Assim como os exóticos instrumentos financeiros que haviam afundado a AIG, assim como tantas respostas aos efeitos das emissões de carbono, assim como tantos esparadrapos quando o melhor era nunca ter se ferido, a Unidade de Proteção contra Incêndios Florestais mostrava-se uma solução tão complicada que o problema fundamental tinha se tornado uma abstração. Bombeiros públicos combatiam incêndios. Descobriam onde eles estavam acontecendo, iam até lá e tentavam apagá-los. Entretanto, o chefe Sam e seus homens faziam algo mais complexo. Em tempo real, usando o melhor sistema de comunicações que podiam bancar sem reduzir os lucros, recebiam os endereços de clientes de operadores em outro estado, que os tinham recebido de representantes da AIG e da Farmers em um terceiro estado. Eles tinham de descobrir para onde seguia o incêndio. Tinham de descobrir quais endereços de clientes estavam no caminho. Tinham de ir até eles, mesmo que para isso precisassem furar cordões de isolamento policiais. Quando chegavam a um endereço, e se a casa estivesse de fato em perigo – o que era raro, como eu estava constatando –, tinham de saltar das caminhonetes, desenrolar as mangueiras, borrifar o Phos-Chek, guardar as mangueiras, voltar às caminhonetes e correr para a próxima casa ameaçada da lista. A menos, é claro, que o incêndio tivesse mudado de direção e a lista também precisasse mudar. Quando isso acontecia, eles tinham de começar tudo de novo. O sonho libertário era um pesadelo logístico.

A residência salva pelo chefe Sam, aquela que posso confirmar pessoalmente, ficava na avenida Andora, em Chatsworth – ele dizia "Pandora" até o comando corrigir a lista. A casa seguia plenamente o estilo rancho: estendendo-se horizontalmente, com estábulos para cavalos atrás e uma bandeira dos Estados Unidos de 6 metros na frente, em meio a uma série de propriedades equestres em Chatsworth. Para chegar até lá, fomos contra a maré de uma evacuação total. Crianças puxavam cavalos e mulas no bulevar Topanga Canyon. Um homem de chapéu de caubói conduzia um pônei com metade de sua altura. Jipes rebocaram trailers de cavalos, entupindo os cruzamentos. Fizemos um desvio pela rua Chatsworth e passamos por mais cavalos sendo enfiados em mais trailers, um carro esportivo sendo colocado em outro trailer, um homem ajustando malas no bagageiro de seu Jaguar azul, um aviso de cachorro perdido. Não se viam bombeiros públicos em lugar algum. O céu amarelecia. As chamas estavam a minutos de distância.

De pé na frente da entrada de sua propriedade, uma mulher colocava algumas coisas em sua picape branca, com o motor ligado. Suas três jovens filhas saíram correndo pela porta. Todas usavam máscaras cirúrgicas.

"Estamos com a AIG, sua empresa de seguros", disse o chefe Sam à mulher.

"Ah, que bom!", exclamou ela. "Adoramos vocês!"

O chefe Sam mandou o Carro 23 entrar na rampa de acesso. "Venha de ré! Venha de ré! Cuidado! Pessoal, vamos abrir espaço!" Lentamente, a caminhonete percorreu o caminho, e os homens tiraram a mangueira. Começaram a borrifar os arbustos atrás da casa de hóspedes branca, a primeira linha de defesa da propriedade. Depois, as paredes da própria casa de hóspedes. O caramanchão de madeira ao lado da casa de hóspedes. O curral. O depósito marrom de material de equitação. A cadeira Adirondack azul. O deque atrás da casa principal. O pátio da casa principal. As almofadas da mobília do pátio. O telhado, as paredes e as janelas que davam para o pátio de trás, de tijolos, ao lado da piscina, sufocada pelas folhas. A mobília de madeira perto da piscina. O telhado do gazebo. O tronco de uma palmeira. O telhado da garagem de quatro carros.

O chefe Sam trabalhou com a equipe o tempo inteiro, levando a mangueira nos ombros para fazê-la passar pelos corredores, gritando instruções, apontando. Quando eles faziam algo errado, ele tomava a frente, abrindo o bocal da mangueira e disparando contra as paredes até elas ficarem encharcadas. A agitação acabou depois de vinte minutos, e nos reunimos no gramado, respirando com dificuldade.

Uma vizinha aproximou-se. Ela parecia ter confundido o chefe Sam com um bombeiro público, e todos nós tentamos entrar no jogo. "Você podia ir agora para o incêndio em Tres Palmas, a segunda propriedade ali embaixo", disse. "No caminho todo há portões duplos."

"O.k., o.k.", respondeu o chefe Sam. O ar estava repleto de fumaça.

"Eu tenho uma rampa de acesso. Você pode trazer a caminhonete." Cheia de expectativa, ela apontou rua abaixo, na direção das chamas.

"O.k.", repetiu o chefe Sam, mal olhando para ela. "Temos mais equipes a caminho."

Dinheiro acima

Para onde a água flui quando para de jorrar

Os escritórios do primeiro fundo multimercados focado em água ficavam ao sul na costa do Pacífico, partindo de Little Tujunga, na periferia da Grande San Diego. Tinham vista para um estacionamento perto de dois shoppings e quatro Starbucks em uma paisagem subdividida que os incorporadores chamam de Triângulo de Ouro. A área tem esse nome por causa do padrão isósceles de estradas que se cruzam, delimitando seus três lados. Ela tira sua água da Estação de Tratamento de Água Alvarado, gerida pelo Departamento de Serviços Públicos de San Diego, que tira sua água de uma instância maior, a Autoridade de Água do Condado de San Diego, que tira sua água de uma instância maior ainda, o Distrito Metropolitano de Água, dominado por Los Angeles, que tira boa parte de sua água – em proporções maiores durante as secas na Califórnia – do Aqueduto do Rio Colorado, com 390 quilômetros, que tira sua água de um reservatório na fronteira com o estado do Arizona, o lago Havasu, que tira sua água do rio Colorado, de 2.250 quilômetros, que tira sua água, cada vez mais escassa, de milhares de riachos, campos nevados, lagos e fontes de uma bacia hidrográfica que cobre quase 650 mil quilômetros quadrados em sete estados do oeste norte-americano. Sem água importada, a metrópole de San Diego, com 2,7 milhões de habitantes, assim como boa parte do sul da Califórnia, não poderia sustentar uma população, assim como não podia antigamente, quando era um deserto costeiro. Visitei a região outra vez bem depois de os incêndios do chefe Sam terem sido apagados, no clímax de um verão quente em 2010. Naquela manhã, recebi minha água de uma secretária, que me deu uma garrafinha de plástico – Poland Spring, talvez? – da geladeira.

O homem com quem eu tinha vindo me encontrar era John Dickerson, fundador e CEO da Summit Global Management – empresa com dezesseis funcionários –, além de ex-analista da CIA e comprador de bilhões de litros de água em dois sistemas fluviais vitais e em processo de seca, os quais eu ficaria rastreando por semanas: o Colorado e o Murray-Darling, na Austrália. Ambos os sistemas tinham recentemente passado por secas sem precedentes, que os cientistas associavam à mudança climática. Gerentes financeiros como Dickerson, nesse ínterim, haviam tido a experiência oposta: uma torrente de dinheiro. A Summit tinha lançado seu primeiro fundo de água em 1999, mas "por muito tempo", disse-me Dickerson, "fomos uma voz no deserto. Não conseguíamos fazer com que ninguém comprasse nosso fundo. Aí veio Al Gore com aquela conversa, aquela coisa de aquecimento global, as secas. A água virou uma ideia segura".

Para os que investem no clima, a água era a opção óbvia. Emissões de carbono são invisíveis. Temperaturas são uma abstração. No entanto, gelo derretido, reservatórios vazios, ondas pequenas e tempestades torrenciais são corpóreas, tangíveis – o rosto da mudança climática. É a água que mostra que a coisa é para valer. Depois de *Uma verdade inconveniente*, durante o derretimento recorde de 2007 no oceano Ártico, pelo menos quinze fundos mútuos foram abertos no mundo, mais do que o dobro do número dos que até então estavam em atividade. Em dois anos, a quantidade de dinheiro gerenciado inchou dez vezes, chegando a 13 bilhões de dólares. O Credit Suisse, a UBS e o Goldman Sachs contrataram analistas de água exclusivos; o último dizia que a água era "o petróleo do próximo século" e falava em "enormes secas que durariam anos" em Israel, na Austrália e no oeste dos Estados Unidos. "Correndo o risco de soar alarmista", disse o Goldman em um relatório de 2008, "vemos paralelos com a economia malthusiana".

Willem Buiter, o principal economista do Citigroup, iria mais longe ainda. "Espero para o futuro próximo uma enorme expansão dos investimentos no setor de água", escreveu, "incluindo a produção de água potável e limpa a partir de outras fontes (dessalinização, purificação), o armazenamento, o embarque e o transporte de água. Espero ver redes de dutos que excederão a capacidade dos oleodutos e gasodutos de hoje. Vejo frotas de navios para o transporte de água (de casco simples!) e tanques que vão eclipsar os que hoje temos para petróleo, gás natural e gás natural liquefeito. Haverá graus e tipos de água potável, assim como temos hoje o petróleo bruto leve e doce e o pesado e azedo. A água, em minha opinião, será a mais importante classe de ativos baseada em uma *commodity* física, eclipsando o petróleo, o cobre, as *commodities* agrícolas e os metais preciosos". Era o *pitch* de vendas de Etan Bar, de Israel, totalmente repetido – se existe mercado para alguma coisa, é água, porque não há água! –, só que dessa vez havia dinheiro de verdade por trás da ideia.

Em seu escritório, Dickerson, beirando os setenta, estava sentado em uma cadeira de couro ao lado de uma janela e de um PC velho, e eu fiquei sentado do outro lado de sua escrivaninha, de frente para ele. As paredes exibiam fotografias de geleiras do Alasca e dos desertos de Utah – o próprio Dickerson as havia tirado – e uma estante tinha três cópias de *Uma verdade inconveniente* e duas de *Cadillac Desert*, o livro seminal de 1986 sobre água e poder político no oeste norte-americano. Seu autor, o ícone ambientalista Marc Reisner, foi membro do conselho da Summit até sua morte, em 2000. "Há todas essas coisas meio zen em torno da água", disse-me Dickerson. "É a mais necessária de todas as *commodities*. Como você sabe, não existe substituto para ela, a nenhum preço. E não conseguimos produzir água. Já pensou nisso? Hidrogênio e oxigênio. Não dá para plantar. É uma substância que vai ser sempre fixa neste planeta."

Onde a água estava, em geral as pessoas já não estavam. "Ainda temos exatamente a mesma quantidade em nossa ecosfera", continuou, "mas, em última instância, o efeito do aquecimento global é que a porcentagem de água potável está diminuindo, a porcentagem de água salgada está subindo e a má distribuição de água potável está piorando muito."

Havia inundações recorde na China, secas sem precedentes na Austrália. "Parece que vamos a extremos climáticos", disse ele. O "desequilíbrio entre oferta e demanda" de água – alimentado pelo crescimento populacional, acelerado pelas emissões de carbono – só vinha aumentando. Era uma situação propícia para a especulação, com a ressalva de que não havia maneira fácil de a maioria dos investidores entrar. "Se você é o papai ou a mamãe, em sua casa em Peoria, digamos, pode comprar derivativos de trigo, de bacon, de aveia, de suco de laranja", explicou Dickerson, mas "estranhamente não pode comprar derivativos de água".

O primeiro fundo de água da Summit, que tinha crescido 200% desde sua primeira década, gerenciando 600 milhões de dólares, havia vencido esse obstáculo escolhendo ações dentro do complicado setor de 400 bilhões de dólares que Dickerson denominou "hidrocomércio": o negócio de armazenar, tratar e entregar água para uso em residências, na indústria e na agricultura. Os concorrentes posteriores da Dickerson, incluindo fundos da Pictet, da Terrapin e do Credit Suisse, fizeram em grande parte a mesma coisa. Compraram ações de multinacionais de construção e operação, como a francesa Veolia, cujo lema é *"l'environnement est un défi industriel"* – "O meio ambiente é um desafio industrial" –, e a Suez, sua compatriota e principal concorrente no tratamento de água e na dessalinização. Compraram escavadeiras de fossos, bombas, medidores, membranas, válvulas e controles eletrônicos. Também compraram serviços de utilidade pública privatizados em cidades grandes e pequenas, ainda que estes, apesar – ou talvez por causa – do temor generalizado da financeirização da água, atendessem apenas 12% dos norte-americanos, 10% do mundo, e só pudessem aumentar suas taxas até onde permitissem as agências de regulação.

O universo de investimento do hidrocomércio era pequeno – cerca de quatrocentas empresas negociadas em bolsa, segundo a Summit – e o recente influxo de novos investidores tinha sido drástico, inflacionando os preços. "Invisto em valor", disse Dickerson. Em vez de tentar determinar os momentos de alta e de baixa do mercado, ele só comprava ações comparando seu preço com o valor da própria empresa. Assim, em 2007 e 2008, anos superaquecidos, viu-se mais vendendo do que comprando – e a pilha de dinheiro acumulado foi uma das razões pelas quais a Summit passou pela crise financeira quase incólume.

A segunda resposta de Dickerson à ameaça da seca global e à súbita pressão de investidores concorrentes foi mais intrigante e, à medida que outros fundos começaram a segui-lo, mais significativa: ele tinha chegado à conclusão de que o hidrocomércio – coisas meramente relacionadas com a água – não bastava. Dickerson queria água de verdade: "água molhada", como dizia. Água crua. A coisa em si. Em junho de 2008, ele abriu um segundo fundo multimercados, o Summit Water Development Group, para obter direitos sobre a água na Austrália e no oeste norte-americano. O novo fundo já havia atraído centenas de milhões de dólares. "Vi os direitos sobre a água subindo e subindo", disse-me Dickerson. "Subindo, subindo, subindo." Ele ergueu a mão e foi levando-a cada vez mais para o alto. "O futuro de verdade", afirmou, "estará diretamente nos ativos, não por meio de um serviço de utilidade pública, não por meio de uma empresa de bombeamento, mas diretamente nos ativos físicos de água".

"A água corre para cima, atrás do dinheiro", escreveu Marc Reisner em *Cadillac Desert*. O adágio captura o espírito do momento, porém, como descrição daquilo que está acontecendo com a água à medida que o mundo esquenta e mais rios como o Colorado definham, ele é impreciso. A água é pesada – cerca de 540 gramas por litro – e movê-la em grandes quantidades sem ajuda significativa da gravidade ou do Corpo de Engenheiros do Exército ainda era caro demais para privatistas conseguirem realizar a proeza. Se Willem Buiter, do Citigroup, tinha razão quanto ao futuro dos mercados de água internacionais, partes desse futuro pareciam estar demorando a chegar.

Em comparação, a argúcia de estratégias de soma zero como a do Summit Water Development Group, que comprava direitos em um sistema fluvial sob pressão em vez de importar água do estrangeiro, é ilustrada pelos fracassos de recentes planos de transporte de grandes volumes por via marítima. No Mediterrâneo, concluiu-se em 1998 a construção de uma unidade de 150 milhões de dólares para tratamento e exportação de água perto da foz do rio Manavgat, no sul da Turquia, e, mais de 600 quilômetros ao sul, instalou-se um duto de entrada em Ashkelon, em Israel, que hoje abriga a gigantesca planta de dessalinização que visitei com a IDE. O acordo feito entre os dois países em 2004 para a troca de água por armamentos – certas armas tecnologicamente avançadas iriam para a Turquia, quase 50 bilhões de litros de água do rio Manavgat iriam por ano para Israel – logo foi cancelado por causa dos altos custos e de divergências políticas. Em Sitka, no Alasca, uma empresa depois da outra assinou contratos de 1 galão* de água por 1 centavo para até 2,9 bilhões de galões do lago Blue. Um duto foi construído em 2007 para encher navios-tanque com 23 bilhões de litros cada um, e a S2C Global Systems, do Texas, a mais recente concessionária, declarou estar criando seu primeiro "*hub* mundial de água" no sul da Índia. No entanto, os contratos em Sitka continuavam exigindo extensões, e, na Índia, particularmente, quem é pobre em água costuma ser pobre em dinheiro. Assim, a S2C parecia não ter conseguido encontrar o comprador certo. Nem uma gota sequer saiu daquele porto.

Na Islândia, o país com a maior riqueza de água *per capita* do mundo, ao menos até a Groenlândia obter sua independência, três empreendimentos negociaram sucessivamente concessões em que pagariam até um décimo por galão do que a S2C pagava pela água que vinha do Snaefellsjökull, o vulcão de *Viagem ao centro da Terra*, de Júlio Verne. Um dos empreendimentos partiu de um fundo multimercados gerido de maneira fraudulenta por um ex-dentista canadense chamado Otto Spork;

* Um galão norte-americano corresponde a 3,79 litros. [N.T.]

outro, de um fundo multimercados britânico mais respeitável chamado Moonraker. Nenhum dos dois exportou mais do que algumas garrafas, nem chegou a dar lucro. Em 2011, visitei a unidade de água parcialmente construída às margens do vulcão: chapas de metal, chãos sujos, 9 mil metros quadrados, dois dutos despejando inutilmente 90 litros de água de geleira no mar. "No mundo inteiro", explicou um islandês que tinha calculado os custos de frete, "é mais barato dessalinizar".

Os maiores sonhadores da indústria da água são os do "ensacar e carregar", aqueles que pretendem encher enormes sacos de poliéster com água potável e carregá-los pelos oceanos. O mais conhecido deles é Terry Spragg, o obcecado inventor da Spragg Bag (www.waterbag.com). No começo da década de 1970, a Rand Corporation estava estudando como rebocar icebergs para o sul da Califórnia, região que sofre uma pressão perpétua em relação à água, e Spragg, que vagabundeava pelas estações de esqui nas montanhas Rochosas na época, entrou em contato com os autores da pesquisa. Logo ele estava representando o príncipe Mohamed al-Faisal, da Arábia Saudita, fundador da Iceberg Transport International Ltd. e patrocinador, em 1977, da Primeira Conferência e Workshops Internacionais de Utilização de Icebergs para Produção de Água Potável, Modificação Climática e Outras Aplicações. (Os trabalhos e as palestras incluíram algo sucintamente chamado "Calving".)* No ano seguinte, Spragg fez com que a assembleia legislativa da Califórnia aprovasse o rebocamento de icebergs. Entretanto, pouco a pouco ele perdeu a fé em si mesmo. Os icebergs derretiam rápido demais. "Falei: 'Vamos simplesmente até a foz de um rio encher um saco'", disse-me. "Estou só tentando resolver um problema: existe água suficiente no mundo; ela só não está nos lugares certos."

---

* Em inglês, do verbo *calve*, que designa o rompimento e a liberação de pedaços de gelo de um iceberg ou de uma geleira. [N.T.]

Spragg fabricou seu primeiro saco de água em 1990 e o testou no estreito de Puget, perto de Seattle. Ele o encheu na orla da floresta úmida da península Olympic – "o melhor lugar para água nos Estados Unidos" – e começou a rebocá-lo, até vê-lo rasgar-se e derramar 2,65 milhões de litros de água no estreito. Sem se deixar intimidar, pediu a um professor do MIT que o ajudasse a projetar e patentear um sistema de zíper com dentes grandes o bastante para manter juntos dois grandes sacos de água e contratou a empresa de engenharia CH2M Hill, do Colorado – onipresente na luta contra a seca, com projetos de túneis perto de Las Vegas e unidades de dessalinização na Austrália –, para desenvolver um sistema de carga e descarga de sacos de água. Ele então concebeu balões com mais ou menos o formato e o tamanho de um submarino nuclear, fechados com zíper um ao lado do outro em fileiras de cinquenta, guardados em depósitos no mundo inteiro. Em 1996, completou com sucesso uma viagem de reboque do estreito de Puget até Seattle, mas um rebocador bateu em seu protótipo ancorado. Ele não tinha seguro.

Spragg interessou-se pelo Manavgat e contratou um agente em Israel, como depois faria na Austrália quando a bacia Murray-Darling começou a secar. Ele escreveu um romance heroico sobre como salvar o Oriente Médio com sacos de água, *Water, War and Peace* [Água, guerra e paz], protagonizado por um personagem levemente autobiográfico chamado Gerald Earl Davis. Contudo, a maior parte do Manavgat continua correndo para o mar, o romance permanece inédito e há duas décadas Spragg tenta levantar dinheiro para outro protótipo. Quanto ao sonho de transportar água em velhos navios-tanque de cascos simples, os quais não têm muita demanda desde o desastre do Exxon Valdez, ele e outros especialistas não levam fé. Pode ser barato comprá-los, mas é caro adaptá-los. Não apenas seus porões precisam ser limpos, como também canos, bombas, válvulas e máquinas de lavagem têm de ser trocados. "Já analisei as cifras", diz Spragg. "Praticamente, é mais barato pegar o navio-tanque, desmontá-lo e usá-lo como sucata do que reformá-lo."

Outro aspirante a ensacador era Ric Davidge, vice do secretário do Interior, James Watt, durante o governo Reagan, e que depois seria o primeiro diretor de água do Alasca. Em 2000, ele provocou a fúria dos norte-californianos com uma proposta de ensacar água de dois rios da área de Mendocino, o Albion e o Gualala, e rebocá-la 1.000 quilômetros ao sul para San Diego, dependente de importações. O plano teve de ser abandonado diante da cólera da oposição, e Davidge viu-se obrigado a mudar o nome de sua empresa. À época ele também presidia um consórcio chamado World Water S.A., que consistia em uma grande frota de cargueiros japonesa, um conglomerado industrial saudita e uma empresa de sacos de água escandinava, a Nordic Water Supply. Os sacos da Nordic estiveram entre os poucos na história a ter uso comercial, levando 19 milhões de litros de água por vez do Manavgat ao árido Chipre. Sacos de água potável valem muito no salgado Mediterrâneo, mas os custos da Nordic eram mais elevados do que Davidge e os outros sócios imaginavam. A empresa faliu logo depois de Davidge ser expulso de Mendocino. A "primeira lei da água de Davidge", explicou-me, "é que todo mundo mente sobre os custos de transporte. Tenho fontes no mundo inteiro. Sei tudo sobre sistemas de transporte".

Uma década depois, Davidge tinha praticamente desistido dos sacos de água. Segundo ele, novos projetos promissores de navios-tanque chegavam da Europa e da Ásia, e a Aqueous, sua nova empresa, estava negociando com a Sitka. Spragg, enquanto isso, não tinha desistido. "No mundo perfeito de Spragg", disse-me, "que talvez pareça insano, eu poderia estocar os sacos em um pontal na península Olímpica e depois jogá-los no oceano e deixá-los ir, monitorados por GPS. As correntes os levariam até o sul da Califórnia".

A 160 quilômetros a leste de San Diego, testemunhei os esforços que a cidade fazia para garantir mais oferta de água, como enfrentava a situação até que aparecessem por lá os navios-tanque e os sacos de água.

O primeiro sinal de que algo estava esquisito surgiu perto da empoeirada cidade de Imperial, na Califórnia, onde se plantava alface no deserto. Seguindo pela rodovia Interestadual 8, a alface dava lugar ao repolho, e o repolho, à alfafa. "Agora você está vendo aonde vai essa água toda", disse meu anfitrião, um engenheiro chamado Todd Shields. Continuamos indo para o leste, e logo tudo virou areia de novo. Ao sul da estrada e ao norte da nova cerca na fronteira com o México fica o canal All-American: o maior canal de irrigação do planeta, a primeira e maior reivindicação da Califórnia das águas do rio Colorado e, mais recentemente, o local do maior negócio de massas de água da história – uma medida do mercado que interessava a homens como John Dickerson.

Em 1899, o empreendedor canadense-norte-americano George Chaffey, gênio da irrigação que havia fundado a "colônia-modelo" de Ontario, na Califórnia, antes de ser convocado à Austrália para repetir seus esforços nas margens do rio Murray, tinha começado a colocar dinheiro em seu mais recente empreendimento, Imperial. O agente publicitário de Chaffey vendeu aos colonos a imagem do vale Imperial como o delta do Nilo, do rio Colorado como o rio Nilo, deles próprios como José e o povo eleito – peregrinos, não apenas pioneiros. Em 14 de maio de 1901, perto de um afloramento vulcânico chamado Pilot Knob, as comportas Chaffey, de madeira, começaram a desviar as águas do Colorado por uma série de valas e canais até Imperial. Como os direitos sobre a água eram uma questão de antiguidade, não de geografia, esse pode ter sido o momento mais importante na história da Califórnia – o início de sua reivindicação de um rio cujos fluxos vêm inteiramente de outros estados e o começo de um sistema de aquedutos que permitiram que suas cidades prosperassem onde cidade nenhuma deveria existir. Segundo o Pacto do Rio Colorado, que reuniu em 1922 sete estados do oeste norte-americano e o México, a Califórnia tem direito a 4,4 milhões de acres-pés de água por ano, ou cerca de 5,3 trilhões de litros – mais do que qualquer estado no sistema, mais de um terço do que ficou prometido aos demais. Se houver qualquer excedente em relação ao 1,5 milhão de acres-pés que o tratado garante ao México, a Califórnia também fica com boa parte dele. Graças ao canal All--American, que recebeu seu nome depois que um canal mais antigo foi redirecionado na década de 1930 para ficar integralmente ao norte da fronteira, a obscura Imperial Irrigation District (IID) hoje controla 20% dos fluxos do Colorado. A cidade de Imperial recebe 74 milímetros de precipitação por ano, um terço do que San Diego recebe. O deserto em volta, outrora conhecido como Vale dos Mortos, tornou-se uma das melhores regiões agrícolas dos Estados Unidos. Dois terços dos vegetais e das frutas que o país consome no inverno são cultivados ali.

Em 2003, quando o Colorado entrou em seca, a IID concordou, sob ameaça de intervenção federal, em vender um recorde de 277 mil acres-pés de água do All-American – o equivalente a 340 bilhões de litros, 5 mil navios-tanque Panamax ou 20 mil Spragg Bags – à Autoridade de Água do Condado de San Diego. A maior parte da nova água do All-American iria para a cidade de San Diego, onde em 2012 os eleitores ainda rejeitavam a ideia de ampliar sua escassa oferta de água com esgoto tratado. A maior parte da água da cidade, se a história serve de guia, seria destinada a manter verdes quatrocentos parques e campos de golfe. Os próprios moradores despejariam metade da água em seus jardins. Em Imperial, mais pobre, politicamente mais fraca, os fazendeiros deixariam ociosos muitos acres de terra arável e venderiam a preços generosos seus direitos sobre a água, alguns contentes, muitos nem tanto. Para mim, o canal All-American simbolizou a verdade essencial do adágio de Marc Reisner sobre água e dinheiro, junto com seu corolário, em um mundo mais aquecido: a merda corre para baixo.

Todd Shields, meu anfitrião, cuidava da parte mais controversa do negócio de água de valores recorde. Durante boa parte do último século, o canal All-American esteve forrado de lama, e pelo menos 83 trilhões de litros – suficientes para 122 mil famílias norte-americanas – perdiam-se todo ano em suas porosas paredes. A IID agora revestiria o canal com concreto, e San Diego arcaria com o custo de 290 milhões de dólares de custos da construção. O problema era que durante a maior parte do século a água perdida tinha passado sob as dunas de Algodones, ignorando a fronteira internacional e infiltrando-se no vale de Mexicali. Os fazendeiros ali haviam usado o vazamento para fazer do local um dos maiores produtores do país de alfafa, aspargo, cebolinha e algodão. Tirando a água, logo centenas de pessoas estariam desempregadas, dezenas de milhares ficariam sem água potável e importantes zonas úmidas seriam drenadas. Grupos ambientalistas, a cidade de Calexico, na Califórnia, e o Conselho de Desenvolvimento Econômico de Mexicali entraram com processos contra a melhoria do canal. No entanto, eles foram derrotados por uma resolução sorrateiramente inserida nas linhas finais de uma lei tributária de 279 páginas nas últimas horas da última sessão do Congresso em 2006. A determinação – ignorem-se as exigências de avaliação ambiental e, "sem demora, realize-se o Projeto de Revestimento do Canal All--American" – foi obra de três senadores do sistema do rio Colorado: Dianne Feinstein, da Califórnia, Harry Reid, de Nevada, e Jon Kyl, do Arizona. "Em uma época em que a população cresce e a oferta de água diminui por causa do aquecimento global", disse Feinstein, "julgo ser crucial poupar cada gota de água".

Vi a cerca na fronteira subir e descer enquanto Shields me atualizava quanto ao progresso de sua equipe de quatrocentas pessoas: 17,6 bilhões de metros cúbicos de areia e terra removidos, 29 quilômetros de 37 quase prontos, e ainda faltavam treze meses de trabalho. Passamos por um bloqueio *ad hoc* na estrada que interrompia o trânsito na faixa oposta: cones laranja e jipes brancos com faixas verdes em que estava escrito "Patrulha da Fronteira", um aglomerado de policiais procurando imigrantes ilegais. Desde o término do All-American em 1942, houve quase seiscentos afogamentos registrados de migrantes sem documentos – quase um por mês –, e os trabalhadores frequentemente retiravam mortos das piscinas acima das usinas hidrelétricas. "Há uma grade para reter o lixo antes de a água passar", explicou Shields. "Não é bom detritos passarem pelas turbinas. Em geral, é ali que você encontra os corpos."

Perto de onde a estrada cruzava o canal, não longe de Pilot Knob, Shields e eu paramos o carro. Os operários tinham cavado uma vala inteiramente nova nessa seção, e havia um cânion retilíneo e sem água de 45 metros de largura e 30 de profundidade, repleto de homens e máquinas. "Gigantes" que não pareciam deste mundo – plataformas inclinadas que se estendiam de cima a baixo na margem do outro lado – rastejavam para o leste nas trilhas de metal. Um tinha quatro gigantescos rolos azuis de junta plástica e uma comporta vertical que despejava rios infindos de concreto líquido. Outro tinha oito homens de capacete e jeans que poliam o concreto, inclinando-se para a frente apoiados no que pareciam esfregões industriais, labutando ao sol. Naquele calor, o concreto secaria em meia hora. Em seguida, outro "gigante" passaria borrifando selante, e o leito passaria de cinza-amarronzado a branco-lustroso. Dali a cerca de um mês, contou-me Shields, eles cortariam os diques dos dois lados, e a nova seção do canal ficaria cheia de água. Ele tinha vestido um colete de segurança amarelo por cima da camisa de flanela e agora estava na beirada do vazio observando seus homens trabalharem. Eles falavam uns com os outros em espanhol.

"Esse projeto é muito especial para mim", disse Shields. Seu avô Clyde, explicou, tinha liderado as equipes de mapeamento do All-American em 1930 e depois trabalhado no Projeto de Água do Estado da Califórnia. Shields fora motivado a tornar-se engenheiro civil, mas, ao contrário do avô, não era, tecnicamente, funcionário público. Ele havia sido devolvido à IID pela Parsons, a empresa de engenharia de Los Angeles que originalmente idealizara a Nawapa – North American Water and Power Alliance, cuja existência eu tinha descoberto quando era ouvinte no curso de Michael Byers na Universidade da Colúmbia Britânica. No começo de sua carreira, Shields vira uma maquete e estudara de verdade o megaprojeto que tanto havia assustado os nacionalistas da água canadenses. "Era um tabuleiro enorme, com muitos sistemas", descreveu. "Achei aquilo superinteressante." Ele achava que podia dar certo. "Tive certeza de que ia funcionar", afirmou. "Tecnicamente, é viável. Sabe, aquilo ia resolver carências de água. Provavelmente violaria um monte de necessidades ambientais. É um juízo de valor para a sociedade."

Shields disse-me acreditar que o clima podia estar mudando, claro, mas não que o ser humano estava causando a mudança, nem que havia crise. "O que esse medo todo do aquecimento global esquece é que também vai haver efeitos positivos."

No dia seguinte, cruzei a fronteira. Os campos do vale de Mexicali eram planos, perfeitamente podados, dominados pelas dunas de Algodones, apesar de radiosamente verdes. Uma empresa norte-americana chamada El Toro levava e trazia os trabalhadores de ônibus, e imensos sistemas de irrigação regavam a terra. Na cidade de Mexicali, a três quadras de um muro de fronteira onde as ruas terminavam abruptamente, perto de uma floricultura e de uma clínica, adentrei o pequeno prédio azul em que morava um dos autores do processo contra o projeto de revestimento. René Acuña, diretor do Conselho de Desenvolvimento Econômico de Mexicali, vestido de camisa marrom-avermelhada e sentado em uma cadeira de couro, explicou, de início calmamente, que Mexicali não era dessas cidades em que havia exploração de trabalho. Toda a sua população, de 1 milhão de pessoas, conseguia viver um ano com a água do novo canal All-American. A agricultura era responsável por um terço de sua economia. "Nossa prosperidade sempre teve suas bases na água", afirmou. Ele me mostrou uma fotografia da água transparente e filtrada que vinha da fronteira – nem muito salina, não ainda. "Mas aqueles campos vão morrer", disse. "E aí você verá para onde as pessoas irão."

John Dickerson queria garantir que eu tinha entendido de que maneira um fundo multimercados de direitos sobre a água como o dele poderia existir, por isso deu-se ao trabalho de explicar o processo de compra de algo como a água. O conceito era simples: em algumas partes do mundo, um título de água era como um título de terras. Os detalhes, por outro lado, eram extremamente complexos.

"Nos Estados Unidos", começou, "temos dois sistemas de direitos sobre a água". No leste do país, como na maior parte do antigo Império Britânico, os tribunais seguiam o direito ribeirinho, parte do direito comum inglês. "Se você tem 100 hectares, recebe dez vezes x litros do Tâmisa." Em estados como Indiana, Ohio, Michigan e Maine, a água não podia ser separada da terra e vendida como *commodity*.

No oeste, era diferente. As Leis de Propriedade Rural permitiram que os pioneiros obtivessem títulos de propriedade de terras federais caso vivessem nelas por certo tempo e fizessem melhorias. "Um trem saía do Missouri na direção do Oregon", contou Dickerson. "Eles viam um vale, paravam e diziam: 'Aqui está bom'. Todos se assentaram ao longo da água." Em anos secos, o direito comum não conseguia impedir os fazendeiros que viviam a montante de usar toda a água antes que ela chegasse aos outros, porque nenhum dos colonos era ainda dono da terra em que trabalhava. "As pessoas que moravam na parte baixa dos vales iam explodir represas", contou. "O governo precisou começar a enviar policiais federais." Surgiram tribunais da água para resolver a confusão, e, quando os títulos de propriedade apareceram, vieram em pares: um para a terra, outro para a água. O direito básico sobre a água do oeste usava como critério a ordem de chegada. "Primeiro no tempo", esclareceu Dickerson, "primeiro no direito". Isso explicava por que o canal All-American era tão importante para a Califórnia. Enquanto fossem exercidos e se mantivessem válidos – a água devia ter "uso benéfico" e não ser estocada –, os direitos mais antigos eram os mais valiosos e podiam ser trocados livremente.

"Qualquer título de água vendido para San Diego ou para Denver hoje foi primeiro comprado de algum fazendeiro ou rancheiro daquela época", disse. Ele subitamente levantou-se, andou até o fundo da sala e voltou com um diagrama, que lançou sobre a mesa. Era um gráfico de linhas, feito por um hidrologista, do rio South Platte, no Colorado, uma representação de seus afluentes e dos direitos sobre a água. "Isso é só para lhe dar uma ideia da complexidade do que está em jogo." A imagem mostrava uma rede desordenada de dúzias de linhas coloridas – vermelhas, azuis e verdes – que convergiam em ângulos irregulares pelo papel. "Estas coisas são reservatórios", explicou ele, apontando. "Estas são diques. Olhe só isto. A gente quase precisa de uma lupa. Veja só, aqui está um direito sobre a água: ano de 1910, 32 mil acres-pés, tantos metros cúbicos por segundo. Tudo tem data. É incrivelmente complexo." No entanto, quem entendia as regras, ele observou, estava um grande passo à frente do pessoal que comprava ações de empresas de serviços públicos. "Muitos me dizem: 'John, água é um negócio regulamentado. O que você está dizendo? Que a água é um bem que pode ser negociado no livre mercado?'. E eu respondo: 'Bem, não, a água não é um negócio regulamentado. Os *serviços públicos* de água são um negócio regulamentado'."

Dickerson planejava em algum momento fazer uma oferta pública de ações do Summit Water Development Group, seu fundo de "água molhada"; assim, finalmente qualquer pessoa em Peoria poderia especular sobre a água e haveria uma grande remuneração aos primeiros investidores do fundo, que tinham comprado as primeiras cotas de 5 milhões de dólares. Nesse ínterim, ele estava jogando aquilo que chamava de "jogo de agregação". Pelo oeste norte-americano, acima e abaixo do sistema do rio Colorado, o Summit apostava em reservatórios privados, em diques escavados 150 anos atrás pelos rancheiros pioneiros – gastando 500 mil dólares aqui, 1 milhão de dólares ali –, com o objetivo de acumular água suficiente para vender em pacotes para cidades suburbanas em expansão na bacia. Uma vez revendida, a água ficaria no rio, até que fosse capturada pelos canos da cidade.

Depois da chegada do novo milênio e da pior seca do rio Colorado que é possível lembrar, o fluxo de água do meio rural para o urbano – já a maior parte do comércio de água desde o começo do monitoramento, em 1987 – tinha dobrado de volume. Nas montanhas Rochosas, a neve escorria como água. Às vezes, a chuva nem caía. Era um prenúncio do futuro, diziam os cientistas: os modelos climáticos projetavam uma transferência para o norte da célula de Hadley, sistema atmosférico planetário que faz circular o ar quente dos trópicos e o ar mais frio dos subtrópicos, produzindo ventos alísios, correntes e, mais importante, desertificação. Para o sudoeste, dezoito dos principais dezenove modelos previam seca permanente em 2050, com um declínio médio de 15% na umidade da superfície – o tamanho do declínio responsável pela Dust Bowl* na década de 1930. Agora, assim como naquela época, ocorria êxodo rural. A população ia atrás da água até as cidades ou talvez o contrário, e havia mais gente para consumir alimentos e menos para cultivá-los.

Os incorporadores viveram uma febre de compra de água até o pico do mercado imobiliário, em 2007, disse-me Dickerson. "A água passou de 3 mil dólares por acre-pé para 30 mil dólares em alguns locais", contou. Depois veio o *crash* – a oportunidade dele. ("Três ou quatro vezes compramos água em tribunais de falência.") Agora, com o *boom* do fraturamento hidráulico e a busca igualmente intensiva de água para exploração de outros óleos não convencionais, os interesses petrolíferos causavam uma febre de compras. No final de 2008, na parte superior da bacia do Colorado, um dos maiores *players*, a Royal Dutch Shell, entrou com uma petição pelos primeiros grandes direitos sobre a água do rio Yampa, solicitando 10,6 mil metros cúbicos por segundo, ou 8% do fluxo do rio em seu pico na primavera. (Após protestos dos habitantes da área, a empresa retirou a petição.) De acordo com um estudo, companhias de energia controlavam mais de um quarto do fluxo da bacia superior, mais da metade de seu estoque de água.

---

* Literalmente, "tigela de poeira", como ficou conhecido o fenômeno climático de tempestades de areia no meio-oeste dos Estados Unidos que durou quase dez anos. [N.T.]

Ao sul, no Texas, o começo do fraturamento correspondeu ao ano mais seco na história do estado, e tanto rancheiros como cidades não conseguiram competir no mercado de água. O fraturamento de um único poço pode exigir até 23 bilhões de litros. Em 2011, as empresas petrolíferas perfuraram duas vezes mais novos poços de água – 2.232 no Texas – do que poços de petróleo e de gás. Para o Summit Water Development Group, essas eram ótimas notícias.

Na Austrália, a catastrófica seca da bacia Murray-Darling, a sobrecarregada símile do Colorado, também significou uma boa notícia para o Summit. No entanto, essa não era a única razão para o fundo estar fazendo compras lá também. A outra, explicou Dickerson, era que a Austrália tinha copiado do oeste norte-americano o sistema de direitos de comercialização de água no começo da década de 1980. Em seguida, o país liberalizou ainda mais seu sistema, criando aquele que seria o mais livre e mais efervescente mercado de água do mundo. A seca no Colorado foi semelhante e teve efeito análogo no mercado. Na bacia Murray-Darling, o Summit tinha garantido, segundo as estimativas de quem estava de fora, pelo menos 10 mil megalitros. O fundo mantinha um portfólio diversificado, disse Dickerson, assim como fazia com as ações, comprando água em muitos estados australianos, que corria para diversos produtos agrícolas: vinhedos, frutas cítricas, algodão, amêndoas. Dickerson planejava tornar-se um rentista de longo prazo, algo diferente de um especulador de curto prazo. Depois que o Summit comprava água dos fazendeiros australianos, explicou, a empresa a juntava e imediatamente a arrendava de volta para eles e para seus vizinhos. Os retornos já alcançavam margens seguras de 5% ou 6% ao ano. "Não há risco", garantiu Dickerson. "Se alguém não pagar, a água ainda é nossa. É como se você fechasse a torneira."

Em uma era de crescente escassez, diziam muitos economistas, a melhor maneira de cortar nosso perdulário desperdício de água era ter mercados de água ativos. Defendidos na Austrália pelo professor Mike Young, da Universidade de Adelaide, nos Estados Unidos por

Terry Anderson, membro da Hoover Institution e fundador do Property and Environment Research Center, instituição "ambientalista pró-livre mercado", de Montana, a ideia era que o comércio significava incentivos à conservação e ao uso eficiente de água, que os mercados permitiam que um recurso escasso fluísse para as atividades de maior valor. "Uma das coisas que os governos podem começar a fazer", disse-me Dickerson, "é permitir que a água seja precificada pelo que vale e então criar um mecanismo por meio do qual o fazendeiro de arroz possa vender sua água para o produtor de vinho". Era inegável que o comércio de água da Austrália tinha ajudado um dos grandes exportadores de arroz e de trigo do planeta a enfrentar sua seca. No nível macro, a economia sobreviveu impressionantemente incólume. Também inegáveis foram as distorções: em 2008, perto do fim da década de seca e de evisceração histórica do setor agrícola, estimada em 35 bilhões de dólares, a produção de arroz da Austrália tinha caído a 1% do normal, e sua produção de trigo, a 59%. Naquele ano, aquilo que as agências de socorro denominaram "crise alimentar global" levou a protestos no Egito, no Senegal, em Bangladesh e em dezenas de outros países. A indústria de vinho de Adelaide, por sua vez, ainda prosperava.

    Enquanto eu atravessava a porta, do outro lado da qual me aguardava o sol de San Diego, Dickerson graciosamente enchia meus braços de livros e de relatórios, pedindo desculpas por não poder me dar sua única cópia de *Unquenchable* [Insaciável]. No topo da pilha estava *Water for Sale: How Business and the Market Can Resolve the World's Water Crisis* [Água à venda: como as empresas e o mercado podem resolver a crise mundial de água], livro publicado em 2005 pelo Cato Institute, libertário, mais um *think tank* financiado pelos irmãos Koch. "Algumas pessoas não gostam", afirmou Dickerson, "mas isso é o que vem por aí".

Para realmente entender o que viria, eu tinha de fazer outra viagem, até o continente ao qual o futuro já parece ter chegado. Na Austrália, a Summit Global geria suas operações de "água molhada" a partir de Adelaide, uma cidade de 1,2 milhão de habitantes em rápida expansão, próxima da foz do rio Murray, cuja água da fonte era quase salgada e cujos bizarros assassinatos lhe davam certa fama. No apogeu da seca de uma década que os moradores chamam de *Big Dry* [Grande seca] – até hoje a pior seca do mundo industrializado –, fui de carro até ali partindo de Sydney, tomando o sul ao longo das montanhas Nevadas antes de atravessar o país na direção oeste seguindo o rio Murray, cada vez menor. Choveu apenas enquanto eu estava nas Nevadas. Depois, a terra foi ficando cada vez mais alaranjada e vazia. Nas margens do Murray, os eucaliptos roxos projetavam suas sombras sobre veredas de lama rachada, e às beiras das estradas metade das casas das fazendas parecia ter uma placa de "Vende-se". O rio estava tão baixo que seus icônicos barcos não conseguiam passar pelas eclusas. "Essa coisa rural toda vai acabar", disse-me um capitão em Echuca. "Todo mundo se mudará para a cidade, e não sobrará nada aqui. Será igual a um filme do tipo *Mad Max*."

Descobri que os vendedores nos florescentes mercados de água viviam da agricultura familiar. Pequenos rancheiros vendiam-na para fazendas corporativas, para plantadores de frutas cítricas ou para o governo; a água corria para as cidades e para os vinhedos. O maior comprador era o governo federal, despendendo 3,1 bilhões de dólares naquilo que chamava de "fluxos ambientais". Até a seca acabar, no final de 2010 – portentosas cheias inundaram 250 casas –, o rio não chegava facilmente ao mar, e o governo avisou que essa seria a nova normalidade a não ser que houvesse menos demandas à sobrecarregada bacia Murray-Darling: estimava-se que, até 2030, a mudança climática reduzisse a precipitação local em 3% e os fluxos de água de superfície em 9% e aumentasse a evaporação em 15%. Fazendo fila atrás do governo estavam a Summit e um elenco cada vez maior de outros fundos:

o Causeway Water Fund e a Blue Sky Water Partners, da própria Austrália, a Olam International, de Cingapura, o Ecofin Fund, do Reino Unido, e a Tandou Limited, de propriedade de uma empresa "saqueadora" da Nova Zelândia, o Water Asset Management, fundo multimercados norte-americano, e o Ecofin.

Em Adelaide, um jovem gerente de relações públicas conduziu-me por uma fileira de corretores sentados em cadeiras de veludo olhando monitores de tela plana da Dell, escaneando imagens de satélite no Google Maps: o quartel-general da Waterfind, a maior corretora de água do mundo, que tinha desenvolvido a própria plataforma de software para operações nas partes superior e inferior da bacia Murray-Darling e tentava vender seu plano de tornar-se uma verdadeira bolsa de valores – a Nasdaq da água. As taxas de câmbio eram diferentes entre as áreas do sistema do rio, explicou o gerente – por causa da evaporação e das regulamentações locais, 1 litro no vale Murrumbidgee podia não ter exatamente o mesmo preço que 1 litro em Murray Bridge –, e havia limites de volume a considerar – alguns estados ainda eram protecionistas em relação a sua água, embora isso estivesse melhorando. Também se realizava a comercialização de títulos, pelo telefone e pela internet. Comprador e vendedor podiam estar a centenas de quilômetros de distância. Um desligava suas bombas, e o outro ligava as suas. O mercado de água em 2008, perto do pico da seca, chegou a 1,3 bilhão de dólares e crescia 20% ao ano. Na Austrália, os volumes de água são medidos em megalitros, o equivalente a 1 milhão de litros. O preço de 1 megalitro flutuava bastante. "Nos mercados temporários da última temporada", disse o gerente, "na baixa ele ficou em cerca de 200 dólares, e na alta, por volta de 1,2 mil dólares". Em geral, porém, durante a seca, o preço subiu.

Outro dia, segui de carro para os arredores de Adelaide com um ex-detetive à paisana da divisão de narcóticos que agora investigava o novo crime de roubo de água. Fomos ao longo do Murray em busca de ação, e ele me falou de seus instrumentos: óculos de visão noturna para tocaias, vigilância aérea para detectar campos verdejantes demais. Paramos em uma marina e vimos todos os barcos atolados na lama, e ele me falou dos instrumentos dos criminosos: diques provisórios, bombas clandestinas, mangueiras que serpenteavam até as torneiras dos vizinhos e carpas congeladas. As carpas eram para as rodas-d'água de madeira, que tinham a função de medir a porção de água de cada propriedade. Jogava-se um peixe congelado em uma delas para que travasse, o que era conhecido como "frear a roda". Se um inspetor chegasse, a carpa, agora degelada, indistinguível de um peixe selvagem, ficava com a culpa. O fato de o roubo de água ser levado tão a sério me ajudava a entender tudo aquilo que eu estava vendo no mercado de água mais livre do mundo. A ideia de que a água podia ser roubada, assim como a de que podia ser comprada e vendida, baseava-se na ideia cada vez mais aceita de que era algo que podia ser possuído, para começar.

"Não tenho tanto interesse na causa da mudança climática", disse-me o senador Bill Heffernan quando nos conhecemos na sede do Parlamento em Canberra, a capital cercada de colinas da Austrália. "Tenho interesse no que vamos fazer a respeito." Era o sentimento de uma nova era, o mantra emergente do defensor do livre mercado nos dois hemisférios – só que Heffernan, braço direito do ex-primeiro-ministro John Howard, fazendeiro de trigo e uma espécie de futurólogo do conservador Partido Liberal da Austrália, começava a duvidar de que fortalecer direitos de propriedade e liberalizar mercados realmente poderia resolver a situação.

Da última vez que os liberais estiveram no poder, Heffernan tinha liderado a Unidade Especial de Terra e Água do Norte da Austrália, com a missão de investigar se o status do país como potência agrícola poderia ser salvo caso a produção e a população se mudassem da bacia Murray-Darling para o norte, subpovoado e rico em água e em terras. Ele depositava grandes esperanças na península do cabo York, região tropical erma, povoada por poucos milhares de ilhéus e aborígines, alguns dos quais vêm tentando transformar essas terras ancestrais em patrimônio mundial da Unesco – Organização das Nações Unidas para a Educação, a Ciência e a Cultura.

"Os climatologistas estão dizendo que, ao longo dos próximos quarenta a cinquenta anos, 50% da população mundial ficará pobre em água", afirmou o senador. "Estão dizendo que na região da Ásia, nossos vizinhos mais próximos, haverá uma redução de 30% da terra produtiva ao longo dos próximos quarenta a cinquenta anos. A demanda alimentar dobrará no período, e 1,6 bilhão de pessoas talvez tenham de migrar. Bem, mesmo que essa previsão esteja só 10% certa, temos um sério problema. Um dos problemas com este planeta em mudança é: como vamos gerenciar a ordem mundial? Quer dizer, o comissário--chefe da Polícia Federal australiana disse no ano passado que a maior ameaça à soberania da Austrália é na verdade a mudança climática." O norte do país fica perigosamente próximo da superpovoada Ásia.

Heffernan sabia que os fundos multimercados estrangeiros estavam por ali, rondando, e via sua chegada aos mercados de água da Austrália sob a mesma luz protecionista. "Não acho que podemos nos dar ao luxo de permitir que a água se torne apenas uma *commodity* especulativa", disse. E então fiquei surpreso ao saber que a especulação com água não era sua principal preocupação. À medida que a seca diminuía, árabes, chineses e outros investidores estrangeiros estavam vasculhando a Austrália e o resto do planeta em busca de outra coisa: terras aráveis. Como os naturalistas do mundo inteiro, Heffernan estava preocupado. Como ele disse a um repórter, "na verdade, estamos redefinindo a soberania".

Açambarcamento de terras

Wall Street vai ao Sudão do Sul

No dia em que voamos para Juba em um velho DC-9, o sol brilhava, as nuvens eram sopros distantes e tudo o que podíamos enxergar era verde: o verde-sujo do Nilo, o verde-escuro das mangueiras, o verde-radiante da savana não cultivada. A terra, plana, enlameada e vazia, estendia-se eternamente. "Olhe só esse troço", disse Phil Heilberg. "Dá para plantar qualquer coisa aqui."

Fomos ver o general imediatamente após o pouso, com Heilberg sentado no banco do carona da velha picape Land Cruiser dirigida por seu sócio, Gabriel, o filho mais velho do general, e eu, entre os dois. O motor troava por uma das únicas estradas pavimentadas do Sudão do Sul, passando por garotos de Equatória em motocicletas, quenianos cuidando de quiosques improvisados, o aglomerado de estruturas permanentes que constitui o centro da cidade e as instalações fortificadas do Programa das Nações Unidas para o Desenvolvimento (Pnud), e em seguida viramos na direção de um complexo militar ali perto. Ele era cercado de plataformas com metralhadoras e cabanas com telhado de colmo conhecidas como *tukuls*, que serviam de casas para guardas e esposas. O macaco tinha sumido, percebeu Heilberg. Os guardas costumavam ter um macaco. "Cadê o macaco?", gritou ele enquanto entrávamos de carro.

O general Paulino Matip, vice-comandante do Exército Popular de Libertação do Sudão (EPLS), esperava-nos em um pátio com chão de terra sombreado por mangueiras. Usava roupas esportivas e estava desleixadamente sentado em uma cadeira de plástico, em frente a uma mesa de plástico coberta por uma toalha rendada, ladeado por uma dúzia de anciãos da sua tribo, os nueres. Seu rosto estava inexpressivo. "Ah, Philippe", disse, levantando-se lentamente para abraçá-lo. Gabriel traduziu o resto: "O único homem branco bom".

Na torrente de notícias e de relatórios de *think tanks* sobre aquilo que os ativistas começaram a chamar de açambarcamento de terras global, Heilberg e Matip eram personagens recorrentes: o cara de Wall Street e o líder militar, o ex-corretor da AIG e o homem mais temido do Sudão do Sul, símbolos gêmeos do que aconteceria à medida que as populações se expandissem, as temperaturas se elevassem, os rios secassem e os preços dos alimentos – e, portanto, o valor das terras – subissem barbaramente. Na década anterior, sobretudo após a "crise alimentar" de 2008, que antecedeu a crise financeira, corporações e países ricos tinham adquirido, segundo estimativas, 200 milhões de acres em países mais pobres – o equivalente às terras aráveis combinadas de Grã-Bretanha, França, Alemanha e Itália, ou quase 40% da África arável, ou cada centímetro do Texas. Era uma mudança territorial inédita desde a época colonial, e estava acontecendo silenciosamente e sem derramamento de sangue, atrás de portas fechadas. Eu havia vindo aqui porque o Sudão, com Etiópia, Ucrânia, Brasil e Madagascar, era um dos principais países-alvo – e porque Heilberg, convencido de estar fazendo a coisa certa, não tinha medo da atenção que despertava.

As terras do próprio Heilberg, arrendadas em um negócio do final de 2008 aprovado por Matip, tinham quase o tamanho do estado de Delaware: 1 milhão de acres. Irrigadas por um afluente do Nilo, elas eram planas e férteis, protegidas contra a seca e amplamente livres de minas terrestres. O negócio, se válido, tinha feito dele um dos maiores proprietários de terras privados da África, e enfiado em sua pasta havia um mapa que mostrava onde ele agora esperava dobrar suas posses: seis blocos a leste e ao norte de seu primeiro milhão de acres, perto da fronteira com a Etiópia, contornados com marcador laranja.

O objetivo da visita de Heilberg a Juba era obter assinaturas. Ele queria que Matip pressionasse o ministro da Agricultura do Sudão do

Sul e seu presidente, Salva Kiir, oriundo da tribo dinca, politicamente dominante, para que aprovassem a transação fundiária. As pessoas já começavam a murmurar que era ilegal, que violava a nova lei de terras do país. Heilberg me disse que as assinaturas eram basicamente só para mostrar: as terras ficavam no estado de Unity, de onde vinha o general, e Heilberg era dono delas porque o general e outros líderes nueres diziam que era. No entanto, a aprovação oficial tranquilizaria investidores potenciais. E o presidente Kiir havia prometido sua assinatura, afirmou Heilberg. O general Matip tinha parado de fazer guerra contra seus concidadãos do Sul só depois do acordo de paz de 2005, que havia encerrado a guerra civil de 22 anos do Sudão, a mais longa da África, e aberto um caminho para a independência do Sul, que viria após um referendo de 2011. Ele exercia influência sobre o presidente, a qual consistia nos 20 mil a 30 mil membros de sua milícia nuer, cuja integração ao ELPS ainda não saíra em grande parte do papel.

Heilberg virou-se para o filho do general. Gabriel, usando paletó Armani e armado com três celulares Nokia, parecia estar na casa dos vinte, mas na verdade tinha 34 anos, de acordo com sua página do MySpace – ou 42, como me disse depois.

"Gabriel, você tem vacas aqui?", perguntou Heilberg. O caminho para o coração de um homem nuer passava pelas vacas.

"Não, aqui não tenho nenhuma vaca", respondeu Gabriel.

"Você já as levou para Mayom? Quanto gado você tem em Mayom?", quis saber Heilberg.

"Muito", disse Gabriel.

Os anciãos nueres ao lado do general ergueram-se, levando suas cadeiras consigo. Um soldado nos trouxe garrafas de água e latas de Coca-Cola. O general permaneceu esparramado em seu assento, com seus longos braços largados nas costas da cadeira, olhando sem expressão para o vazio. Aos 68 anos, ele era o ancião que representava o Sudão do Sul, o sobrevivente de uma guerra que durou quase sua vida inteira, sofrendo hoje de diabetes e de pressão alta. Heilberg julgava-o um dos homens mais espertos que jamais conhecera. "É um capitalista", disse-me. "Todos os outros são comunas. Ele entende que, se eu coloco grana, tenho direito a lucro." Heilberg contou que em Juba, cidade famosa pela corrupção, Matip era aquele raro líder que não exigia propinas.

"O Sul precisa dar ao general o controle do dinheiro", afirmou ele, aproximando-se. "As pessoas têm vindo falar comigo. Uma empresa de segurança privada, uns mercenários – eles querem vir treinar as tropas. Até os israelenses estão querendo vender armas e treinamento. Querem saber se vou dar uma palavrinha em favor deles com o general. Talvez estejam vendo alguma coisa e achando interessante, porque a divisão vai chegar. A independência virá logo. Todo mundo sabe disso." O general soltou um resmungo.

"Agora estamos com força", continuou Heilberg, traduzido por Gabriel. "Salva tem de assumir suas responsabilidades. Se eu puder ir ver Salva com seu pai… Gostaria que ele honrasse sua palavra assinando os documentos. Gostaria de ver esses documentos assinados. Gostaria da confirmação. Depois que tivermos a confirmação do negócio dada por Salva e pelo ministro da Agricultura, ninguém vai poder dizer nada. O negócio vai estar confirmado pelo governo do Sudão do Sul. Gostaria que Salva assinasse, e nós calaríamos a boca de todo mundo. Porque aí não é só seu pai, são os dois homens mais poderosos do país. Vamos calar a boca de todo mundo."

"O.k., vamos falar com os israelenses", disse o general quando Heilberg terminou. A promessa dos mercenários tinha capturado sua atenção. Houve uma pausa desconfortável.

"E vamos marcar um encontro na casa de Salva para conversar com ele", acrescentou Gabriel.

"O mundo é como o Universo: sempre em expansão", disse-me Heilberg antes de partirmos para o Sudão do Sul. "Eu me concentro nos pontos em que há pressão." Nós nos encontramos um dia de manhã no hotel Regency, na Park Avenue, em Nova York, perto de onde Heilberg vivia com sua esposa, seus dois filhos e um cockapoo chamado Cookie Dough. O farto café da manhã do hotel – *cappuccinos* a 9 dólares, *bagels* a 28 dólares – atraía a elite do Partido Democrata, de Al Sharpton a Nancy Pelosi. Tinha sido ali que John Edwards havia encontrado Rielle Hunter pela primeira vez. Tinha sido ali também que, 32 anos antes, Heilberg, filho de um negociante de café, nascido e criado no Upper East Side, libertário* confesso, teve seu *bar mitzvah*. Todos sabiam seu nome.

O modelo de negócio, explicou Heilberg, consistia em encontrar aqueles países prestes a despedaçar-se, em identificar os futuros vencedores dos conflitos intestinos da África e estar ao lado deles quando tudo acabasse. O Sudão do Sul era seu maior projeto, mas ele também estava ocupado em fazer amizade com rebeldes furi em Londres, militantes que roubavam petróleo na Nigéria e separatistas étnicos na Somália e na Etiópia, que tentavam ganhar algum com qualquer *commodity* – petróleo, urânio, o que fosse – que pudesse aparecer após a independência. Essa estratégia tinha lhe ocorrido no início de sua carreira, quando ele era corretor na AIG. "Vi a União Soviética rachar", contou. "Vi de perto. Percebi que era possível ganhar muito dinheiro com a separação e prometi a mim mesmo que da próxima vez eu estaria do lado de dentro."

Os métodos de Heilberg nunca eram convencionais. Na década de 1990, ele partiu para Moscou com Hank Greenberg no jato particular da AIG e, no mês seguinte, voou sozinho para Tashkent, capital do Uzbequistão, onde ficou em hotéis tão decrépitos que tomava suas duchas de meias e negociou ouro com sócios do ditador Islam

---

* "Libertário" [*libertarian*] no sentido de adepto das teorias de Ludwig von Mises, Murray Rothbard e Friedrich Hayek, entre outros, para os quais o intervencionismo estatal é desprezado em prol da ação do mercado, capaz de corrigir a si mesmo. [N.T.]

Karimov ("pessoalmente, um cara simpático"). Ele me disse que uma vez foi atrás de Hans Tietmeyer, presidente do Bundesbank, o banco central alemão, em um banheiro público, para pegá-lo desprevenido. "Perguntei se iam reduzir as taxas de juros ou algo assim, só para ver se ele ia ficar tenso, fazer xixi em mim ou sei lá o quê." Foi só em 2002, três anos depois de Heilberg sair da AIG com dinheiro suficiente para abrir a própria empresa, a Jarch Capital, e contratar talentos em quatro continentes, que um amigo lhe falou do Sudão: o maior país da África, rico em petróleo, minério e terras, prestes a dividir-se em dois. O primeiro contrato de Heilberg no Sudão do Sul em 2003 não teve nada a ver com alimentos nem com mudança climática: foi um negócio de petróleo com os líderes dos dincas, que, segundo ele, queriam propinas que ele não pagaria e que depois ignoraram por completo o contrato. O conselho da Jarch agora estava cheio de nueres, rivais deles.

Sua empreitada de terras aráveis era uma jogada mais complexa, uma espécie de aposta dupla no caos – fragmentação nacional mais crise alimentar internacional. O negócio de 2008 tinha sido fechado bem na hora em que as dimensões da corrida global por terras haviam ficado claras, depois de os preços de alimentos subitamente aumentarem no mundo inteiro: naquela primavera, o preço da soja dobrou, o do milho e o do trigo triplicaram, o do arroz quintuplicou e os estoques de grãos do mundo encolheram a ponto de não durar dois meses. Os governos do Vietnã, do Camboja, da Índia e do Brasil proibiram a exportação de alimentos; manifestantes famintos tomaram as ruas de países do mundo inteiro. A bacia Murray-Darling, assim como a maioria de suas exportações de arroz e de trigo, era dizimada pela seca. No norte da China, região onde se plantam grãos, 50 milhões de acres e 6 milhões de pessoas sofriam a pior falta d'água em cinco anos. No Cotsco e no Sam's Club, cada cliente só podia levar no máximo alguns sacos de arroz. "O mundo precisa de alimentos", disse-me Heilberg. "Thomas Malthus falava do problema do crescimento infinito com terras finitas, e até agora ele esteve errado – a tecnologia pode ser usada para produzir mais alimentos. Mas o que acontece quando a tecnologia não chega rápido o bastante? Acho que as pessoas vão entrar em pânico, especialmente as que não têm terra para plantar."

O pânico já estava começando. No momento em que compramos nossas passagens para Juba, a China tentava adquirir terras no planeta inteiro: 3 milhões de acres nas Filipinas, mais de 2 milhões no Cazaquistão, 25 mil em Camarões, 200 mil na Rússia, dezenas de milhares no Brasil. A Coreia, ela própria enfrentando a falta d'água, procurava adquirir 670 mil acres na Mongólia, quase 2 milhões no Sudão, 3 milhões em Madagascar – negócio esse que fracassou depois de contribuir para incitar um golpe. A Índia, com sua explosão populacional e com o começo da mudança de seu regime de monções, queria 850 mil acres na Etiópia, mais de 1 milhão em Madagascar, mais de 20 mil no Paraguai e no Uruguai. O Qatar desejava 100 mil acres no Quênia. O Kuwait, 300 mil no Camboja. A Arábia Saudita, 1,2 milhão na Indonésia, 1,2 milhão na Tanzânia, 1,2 milhão na Etiópia e, no Sudão, os primeiros 25 mil de 250 mil acres de trigo e de milho. Os Emirados Árabes Unidos arrendavam 800 mil acres no Paquistão, 250 mil na Ucrânia, 125 mil na Romênia e 1 milhão no Sudão. Desde 2009, milhares de cabras dos Emirados Árabes aterrissavam no aeroporto de Ho Chi Minh; eram criadas por pecuaristas vietnamitas, depois abatidas e enviadas de volta a Abu Dhabi.

"Uma pena que você não estava aqui uma semana atrás", disse Heilberg. Às sete e meia da manhã, o salão de jantar do Regency já estava ficando cheio de homens de terno e de mulheres de terninho. "Eu estive aqui com Joe Wilson", o embaixador Joseph Wilson, à época vice-presidente do conselho da Jarch, "e com Sean Penn", que viria a fazer o papel de Wilson em *Jogo de poder*, filme sobre o escândalo de espionagem de Valerie Plame. "Achei Sean um cara ótimo", comentou Heilberg. "Gosto de gente apaixonada. O único problema é o risco de essa paixão sair do controle. Ele tem um lado meio rebelde, meio selvagem. Eu consigo me ver conectado com aquilo. Se um começa a atiçar o outro, o negócio não termina antes que alguma coisa perigosa aconteça." Uma garçonete se aproximou. Heilberg pediu um café com leite desnatado, uma omelete de clara de ovos e uma porção de bacon de peru.

"Wall Street costumava ser uma linha reta", afirmou. "Tornava as pessoas muito ricas. Muito ricas! Mas o que é banal me dá tédio: então a taxa de juros disso é 6%, e você pega dinheiro emprestado a 3%, sabe, e aí vai ganhar... Qualquer um pode fazer isso. Quando você é empreendedor, a linha nunca é reta. O empreendedor precisa criar alguma coisa." Sua autora favorita, disse, era Ayn Rand, que, como o próprio Heilberg, acreditava que a busca do lucro era em si um ato moral, uma espécie de egoísmo esclarecido: coloque você mesmo acima de tudo; não se meta no caminho de ninguém e não deixe ninguém se meter no seu; não faça caridade, nem espere recebê-la. "O individualismo dela é extremo, mas qualquer coisa na forma pura é mais forte", observou. "Howard Roark é o herói de A *nascente* porque é puro. Ele não se importa com o que os outros pensam, não liga para as normas sociais, para os clubes da moda, para as pessoas certas. Todos queremos ter um pouco de Howard Roark dentro de nós."

Heilberg tinha orgulho de estar pondo as mãos no Sudão. A sensação era de algo puro. Os grandes bancos, particularmente o Goldman Sachs, logo seriam acusados de distorcer os mercados de *commodities*, inundando de especulação as trocas de grãos no meio-oeste dos Estados Unidos – obtendo lucros no papel por meio de ganhos no papel sem produzir nada tangível. Os preços estavam ficando voláteis. "Se os estoques de alimentos diminuem, um pequeno déficit na produção pode levar a um grande aumento nos preços", explicou Nicholas Minot, acadêmico sênior do Instituto Internacional de Pesquisas sobre Políticas Alimentares. "A demanda por alimentos é inelástica. As pessoas vão sempre pagar para continuar comendo." O mundo podia falar o que quisesse sobre Heilberg e seus generais, mas ele sabia que estava apostando não na volatilidade, não em uma bolha, mas em algo real: uma efetiva carência de alimentos. "Já temos um problema na área de *commodities*", disse. "Eu não ficaria surpreso se daqui a um dia ou a uma semana o barril de petróleo estiver custando 150 dólares. Assim: bum! Já ouvimos o toque de Finados do instrumento financeiro – do mundo dos papéis. Vamos ver a ascensão da *commodity*. Um *bushel** de milho não pode custar 15 dólares."

A culpa pela crise alimentar poderia ser atribuída a diversos fatores – à mudança climática, aos altos preços do petróleo, que acarretaram o aumento do custo dos fertilizantes, ao crescente apetite da China por carne, a uma população global prestes a chegar a 9 bilhões de pessoas –, mas Heilberg não perdia muito tempo pensando neles. Sua crença na mudança climática ignorava as causas e limitava-se aos efeitos: a desertificação, as secas e os conflitos por água e terras que só faziam com que seu investimento em terras aráveis fosse cada vez mais inteligente.

No meio de nosso café da manhã, ele acenou para a garçonete. "Seria possível esfriar um pouquinho? Estou morrendo de calor. Está quente, não está? Não está? Está quente aqui." Ele me pegou olhando alguém atrás de seus ombros. Al Gore, usando um blazer preto, tinha sentado em uma mesa próxima. "Ah, Al Gore", disse Heilberg, fazendo pouco-caso. "Ele vem muito aqui."

Em Juba, o hotel favorito de Heilberg era um agrupamento de contêineres bem equipados, conhecido como Sahara Resort. Havia contêineres pré-fabricados – escritórios modulares, habitações modulares – espalhados pela cidade inteira, e eles faziam sucesso por serem portáteis. Tinham sido trazidos principalmente por empreendedores estrangeiros após o fim da guerra civil do Sudão. Se os conflitos chegassem a Juba outra vez, seriam levados embora. Jipes, que vinham das estradas

---

* Medida equivalente a 25,4 quilos, no caso do milho. [N.T.]

pavimentadas, engarrafavam as ruas de terra de Juba, amarelas e sulcadas: Land Cruisers e Pajeros dos trabalhadores humanitários, Humvees dos funcionários corruptos. Ou, então, ficavam estacionados perto dos contêineres, que eram cercados por guardas e por concertina, e, quando caía a noite e refrescava o bastante para permanecerem ao ar livre, surgia por toda parte uma atmosfera de intriga palaciana.

"Aqueles dois ali são espiões", sussurrou Gabriel para mim uma noite no hotel. "Quais?", perguntou Heilberg em voz alta. "Vamos lá dar um oi." Os homens eram árabes vestidos de calças largas e camisa. Um deles usava bigode. Volta e meia olhavam na nossa direção desde o outro lado do pátio. "Até parece que vou me esconder", ironizou Heilberg. Roliço, alto, loquaz, era difícil não notá-lo. "Que coisa ridícula! Eu vou lá." Gabriel retraiu-se – não por medo, mas por causa da quebra de protocolo. "Philippe, não..." Heilberg levantou-se e passou lentamente pela mesa dos espiões, só por diversão, acenando polidamente com a cabeça para eles.

O referendo de 2011 sobre a independência do Sul, prometido pelo acordo de paz com o Norte, estava cada vez mais próximo. No entanto, o que paralisava o Sudão naquela semana era a iminente decisão de um tribunal de arbitragem europeu sobre quem – o governo do Norte, em Cartum, liderado por árabes e majoritariamente muçulmano, ou o do Sul, em Juba, liderado por africanos e majoritariamente cristão – teria direitos sobre a disputada região de Abyei, ponto de conflito na fronteira *de facto*. Um ano antes de nossa visita, conflitos étnicos haviam provocado incêndios em cidades inteiras em Abyei, nos piores embates desde a guerra civil, e agora os dois lados mobilizavam-se, antecipando-se à decisão.

Os espiões podiam ser agentes de Cartum, cujo presidente, Omar Bashir, criminoso de guerra indiciado, temia perder os campos de petróleo do Sul – alguns em Abyei, outros no Cordofão do Sul e em Unity, de onde vinha Matip –, que constituíam 95% da produção de petróleo do Sudão e 65% de seu orçamento nacional. Ou talvez fossem agentes do Egito, que tinha espiões em Juba por considerar o referendo de 2011 uma ameaça a sua segurança nacional: um Sudão do Sul independente significava um canudo independente sorvendo um Nilo sobrecarregado, mais diques, mais agricultura a montante. Um terço da população do Egito trabalhava em fazendas, e o uso de água do país, ao qual foram prometidos 75% do curso do rio no Acordo de Águas do Nilo, do período colonial, já ultrapassava a reposição natural. Antes da Primavera Árabe, o Cairo tinha feito uma estimativa da vulnerabilidade do Egito à mudança climática: mesmo que sua população não crescesse, mesmo que não houvesse novos diques, o país ficaria sem água antes do fim do século.

O açambarcamento de terras era sob muitos aspectos um açambarcamento de água. Antes da divisão, o Sudão era o maior país da África, o segundo maior destinatário de ajuda alimentar anual, depois da Etiópia, e também o mais rico em água. Sabidamente não era esse o caso em Darfur ou em Abyei, onde, como havia observado o planejador de cenários Peter Schwartz, a mudança no regime de precipitações alimentava disputas entre pastores árabes e agricultores africanos. No entanto, a bacia do Nilo era cheia de riachos e pontilhada de pântanos. O governo em Cartum, onde os rios Nilo Branco e Nilo Azul se encontram, tinha entregado quase 2 milhões de acres à Arábia Saudita, ao Egito, à Jordânia e aos Emirados Árabes Unidos, na esperança de fazer do Norte a região cerealífera do mundo árabe. No Sudão do Sul está o Nilo Branco. No outro lado, a Etiópia anunciava planos para construir, no Nilo Azul, uma das maiores represas do mundo, a Grande Barragem Renascença Etíope, de 6 mil megawatts – que supostamente seria usada só como hidrelétrica, e não para irrigação. Os especialistas suspeitavam do contrário: a Etiópia, ao lado do Sudão, é um dos principais alvos da grande corrida global por terras.

A escassa agricultura que existia no Sudão do Sul era principalmente de pequena escala: famílias com poucas vacas, lotes mínimos onde eram plantados sorgo e milho. Heilberg imaginava a paisagem transformada pelo agronegócio em estilo norte-americano, com direito a irrigação, fertilizantes e ceifeiras-debulhadoras de 400 cavalos. Outros sul-sudaneses estavam procurando-o com propostas, disse-me ele. O rei do grupo étnico bari queria lhe vender algumas terras. Um comissário nuer no estado do Nilo Superior queria lhe vender um pouco mais. Tínhamos vagos planos de ver as primeiras de jipe, as últimas de helicóptero – e, se as tensões em Abyei permitissem, esperávamos sobrevoar o milhão de acres em Unity.

    O plano de Heilberg era que a própria Jarch cultivasse a terra com parceiros em uma *joint venture*, não revendê-la, e comercializasse aqui a produção antes de exportá-la. Havia um mercado local para isso: o Sudão estava no meio de uma fome que já durava muito tempo, a seca no Quênia, país vizinho, acelerava, e os grupos humanitários estavam dispostos a pagar muito bem pela comida. Fora isso, ele odiava os grupos humanitários – eram mimados, afirmou, e corrompiam a economia distribuindo propinas e favores, auxiliando os dincas –, mas ele ficaria contente em vender comida para eles. Aquilo era um negócio. Os parceiros da *joint venture* poderiam ser israelenses, talvez. "Eles têm experiência na África", comentou. "Mostraram capacidade de resolver problemas." Heilberg gostava da ideia de trazer israelenses para cultivar aquilo que alguns consideram terra árabe – um modo de mostrar seu desdém por Bashir. "Você sabe o que é um tefilin?", perguntou. "A caixinha e o fio de couro que se colocam durante as preces? É uma recordação de Deus nos tirando do Egito ou algo assim. Sempre trago o meu para o Sudão."

    A terra que Matip lhe tinha concedido estava quase toda vazia, garantiu-me – quase toda não utilizada por pecuaristas e agricultores locais. Ele não a havia inspecionado pessoalmente, mas parecia acreditar nisso. Mais tarde, um estudo da Ajuda Popular da Noruega de 28 projetos fundiários nacionais e estrangeiros em dez estados do Sudão do Sul constataria que o milhão de acres de Heilberg estava entre os mais densamente povoados: 24,3 pessoas por quilômetro quadrado.

As posses dele cobriam 80% de um condado onde havia 120 mil pessoas – gente demais para reassentar com facilidade. Os estudiosos do Sudão apontavam um precedente preocupante: durante o apogeu da guerra civil na década de 1990, segundo a Human Rights Watch e outras testemunhas, as milícias privadas de Matip tinham removido brutalmente os civis de suas casas – incendiando aldeias, estuprando mulheres, executando homens – para abrir caminho para a perfuração de petróleo.

"Aqui não existem mocinhos", disse Heilberg. "É o Velho Oeste. As pessoas ficam incomodadas quando digo que você tem de sacar as armas. Caramba, naquela época você precisava andar armado. Você era caubói? Ia perder todos os seus cavalos e vacas, suas mulheres iam ser estupradas, e tudo o que você tinha ia sumir. As pessoas pegam os ideais delas e tentam impô-los em outro lugar. Para mim, isso é colonização. Não é o que eu faço. Aqui as coisas são o que são. Não estou defendendo nem atacando; sou apenas parte do sistema."

Eram os dincas e seus aliados ocidentais que estavam escrevendo a história, falando mal de Matip, recordou-me Heilberg. E até eles respeitavam o poder. "Isto aqui é a África", disse. "Tudo aqui é uma máfia enorme. O general é como o chefe da máfia. É assim que funciona." A ausência de lei tinha um lado bom do ponto de vista libertário. "Minha opinião é que o governo precisa ser o menor possível", afirmou ele. "Não quero ninguém dizendo: 'Obrigado por seu investimento, agora pode ir embora'. Quero um país mais fraco. Há um custo em negociar com países fortes: o nacionalismo associado aos recursos naturais. As pessoas esquecem isso."

Uma noite, Heilberg pediu a Gabriel que nos levasse para encontrar um membro fundamental do conselho da Jarch, o general Peter Gadet, em um bar ao ar livre às margens do Nilo. No caminho, passamos por uma estrada esburacada cheia de tanques destruídos, como esqueletos expostos pelos fachos dos faróis de nossos carros, com os canos torcidos, os trilhos faltando. O Sudão do Sul agora tinha tanques novos, incluindo aqueles que piratas somalis haviam capturado inadvertidamente em 2009 quando sequestraram o navio cargueiro ucraniano Faina. Eles podiam ajudar a conquistar a independência, com ou sem o referendo.

Gadet, um temido estrategista que tinha voltado ao exército do Sul com Matip, seu companheiro nuer e frequente aliado, era naquele momento o responsável pelas defesas aéreas do Sul. Ele estava sentado com dois guarda-costas a uma mesa perto da água.

"Quanto tempo o senhor vai ficar em Juba desta vez?", perguntou-lhe Heilberg. "E como está sua família em Nairóbi? E o senhor tem armas antiaéreas? Tem as armas antiaéreas? E aquelas com asas que vão mais alto? O senhor tem isso agora? O.k. Ótimo." Gadet era cristão devoto, contara-me Heilberg. Ele tinha passado nove anos na selva, nos arredores de Juba, planejando tomar a cidade.

"E os tanques?", perguntou Heilberg. "Onde estão os novos tanques?"

Gadet apontou para o outro lado do rio, na direção da margem por onde ele andara durante a guerra civil.

"Bem aqui?", exclamou Heilberg, fitando a escuridão. "Como estão suas feridas de bala?", continuou. Gadet tinha levado 28 tiros durante a guerra. "Você não precisa de colete à prova de balas. Você sabe quem está do seu lado." Ele apontou para o céu. "As áreas vitais nunca são acertadas; isso é bom. Logo o Sul será independente."

"Não acho que a guerra vá durar muito", opinou Heilberg.

"Guerra curta", disse Gadet.

"Guerra curta. Concordo."

"É, guerra boa para eles."

Em Nova York e Londres, encontrei-me com outros investidores que, como Heilberg, estavam se afastando do mundo dos papéis. Um banqueiro que tinha me falado de negócios ucranianos de troca de terras por vodca me recebeu em seu apartamento, um espaçoso loft de esquina em Tribeca, e conversou comigo sob a condição de anonimato. "O negócio é o seguinte", disse. "Todas essas fazendas coletivas se arruinaram quando foram descoletivizadas, porque não tinham capital – os caras estavam sem dinheiro para comprar tratores." Era por isso que vodca e alguns meses de grãos iam tão longe. Valendo-se de um intermediário de cabelos compridos que ele apelidava de Jesus, seu banco de investimentos, um dos três grandes de Wall Street, visava não apenas milhares de acres de terras aráveis de primeira, como também fazendas de avestruzes, uma fábrica de chocolates e um canal de TV pornográfico ucraniano. Os banqueiros voaram pelo país em um enorme helicóptero soviético de dois rotores, aterrissando em terras em pousio e em aldeias de camponeses, e ajudaram a introduzir uma variedade de sorgo geneticamente modificada resistente à seca que fora desenvolvida em um kibutz israelense. "Você aumenta bastante a produção e tudo o mais", afirmou o banqueiro, "mas foi praticamente o maior roubo dos camponeses". O negócio ucraniano não foi adiante – Jesus ficava pedindo cortes cada vez maiores –, mas a mudança climática era uma área de crescimento sem fim. Quando os europeus lançaram seu programa de comércio de emissões de carbono, oferecendo licenças de carbono para usinas de carvão e empresas de energia, o mesmo banqueiro ajudou-os a "superestimar imensamente" suas emissões e depois a vender o excesso por centenas de milhões de dólares. "Eu mesmo fazia os negócios de carbono", contou. "Toda aquela porcaria. Aquilo também foi um grande golpe."

Os compradores de terras mais espertos viam o aquecimento global como uma dupla bênção. No curto prazo, era um fator de expulsão, causando secas que destruíam colheitas inteiras na China, na Austrália e no meio-oeste dos Estados Unidos, levando ao aumento dos preços de alimentos. No longo prazo, criava um fator de atração: países de latitudes mais altas, como Ucrânia, Rússia, Romênia, Cazaquistão e Canadá, estão ficando mais produtivos, não menos, com o aquecimento do clima. "Você não precisa ser um grande cientista para deduzir que os cinturões de produção do hemisfério Norte estão se expandindo para o norte", disse Carl Atkin, diretor de pesquisa de agronegócio da gigante imobiliária britânica Bidwells quando me encontrei com ele em Londres.

O escritório londrino da Bidwells – uma das muitas empresas interessadas que procuraram Heilberg após as notícias de que seu negócio de terras no Sudão do Sul havia ido por água abaixo – ficava em um estreito prédio de uma estreita ruela perto de Hanover Square. Em uma iluminada sala de conferências do quarto andar, com claraboias e piso de madeira, Atkin mostrou-me um mapa-múndi que indicava as qualidades do solo – a Avaliação de Qualidade Intrínseca da Terra do Departamento de Agricultura dos Estados Unidos –, com as áreas mais ricas em tons de verde. "Há uma mancha na América do Norte", apontou. "Uma mancha na América do Sul. Manchinhas no Reino Unido. Mas o maior interesse é este solo negro que vai subindo pela Rússia e pela Ucrânia: está entre os melhores do mundo." Fatores ambientais – invernos gélidos e épocas de germinação curtas – tinham conspirado com fatores políticos para manter os preços baixos; um hectare de terra negra da Romênia custava um quinto do preço de um hectare na Inglaterra. Sobrepondo um mapa da mudança climática ao mapa de solos, disse Atkin, e adicionando, talvez, dados populacionais, seria possível ganhar uma fortuna. Ele próprio tinha acabado de voltar da Ucrânia, e a Bidwells havia cinco anos levava clientes financeiros à Romênia, fazendo aquilo que Atkin chamava de parcelamento – uma abordagem lote a lote de grandes compras de terras. "Reagregamos lotes pequenos que foram realocados para todo mundo depois do comunismo", explicou. "Você coloca um monte de aldeões em uma sala com o prefeito, e o prefeito diz: 'O.k., quem quer vender seu lote e quem não quer?'"

À medida que a mudança climática empurrava a agricultura para latitudes mais altas, o dinheiro ia atrás. Dois dos mais visíveis investidores fundiários – a Landkom, britânica, e a Black Earth Farming, sueca – investiram centenas de milhões de dólares em operações agrícolas na Ucrânia e na Rússia. A BlackRock, a maior gestora de ativos do mundo, aplicou 250 milhões de dólares em terras aráveis no Reino Unido, e a francesa Pergam Finance, 70 milhões de dólares em antigas fazendas no Uruguai e na Argentina. A Agcapita, de Calgary, investiu 18 milhões de dólares no futuro cinturão do milho canadense e, depois de os preços de terras em Saskatchewan subirem 15% em 2008 – o maior aumento já registrado –, começou a levantar os 20 milhões de dólares seguintes. No entanto, era a One Earth Farms, empresa de grãos e gado espalhada por terras tribais nas Províncias das Pradarias, que logo se tornaria a maior fazenda do Canadá. Com quase 100 milhões de dólares de financiamento e investidores que iam do ex-primeiro-ministro Paul Martin à gigante do agronegócio Viterra, uma das seleções do fundo de mudança climática do Deutsche Bank, ela estava criando parcerias com mais de quarenta tribos das Primeiras Nações, as quais controlavam mais de 2 milhões de acres em Alberta, Manitoba e Saskatchewan.

No Brasil, a britânica Agrifirma, que tem entre os donos lorde Jacob Rothschild e como presidente Jim Slater – famoso por sua coluna de investimentos no *Sunday Telegraph*, que assinava como "O Capitalista" –, tinha gastado 20 milhões de dólares para comprar ou ter opção sobre 170 mil acres e inspecionar outros 6 milhões. O capital semente fora obtido com a empreitada anterior dos britânicos, a Galahad Gold, que tivera lucro anual de 66% revendendo uma empresa de urânio e molibdênio na Groenlândia derretida. A agricultura brasileira ficaria relativamente protegida dos assaltos do clima, escreveu Slater, porque o país tem "cerca de 15% das reservas de água do mundo – 90% a mais do que seu concorrente mais próximo".

Bancos com proeminentes fundos de mudança climática, entre eles o Deutsche Bank e o Schroder, também tinham fundos distintos para terras aráveis, e em 2011 revelou-se que dotações universitárias, incluindo a da Harvard e a da Vanderbilt, estavam investidas na

Emergent Asset Management de Londres, dirigida por Susan Payne e David Murrin, ex-funcionários do Goldman Sachs e do JPMorgan. "A mudança climática significa que alguns lugares na África ficarão mais secos, e outros, mais úmidos", disse Murrin à Reuters. "Ficaremos atentos para tirar proveito disso." Em seu livro de 2011 *Breaking the Code of History* [Decifrando o código da história], Murrin profetizou uma crise de *commodities* alimentada pelo aquecimento global que ajudaria a colocar em conflito armado o Ocidente em declínio e a China em ascensão. A África seria o eixo, e os fundos da Emergent, incluindo seu fundo de terras africanas e um novo fundo de mudança climática parcialmente concentrado em projetos de água, aparentemente eram a melhor maneira de lucrar nesse ínterim. Segundo uma estimativa bruta, a Emergent já tinha investido mais de 500 milhões de dólares em projetos que iam de Moçambique e África do Sul à Zâmbia.

Heilberg era peixe pequeno em comparação, e suas posses no Sudão do Sul não eram tão férteis quanto as na Ucrânia, na Argentina ou na África do Sul: uma nódoa azul no mapa de solos global de Atkin, a um tom de distância do verde perfeito. No entanto, o Sudão, já protegido da seca pelo Nilo, pode ser uma área que fique mais úmida: ainda que os modelos climáticos para a África semiárida chamem a atenção pelas contradições, alguns deles preveem que as precipitações vão subir. O aquecimento podia ser bom de maneira geral, pensou Heilberg. "Talvez ele signifique que podemos viver no Ártico", disse ele uma manhã. "Os países nórdicos parecem bem equilibrados. Talvez possamos dispor da Groenlândia – há muita terra lá." Em seu laptop, ele mantinha um arquivo sobre a Groenlândia. Não era sobre terras aráveis. Ele sabia que a Groenlândia era rica em minérios e havia ouvido falar que o país tinha o próprio movimento de secessão.

Depois de três dias em Juba, parecia que nada ia acontecer. Nenhum novo negócio de terras. Nenhum voo de inspeção. Nenhum passeio de jipe. Nenhuma reunião com Salva Kiir. Heilberg ficou sentado horas sob o ar-condicionado do Sahara Resort, fumando charutos e jogando pôquer no BlackBerry, à espera de algum aviso de que o presidente ou um ministro estava pronto para recebê-lo. Ele leu o livro que tinha trazido para a viagem: *Sailing from Byzantium: How a Lost Empire Shaped the World* [Velejando desde Bizâncio: como um império perdido moldou o mundo].

"Vamos ver Papai", exclamou ele quando Gabriel entrou apressadamente no hotel um dia de manhã. Gabriel nos disse que o complexo da família Matip no estado de Unity tinha acabado de ser atacado por um antigo rival, algo que fazia parte das tensões que aumentavam à medida que o Sul lentamente se aproximava da independência. Um guarda havia sido capturado e espancado. O general, que já estava tenso por causa de Abyei, também se encontrava irritado demais para ver qualquer pessoa. Sua pressão arterial estava perigosamente alta. "Ele sente dor aqui", disse Gabriel, apontando a barriga.

"Quando as coisas não vão bem, ele somatiza", comentou Heilberg baixinho. "Todo mundo fica esperando que ele seja responsável. Acho que isso o consome."

"O.k., então qual é o plano para hoje?", perguntou a Gabriel. "Você encontrou alguém para a agricultura?"

"O ministro não está disponível", respondeu Gabriel. A decisão sobre Abyei, que se aproximava, estava ocupando todo mundo, desculpou-se.

"O.k., amanhã então", disse Heilberg, mudando a conversa para novas aquisições de terras. "Então vamos ficar sabendo sobre os baris? E o Nilo Superior?"

Logo não havia muito mais que discutir. Ficamos sentados no lobby, conversando sobre a vida. Heilberg contou-nos que largara a Pepsi diet sabor cereja, seu refrigerante favorito – ele tinha medo de que o adoçante artificial fosse lhe causar Alzheimer. Falou da professora particular de ioga muito gostosa que teve, um ponto de tensão doméstica. "Estou em minha sala de estar fazendo ioga, e minha esposa fica louca!"

Gabriel disse que sua esposa, que lhe custara 89 vacas, tinha acabado de abandoná-lo. Heilberg ofereceu-lhe um pouco de chá. *We Are the World* saía do sistema de som do hotel.

"Você ligou para o doutor Joseph?", perguntou Heilberg. O médico – uma figura poderosa no estado de Unity, que tinha servido como ministro da Saúde do Sul – era outro membro do conselho da Jarch. "Ligue para o doutor Joseph, para ver se ele está disponível."

O doutor Joseph não estava disponível.

We Are the World tocou de novo – a música estava em *loop*.

"Essa voz é de Bruce Springsteen?", perguntou Heilberg. Ficamos calados, ouvindo.

"Acho que agora é Michael Jackson", disse Gabriel.

"Michael Jackson", concordou Heilberg. Esperamos o verso seguinte.

"Essa é Cyndi Lauper", falei.

"Bob Dylan", emendou Heilberg.

"Qual é mesmo o nome desse cara, o cego?", perguntou Gabriel.

"Hã... Ray Charles... Não, Stevie Wonder", respondeu Heilberg. Esperamos. "Agora é Ray Charles!"

Gabriel finalmente marcou uma reunião com o doutor Joseph para as seis horas da tarde. Heilberg colocou terno e gravata escuros; Gabriel estava de roupa esportiva amarela. Pouco antes do pôr do sol, subimos no Land Cruiser e quicamos pelas esburacadas estradas de terra na direção da Jebel, a montanha que é a referência de Juba, passando por um mercado ao ar livre e por um campo de barracas que havia pouco tinha sido destruído pelo governo. Agora a área estava ocupada por montes de lixo ardendo.

O doutor Joseph vivia em uma rara casa não feita de contêiner cercada por um denso muro branco. Seu empregado nos acomodou em faustosos sofás de couro artificial embaixo de um lânguido ventilador de teto e ofereceu a cada um de nós uma Coca e uma garrafa de água. A nossa frente estavam três autoridades sudanesas assistindo a uma novela nigeriana em uma TV de tela plana. "Fique longe de minha esposa!", gritou um ator. "Qual esposa?", perguntou outro.

O doutor Joseph ainda não estava em casa. Afundamos nos sofás. Heilberg começou a falar sem parar, preenchendo o silêncio, mantendo as aparências. Que um suposto aliado estivesse ocupado demais para encontrá-lo – que seu negócio de terras pudesse ser especulativo em mais de um aspecto – não se encaixava na narrativa de Ayn Rand.

Ele dava conselhos a Gabriel sobre o pai. O general recusava-se a sair do complexo até poder discutir o recente ataque com o presidente. "O nome disso é ansiedade", disse Heilberg, simpático. "Todo mundo tem. Ela fica se acumulando na mente." Gabriel parecia preocupado.

"Já viu o filme *Máfia no divã*?", perguntou Heilberg.

"Máfia o quê?"

"É um filme com Robert De Niro. Ele é um chefão da máfia e está ficando com muita raiva, e Billy Crystal lhe diz: 'Sabe o que eu faço quando estou com muita raiva? Soco um travesseiro'. Então ele saca a arma e começa a atirar em um travesseiro. Crystal fala assim: 'Está melhor?' e De Niro responde: 'Estou, sim'. Seu pai precisa se sentir melhor. Eu sei como ele é. Ele tem de botar tudo para fora."

Esperamos até as dez da noite. O doutor Joseph não apareceu. Quando saímos, Heilberg parecia doente. "Tem certeza de que ele ainda está conosco?", perguntou a Gabriel.

No entanto, qualquer golpe em sua confiança ficava enterrado. Era temporário. Na manhã seguinte, Heilberg tinha voltado a ser quem era. Se qualquer um de seus aliados tivesse sido comprado pelos dincas, isso era só mais uma prova de que Matip e Gadet precisavam varrer o que estava podre.

Uma semana se passou. Dirigimos até o complexo de Matip. Voltamos. Dirigimos até o complexo de Gadet. Voltamos. Fumamos narguilé no hotel. Pedimos pizza. Dirigimos até o Nilo. Voltamos. Para um forasteiro em Juba às vésperas da independência, ouvir os nueres murmurando sobre os dincas, e os dincas, sobre os nueres, esperar reuniões, esperar a savana virar fazenda, esperar Abyei e a soberania e tudo o mais era como estar em um salão de espelhos. Ou Heilberg estava com o Sudão do Sul no bolso, ou ele não tinha muito mais do que seus ideais capitalistas e uma estranha amizade com alguns generais nueres.

Em uma de nossas últimas manhãs, Gabriel sumiu. Não apareceu no hotel. Parou de atender o telefone. Enfim, pouco antes da hora do jantar, chegou. "Uns caras estavam me seguindo na estrada", contou. Ele desviou para uma rua secundária, e um de seus perseguidores fechou a passagem, impedindo sua fuga. Quando o homem pisou na estrada, de arma na mão, Gabriel atropelou-o. O segundo agressor veio por trás. "Abri a porta e o acertei, e ele caiu no chão", disse Gabriel.

"O que você disse a eles?", perguntei.

"A gente não diz nada", respondeu Gabriel. "Eu pego os telefones e as armas deles."

"E chuta o saco deles!", completou Heilberg.

Àquela altura, Heilberg não estava se dando ao trabalho de perguntar sobre assinaturas ou pedir reuniões. No dia seguinte, o tribunal de arbitragem europeu anunciou sua decisão sobre Abyei, que não foi tão ruim para o Sul a ponto de causar conflitos imediatos, nem boa o suficiente para acalmar todo mundo. De qualquer modo, o serviço de celular em Juba estava sobrecarregado. A única coisa a fazer era ficar vendo a CNN. Heilberg estava esperando seus generais limparem a casa, criando um país onde fosse possível fazer negócios. Ele olhou para Gabriel. "Eu estava lá com seu pai dois anos atrás, quando ele lhes disse que ia incendiar Juba", comentou. "Acho que vai acontecer. Vai ser logo. Não vai demorar."

Sentamo-nos de novo no pátio com o general, enquanto guardas, anciãos e esposas passavam rápido pelas sombras e uma TV piscava a poucos metros de distância. Como antes, Matip estava desleixadamente sentado, mas dessa vez fitava os olhos de Heilberg enquanto falava. "O que ele pode lhe dizer é o seguinte", traduziu Gabriel para o pai. "Tudo isso que está acontecendo aqui não é bom. Você devia ir embora. Vá para os Estados Unidos, e ele vai lhe telefonar. Ele não está contente com o jeito como o governo funciona. Vai descobrir o que acontece e por quê. Em breve, vamos nos erguer e colocar na internet, e você vai ler nos Estados Unidos."

"Obrigado", disse Heilberg. "Eu sei que o senhor vai ter sucesso. Concordo: esse jeito deles de fazer as coisas não pode durar. A história nos mostrou que é assim que as revoluções acontecem. Mas espero que o senhor me telefone em breve, com os documentos na mão, e então vamos todos sorrir e ser felizes. Ainda bem que nem tudo depende de nós." Ele fez um gesto para o céu. "Existe uma força maior."

Naquela noite, Heilberg foi direto para seu contêiner, mandou para dentro uma dose de NyQuil e desabou. Na manhã seguinte, voamos de volta para Nairóbi.

A vista da janela era a mesma de antes. Verde. O milhão de acres de Heilberg ficava na direção oposta, mas o solo era semelhante, só com menos pedras. Os membros da tribo nuer gostavam de se gabar de como a terra era fértil. Plante uma mangueira, diziam, e em seis meses ela estará batendo na cintura. Plante vagem, e em semanas a planta estará batendo na cintura. Plante qualquer coisa, e ela crescerá. Talvez houvesse mais guerra antes que Heilberg plantasse suas primeiras sementes. Ele podia esperar. A demanda por comida era inelástica.

"O que você acha que é mais importante na África?", perguntou-me. "O poder militar ou o poder político?" Ele estava suando no assento, usando uma camisa Lacoste azul-bebê com um jacaré, e tinha acabado de ouvir *Personal Jesus*, do Depeche Mode, no iPod.

"O militar", respondi. Ele balançou a cabeça. "As pessoas estão falando que vai ser Norte contra Sul", disse ele. "Eu digo que vai ser todo mundo contra todo mundo. Vai ser assim por uma semana, mais ou menos. Histeria em massa. Juba destruída pelas chamas. Cartum destruída pelas chamas. Então vamos olhar em volta e ver quem ainda está de pé. Vão formar um novo governo. Um período de caos não é necessariamente ruim. Vai liberar essa tensão. Não dá para fugir das leis da física."

Assim como a Groenlândia, o Sudão do Sul logo votaria "sim" em seu referendo – avassaladores 99,57% a favor da independência. Nos meses seguintes, forças do Norte ocuparam Abyei, queimando *tukuls* e hospitais e afastando milhares de civis de suas casas, e fizeram uma brutal campanha de bombardeios nas montanhas Nuba, ali perto. Fora do Sudão, não foi dada tanta atenção à rebelião de Peter Gadet após o referendo no estado de Unity, um combate contra o inexperiente governo do Sudão do Sul nos mesmos campos que Heilberg pode um dia cultivar. Foi o caos.

"Eu sou aberto assim com você para que veja que não sou um cara mau", disse Heilberg no avião. "Sou um cara com um grande coração, que também quer ganhar uma grana." Ele colocou de novo os fones de ouvido. "Sabe o que eu dou para eles? Eu dou esperança."

Muralha verde, muralha negra

A África tenta conter o Saara; a Europa tenta conter a África

A principal estrada que sai de Dacar, uma tira de asfalto que liga a superpovoada capital senegalesa e o vazio Sahel, estava empoeirada e entupida em um dia de verão, não apenas de carros, mas de gente. Rapazes andavam na contramão do tráfego vendendo amendoins, aviões infláveis, capas para volantes, leques orientais, cartões telefônicos e maçãs envolvidas em papel filme. Outros ficavam onde deveria haver calçadas, cuidando de quiosques improvisados que vendiam versões em francês de Banco Imobiliário e General, pôsteres de xeques e de imãs, e água potável em sacos plásticos de sanduíche. A estrada levava para o deserto, e a juventude do Senegal fazia o que podia para ir na direção oposta. Vendendo o bastante em um dia, talvez fosse possível a um deles comprar arroz, o alimento básico do país, que custava então o dobro de seis meses antes. Vendendo o bastante em um ano, ou em dois, ou em cinco, talvez fosse possível pagar um contrabandista que o levasse para a Europa. A cada minuto ou dois, um novo grupo abordava nosso jipe, brandindo seus produtos com expectativa. Meu anfitrião, o coronel Pape Sarr, um homem magro que recebia tudo com um sorriso cavernoso, exibia um rosto sem expressão, olhando resolutamente para a frente, na direção da névoa.

Eu tinha atravessado o cinturão da África, vindo das regiões sudanesas de Heilberg, a cerca de 5 mil quilômetros a oeste, e estava no país que importa mais comida *per capita* do que qualquer outro do continente. O Senegal importa três quartos de seu consumo de alimentos básicos, incluindo 70 quilos de arroz por pessoa ao ano – mesmo assim, também é alvo dos compradores estrangeiros de terras aráveis. A Índia logo anunciaria um negócio de 370 mil acres com o Ministério da Agricultura do Senegal, enquanto a Foras International, da Arábia Saudita, reivindicaria a posse de 12 mil acres de campos de arroz no fértil vale do rio Senegal, a primeira etapa dos planos de uma megafazenda de 500 mil acres. No entanto, o esquema que levava a mim e a Pape Sarr ao Sahel, a árida região de fronteira entre os úmidos trópicos africanos e as invasoras areias do Saara, era algo bem diferente: a Grande Muralha Verde, a resposta da África à mudança climática, uma barreira de árvores com 7,6 mil quilômetros de comprimento e 15 de largura criada para conter o Saara. Se concluída, ela cruzaria onze países, do oceano Atlântico ao mar da Arábia, do Senegal no oeste ao Djibuti no leste. Pape, um oficial com uniforme de camuflagem da Eaux et Forêts, a secretaria de água e florestas do Senegal, era um dos arquitetos da muralha. Íamos até lá para ver seus homens plantando as primeiras sementes.

A Grande Muralha Verde fora proposta em 2005 pela Nigéria, cujas autoridades diziam que a desertificação consumia 900 mil acres por ano, e em 2007 recebera apoio oficial da União Africana (UA). Entretanto, em todos os países, exceto no Senegal, até aquele momento ela só existia no papel. Na conferência sobre mudança climática de Copenhague, o então presidente do Senegal declarou à imprensa que sua nação seria como Diógenes, "o antigo filósofo grego que propôs que era possível provar a existência do movimento" levantando-se e andando. O Senegal não esperaria os estudos da UA, nem a aprovação da ONU, nem o financiamento do Banco Mundial. Ele provaria a viabilidade da muralha indo lá e plantando, na esperança de que o dinheiro fosse chegar. O governo falava da Grande Muralha Verde como uma questão de segurança nacional. "Em vez de deixar o deserto vir até nós", disse o ministro da Agricultura, "nós vamos lá combatê-lo".

Era possível pensar no avanço do Saara como o de um exército lento, uma única linha de frente contra a qual outra linha fácil de imaginar, feita de árvores, seria o baluarte perfeito. Contudo, nos mais ou menos 10 bilhões de acres de regiões secas em lenta degradação no mundo inteiro – não só no oeste da África, mas também na Espanha, na China, na Austrália, no México, no Chile e em quase sessenta outros países ameaçados pelo clima, ricos e principalmente pobres –, a desertificação costuma ser um processo mais confuso. "O Saara se alastra como a lepra", já dizia a britânica Wendy Campbell-Purdie, uma das primeiras a tentar conter o Saara com plantações em larga escala, em seu livro de 1967 *Woman Against the Desert* [Mulher contra o deserto]. "Manchinhas ruins aqui e ali passam despercebidas, até que de repente a área inteira está infectada."

Como barreira para uma ameaça tão insurgente, a maior parte dos cientistas concordava que uma falange de verde era amplamente inútil. Como símbolo, porém – da postura protetora que o mundo começava a adotar diante do aquecimento, da posição particularmente solitária da África, de quanto dinheiro os países ricos, grandes emissores, gastariam para salvar a si próprios dos efeitos do aquecimento em comparação ao pouco que pagariam para salvar os mais pobres –, a Grande Muralha Verde era muito mais potente. Para mim, representava uma passagem para a terceira fase da resposta da humanidade à mudança climática: a engenharia como refúgio, quando a conversa sobre oportunidades soa particularmente vazia e começamos a erigir nossas defesas. Para os países em desenvolvimento, majoritariamente agrários, mais próximos da natureza, isso significa defesas contra aquilo que a natureza está se tornando. Para os mais ricos, significa a mesma coisa e também algo mais: defesas contra migrantes e outros transbordamentos.

Seguindo para o leste e depois para o norte no jipe de Pape, a terra foi ficando cada vez mais amarela, e o tráfego, cada vez mais escasso. Começamos, então, a passar por *outdoors* que celebravam os outros projetos de prestígio do presidente. O Plano Goana, ou Grande Offensive Agricole pour la Nourriture et l'Abondance [Grande Ofensiva Agrícola para a Alimentação e a Abundância], anunciado depois de protestos nas ruas durante a crise alimentar, pretendia quintuplicar a produção doméstica de arroz até 2015. O Plano Reva, ou Retour vers l'Agriculture [Retorno à Agricultura], era o controverso antecessor do Goana. Financiado em grande parte pela Espanha, que em 2006 vira mais de 30 mil senegaleses desembarcarem em suas ilhas Canárias, o objetivo do Reva era transformar os jovens desempregados em trabalhadores agrícolas, em vez de imigrantes ilegais. As cobaias do Reva foram levas de deportados recentemente trazidos de avião da Espanha por meio de um acordo com o governo senegalês. Rapazes habituados a se virar nas cidades receberam a promessa de 100 hectares e sementes subsidiadas, com a esperança que se reiventassem como agricultores; ficaram tão zangados com a cumplicidade do governo em seu retorno forçado que formaram a Associação Nacional de Repatriados. A Grande Muralha Verde era vista no contexto desses projetos de geração de trabalho, especialmente por estar angariando apoio internacional. "Deixar de agir agora", escreveram os autores de um estudo feito em conjunto pela União Europeia e pela União Africana, "poderá fazer com que muitos usuários de terras se tornem migrantes ambientais, transferindo potencialmente os problemas para o Norte". Independentemente do que mais isso significasse, era em parte um plano para manter os africanos fora da Europa.

Em Touba, cidade saheliana em rápida expansão, fundada por Amadou Bamba, o mais famoso místico sufi do Senegal,* Pape parou para falar com outro funcionário da Eaux et Forêts. Aproveitei esse momento para andar entre os minaretes e madraçais das empoeiradas ruas da cidade, onde encontrei garotos vendendo pilhas de cassetes e de CDs a carros que passavam. "Me leva para os Estados Unidos", disse um. "Eu vou para a Europa", falou outro.

Pape e eu continuamos até a cidade-quartel de Linguère e chegamos ao Ferlo, uma extensão de savana sem atrativos cujo nome vinha

---

* Amadou Bamba (1853-1927), considerado pelos senegaleses "o mensageiro de Deus", foi teólogo e poeta, fundador do muridismo, doutrina religiosa islâmica. [N.T.]

de um rio agora seco, onde os nômades fulas faziam seus acampamentos e papagaios ziguezagueavam por esparsas árvores e grama amarela. A estrada asfaltada virou de terra, e a estrada de terra, um par de tênues marcas de pneu, e o jipe começou a corcovear como um cavalo. Ao entardecer, apareceram dezenas de valetas paralelas percorrendo a terra vermelha, algumas pontilhadas com sutis tufos de verde. Pape virou-se orgulhosamente para mim. "Isto", disse ele, "é a Grande Muralha Verde". As árvores tinham 20 centímetros de altura.

Em um mapa, o Senegal, quase tão próximo do Brasil quanto da Espanha continental, não é um ponto de partida óbvio para africanos subsaarianos que tentam chegar à Europa ou mesmo às ilhas Canárias, situadas no Atlântico, a oeste do Marrocos. No entanto, a tecnologia GPS transformou qualquer um em navegador, as Canárias tinham voos não fiscalizados para o resto da Espanha, e rotas aparentemente mais fáceis – cruzando o Mediterrâneo pelo patrulhadíssimo estreito de Gibraltar, passando pelas cercas recém-elevadas entre o Marrocos e os enclaves espanhóis de Ceuta e Melilla – tinham sido fechadas uma após a outra. Nos meses antes de eu chegar ao Senegal, migrantes partiam diariamente das praias de M'Bour e de cidades pesqueiras próximas, cada um deles pagando em torno de 1.000 dólares para ser transportado por quase 1,6 mil quilômetros até o extremo sul da Europa. Os barcos eram pirogas de pescadores: canoas de madeira em tons fosforescentes equipadas com dois motores e dois aparelhos de GPS e lotadas de dezenas de rapazes. O mantra dos passageiros, uma mistura de francês e uolofe, idioma local, era *"Barça ou barzakh"* – "Barcelona ou a morte". Algumas pirogas viravam nas tempestades; outras simplesmente desapareciam. A travessia, que levaria uma semana, às vezes chegava a durar duas quando os capitães se perdiam, deixando os barcos com provisões de comida e água desesperadamente baixas. Em 2006, ano em que foi quebrado o recorde, milhares morreram a caminho

– cerca de 6 mil, segundo uma estimativa espanhola, o que significava que um de cada seis migrantes ganhou a morte, não Barcelona.

Havia barcos pesqueiros ociosos em cidades como M'Bour porque a pesca no Senegal vinha caindo. O país estava ficando sem peixes em grande parte porque traineiras industriais da França, da Espanha, do Japão e de outros países vinham limpando a costa noroeste africana desde pelo menos 1979, quando a União Europeia (UE) negociou seus primeiros acordos de pesca na região. Ao longo de vinte anos, o Senegal tinha assinado dezessete acordos com a UE, o mais recente na mesma semana em que um estudo comissionado pela própria União Europeia descobriu que a biomassa de espécies de peixes essenciais tinha caído cerca de 75% nas águas senegalesas. Os tubarões e os lucrativos atuns tinham ido embora, e restaram os pequenos arenques, assim como pescadores desempregados, que passaram a traficar gente. Em 2009, um estudo da Universidade de East Anglia sobre os efeitos da mudança climática e do aquecimento dos oceanos em economias pesqueiras sugeriu ainda outro problema: dentre as 132 nações pesquisadas, o Senegal era a quinta mais vulnerável.

Considerar os homens que fugiam para a Europa os primeiros refugiados climáticos do mundo era discutível. Se o aumento de regiões arenosas e o esvaziamento dos oceanos estavam expulsando-os, também exerciam atração cidades e países distantes, com suas promessas de energia elétrica, emprego e escolas. O maior fluxo populacional do Senegal era interno – do espaço rural para o urbano, da cabana para o barraco – e seguia um padrão repetido no planeta inteiro no novo milênio, a primeira vez na história humana em que havia mais pessoas nas cidades do que no campo. Era raro o senegalês que ia diretamente do Sahel para a piroga. Mais raro ainda era aquele capaz de apontar uma única causa – a mudança climática – para explicar sua migração. No entanto, eram os diversos fatores, em conjunto, que a Europa temia. A África esquentaria uma vez e meia mais rápido do que o resto do mundo, advertia o IPCC, e o Saara Ocidental seria a região que esquentaria mais. "A melhor maneira de ver a mudança climática é como multiplicadora de ameaças que exacerba as tendências, tensões e instabilidades já existentes", escreveu o diplomata espanhol Javier Solana, chefe de relações internacionais da UE e antigo líder da Otan, em 2008. "Haverá milhões de migrantes 'ambientais' em 2020, e a mudança climática será uma das maiores causas desse fenômeno [...]. A Europa deve esperar uma presença migratória significativamente maior."

Os migrantes de barco poderiam ser uma pista do que estava por vir, assim como a resposta do continente, apesar de seus esforços para reduzir emissões em Copenhague e em outras conferências sobre mudança climática. Os europeus estavam criando a "Fortaleza Europa", nas palavras da Anistia Internacional – um "bote salva-vidas armado", segundo o jornalista Christian Parenti.

O Senegal, campo de testes da África para a Grande Muralha Verde, também era o campo de testes da Europa para manter os africanos de fora. O esforço europeu não era tão flagrante quanto a nova cerca que vi perto do canal All-American ao longo da fronteira dos Estados Unidos com o México – onde, em 2080, segundo um recente estudo da Universidade Princeton, os efeitos da mudança climática sobre a agricultura causarão o êxodo de até 10% da população adulta. Também não era tão flagrante quanto a cerca de 4 mil quilômetros que a Índia estava concluindo em volta da submergente Bangladesh ou as cercas duplas que Israel anunciou em 2010 para vedar o Sinai a migrantes subsaarianos. Era, porém, abrangente: barcos de patrulha espanhóis e italianos, ostentando o logotipo da Frontex, a nova agência fronteiriça pan-europeia fundada em 2005, já estavam percorrendo a costa senegalesa na época em que cheguei. Aviões e helicópteros europeus faziam a vigilância aérea. Em breve um link de satélite ia conectar os centros de controle de imigração na Europa e na África para ajudar a rastrear os migrantes de barco, e o continente seria protegido pelo Sistema Europeu de Vigilância de Fronteiras, proposta que incluiria um complexo de câmeras infravermelhas, radares terrestres, sensores e drones. O Parlamento Europeu aprovaria sua controversa Diretiva de Retorno, uma política comum de deportação que permitiria que migrantes ficassem detidos sem acusações por até dezoito meses antes de ser mandados para casa.

A Espanha, conhecida por sua relativa tolerância com a imigração, tentava oferecer cenouras e também varas. O país abriu seis novas embaixadas no oeste africano em quatro anos dentro de seu Plano África, voltado para as migrações, e seus gastos com desenvolvimento aumentaram sete vezes. Antes de a recessão espanhola colocar as taxas de desemprego em alturas que não se viam desde a ditadura de Francisco Franco, o governo deu início a um programa de cotas para trabalhadores convidados. Se viessem legalmente para a Espanha, aqueles que fugiam dos altos preços dos alimentos e dos mares estéreis poderiam ter emprego por um ano em enormes fazendas corporativas ou em uma indústria pesqueira ainda próspera. Alguns senegaleses eram contratados pela Acciona, uma das maiores construtoras de unidades de dessalinização do mundo, que a Espanha estava implantando em um ritmo frenético só comparável ao de Israel e Austrália, tentando dar conta das próprias seca e desertificação.

A Espanha gastava milhões de euros todos os anos atraindo turistas do norte da Europa para suas praias. No ápice da crise das Canárias, também fez uma campanha-relâmpago no Senegal. Com a ajuda da agência de publicidade multinacional Ogilvy, encheu os ônibus de Dacar com imagens de naufrágios e difundiu propagandas de rádio avisando dos perigos da imigração ilegal. Em um anúncio de TV, o lendário cantor senegalês Youssou N'Dour ficava sentado sozinho em uma piroga de madeira, com ondas batendo ao fundo. "Você já sabe como termina essa história", dizia ele em uolofe. "Não arrisque sua vida por nada. Você é o futuro da África."

No Ferlo, as operações de plantação da Grande Muralha Verde tinham como base uma antiga estação de pesquisa alemã na aldeia de Widou Thiengoly, um ajuntamento de casas de barro e cercas de paus, rodeado por terra vermelha batida. Perto de um empoeirado campo de futebol ficava o poço comunitário da aldeia, cavado pelos franceses na década de 1940, onde nômades com carroças puxadas por jumentos passavam horas enchendo com água galões feitos de plástico ou de câmaras de pneus de velhos caminhões. Um viveiro improvisado de espécies de árvores selecionadas pelo comitê científico da Grande Muralha – centenas de milhares de mudas de acácia, balanita e zízifo, com as raízes embaladas em sacos de plástico preto – fora instalado atrás da construção de três cômodos em que Pape e eu ficamos com os outros oficiais. A construção tinha sofás, moscas que zumbiam e ventiladores elétricos ancestrais, e nos cantos havia pilhas de romances baratos alemães em decomposição, de *Unruhige Nächte* [Noites agitadas] a *Suche impotenten Mann fürs Leben* [Em busca de um homem impotente]. Fazíamos ali as refeições, perto dos homens da Eaux et Forêts, que discutiam as minúcias do plantio enquanto comiam com as mãos de uma bandeja compartilhada. Depois do jantar, apagávamos as luzes para ter energia suficiente para ligar a única TV de Widou. A tela atraía dezenas de aldeões e centenas de mariposas gigantescas, e sob o céu africano assistíamos a Jack Bauer, dublado em francês, lutar contra terroristas do Oriente Médio em Los Angeles.

Na primeira manhã, a discussão dos oficiais, em torno de um pão e de um bule de café, foi sobre a precipitação. A dita estação chuvosa naquela parte do Sahel durava apenas algumas semanas do verão, o que dava suma importância ao cronograma do plantio. Se as mudas fossem plantadas antes da última chuva, poderiam viver; caso contrário, quase certamente morreriam. Pape, que tinha 48 anos – nasceu dois meses antes da independência do Senegal –, apresentou uma ideia para um novo regime de plantio. "*Imaginez*", falou. "*Imaginez!*" Ele continuou sua argumentação em uolofe e depois voltou-se para mim para traduzir. "O problema aqui é a chuva", disse, solenemente. "Não chove o bastante." Um capitão alto concordou, entusiasmado. "*C'est vrai!*", exclamou. No lado de fora, uma buzina começou a soar. Fui até o viveiro e vi dezenas de homens treparem na parte de trás de um caminhão e darem vivas quando ele partiu para o front a uma velocidade alucinada. Ali perto, uma corrente humana carregava outro caminhão com mudas, cuidadosamente passando uma a uma, de mão em mão, até a caçamba ficar cheia. O caminhão saiu a toda atrás do primeiro, levantando uma nuvem de poeira.

Estradas de terra propagavam-se de Widou como raios, e, quando os oficiais se dispersaram, Pape e eu seguimos uma delas para o sudeste até não haver nada além da relva da savana e de baobás. Depois de meia hora, passamos por um aglomerado de barracas com o verde das Forças Armadas – habitações de guardas-florestais, disse Pape – e logo cruzamos as valas paralelas da Grande Muralha Verde, linhas na terra que se estendiam até onde a vista alcançava. Uma equipe da Eaux et Forêts, cerca de uma centena de jovens usando traje de camuflagem e carregando facões, esperava perto de um caminhão-pipa. Partes diferentes da muralha estavam sendo plantadas por grupos distintos – da Eaux et Forêts a aldeões locais, membros do sindicato de guardas-florestais e universitários recrutados pelo Ministério da Juventude – e Pape gostava de incentivar uma competição amigável entre eles. Era uma disputa medida em mudas usadas e hectares plantados, e naturalmente ele acreditava que seus homens e mulheres eram os mais rápidos.

Agora havia um novo lote – um trator tinha acabado de abrir as valas – e os trabalhadores pediram-nos que plantássemos as primeiras árvores. Um deles me deu uma muda e desbastou a parte de baixo do invólucro de plástico com seu facão. Tirei o resto do plástico e levei-a até o buraco; alguns centímetros de solo rico e úmido eram tudo o que isolava as raízes do quebradiço e arenoso Sahel. A sete passos, Pape plantava a segunda árvore e borrifava-a com algumas gotas de água.

Antes de partirmos, ele reuniu os membros da equipe para um discurso, implorando que jamais se cansassem. "*Fatigué?*", gritou. "*Non!*", responderam. "*Fatigué?*" "*Non!*" "*Fatigué?*" "*Non!*" "*Fatigué?*" "*Non!*"

O moral era importante porque, como logo aprendi, o dinheiro era escasso. Toda vez que Pape precisava pagar por novas mudas ou consertar um caminhão, ele ia implorar ao diretor da Eaux et Forêts, e o diretor ia falar com um ministro, e então eles esperavam. "Esperar. Esperar. Esperar. Não sabemos como ele consegue o dinheiro", disse Pape. Havia apoio europeu para a muralha desde 2009, mas o dinheiro – pouco mais de 1 milhão de dólares – foi para um estudo de viabilidade. Em 2011, o Fundo Global para o Meio Ambiente (FGMA), da ONU, chegou às manchetes prometendo até 119 milhões de dólares para construir a Grande Muralha Verde, porém não um financiamento adicional, como esclarecido. Se os onze países envolvidos quisessem matar de fome outros projetos e desviar todo o dinheiro, isso seria permitido. E o FGMA sugeriu que o nome Grande Muralha Verde fosse usado como marca para uma série de projetos de desenvolvimento no Sahel – diques, poços, pecuária – e não, de fato, para construir uma muralha de árvores. "Em minha visão da Grande Muralha Verde, praticamente não haverá espaço para plantações", disse-me a autoridade do programa do FGMA para o Senegal. Mesmo que o dinheiro ocidental fosse dirigido para as valas de Pape, a União Europeia gastaria pelo menos dez vezes mais em uma muralha virtual em torno de si mesma do que em uma muralha verde em torno do Saara.

Até então, no Senegal, o apoio internacional para a Grande Muralha Verde vinha sobretudo da seita religiosa japonesa Sukyo Mahikari. No Japão, o principal templo dos mahikaris é uma maravilha arquitetônica: cinco minaretes com estrelas de Davi no topo, cercando um cavernoso salão com telhado tradicional japonês, dentro do qual fica um aquário cheio de carpas e um paredão de água que sai da cabeça de deuses maias. No Ferlo, eles acampavam em barracas militares verdes na savana, a 45 minutos de Widou. Faziam fogueiras gigantescas e, quando não estavam plantando, tinham lições religiosas e marchavam em volta do acampamento, entoando cânticos.

"Você já ouviu falar deles?", perguntou um dos tenentes da Eaux et Forêts no jipe, uma tarde. Dei uma pesquisada e respondi: "Eles acreditam no poder curativo da energia da luz". O tenente mexeu a cabeça. Ele suava e seus olhos estavam injetados, um provável caso de malária. "*Une secte*", disse ele – uma seita. "Eles não fazem nada além de rezar."

Ao nosso lado estava um funcionário civil da Eaux et Forêts chamado Mara, um homem de movimentos felinos que descreveu seu trabalho como "*évaluation*"; ele viajava pelos diversos projetos da agência, tomando notas e fazendo perguntas longas e filosóficas. Tinha ficado olhando pela janela as valas vazias da Grande Muralha Verde. "É bom acreditar em algo", disse. "Isso ajuda você a fazer coisas."

Quando a Frontex interceptava as barquetas instáveis perto da costa senegalesa, disse-me o representante do Parlamento Europeu especialista em migrações, os encontros eram imprevisíveis e às vezes violentos. Os homens estavam no começo de sua jornada e queriam ir adiante. "Eles podem ser ferozes", contou. "Às vezes, até jogam facões. Mas, se os abordamos em mar aberto, quando já estão navegando há algum tempo, estão exaustos demais para oferecer qualquer resistência." Ele ergueu a cabeça. "Isso é interessante."

Simon Busuttil era franzino e falava baixo. Tinha o rosto jovem, perfeitamente imberbe, mas os cabelos eram grisalhos. Oriundo de Malta – um dos mais novos membros da UE e certamente o menor –, Busuttil era o principal representante de sua nação insular de 316 quilômetros quadrados perante a Europa como um todo. Conheci-o em seu gabinete em Bruxelas. Enquanto eu estava no Ferlo, ele também tinha estado no Senegal, navegando nos barcos da Frontex e reunindo-se com ministros de primeiro escalão, tentando estabelecer se os acordos de cooperação entre a Espanha e o Senegal podiam servir de modelo para toda a Europa. Antes da derrubada de Muamar Kadafi, ele havia feito uma viagem semelhante à Líbia e, depois de a Primavera Árabe enviar ondas de refugiados pelo Mediterrâneo, lideraria uma delegação na Tunísia. "De fato, eu estava em Washington em setembro passado", disse. "A Guarda Costeira norte-americana fez uma apresentação muito interessante. Entre a República Dominicana e Porto Rico, a afluência foi reduzida de 4 mil por ano para 1.000. Eles usam equipamentos biométricos. Temos algumas lições para aprender ali."

Busuttil ainda observou: "Encontrar países que cooperam não é muito fácil para a UE. Assim, nesse sentido, o Senegal é uma bênção". No entanto, da perspectiva de alguns em Malta, a repressão liderada pela Espanha também era uma maldição. Como a rota atlântica para as Canárias estava bloqueada, o fluxo de migrantes africanos tinha mudado: eles cruzavam o Saara, em caminhões e a pé, do Mali para o Níger e então para a Líbia, onde contrabandistas os empacotavam em barcos de madeira combinados – cascos negros, conveses negros, talabardões negros – e mandavam-nos noite afora pelo Mediterrâneo. Em 2008, depois do início da repressão, houve uma redução de 70% na chegada de migrantes às Canárias. Naquele ano, em Lampedusa, ilha italiana perto de Malta, no Mediterrâneo central, onde em 2013 aconteceria a primeira viagem oficial do papa Francisco fora de Roma, verificou-se um aumento de 75%. Mais de 31 mil pessoas surgiram, quase o mesmo número que chegava às Canárias em seu ápice. "Se você fecha uma porta, as pessoas vão tentar entrar pela janela", disse Busuttil. "É a natureza humana."

Os dados sobre as baixas no Mediterrâneo eram incompletos – os pescadores que pegavam corpos nas redes às vezes os lançavam de volta, de tão complicada que era a burocracia caso encontrassem um africano morto –, mas diziam que 1 em cada 25 pessoas morria na travessia. Malta era o segundo pior destino, um desvio errado no caminho para a vizinha Lampedusa, aonde os migrantes queriam ir porque podiam esperar ser transferidos para a Itália continental em algum momento. Malta, por sua vez, não era de modo algum um bilhete de entrada para o resto da Europa. Quando imigrantes ilegais chegavam ali, em geral por acidente, eram colocados na cadeia, onde permaneciam por até dezoito meses. Ao serem libertados, não tinham para onde ir, porque Malta é muito pequena e o oitavo país mais densamente povoado do mundo, logo à frente de Bangladesh. As chegadas a Malta eram poucas em comparação às de Lampedusa – apenas 27 mil em 2008 –, mas em termos malteses isso significava mais 8,5 pessoas por quilômetro quadrado, e seus nacionalistas estavam ficando zangados. Pela legislação da UE, o país ao qual os migrantes chegam pela primeira vez é responsável por eles. Assim, caso os africanos fugissem para outro país europeu e fossem pegos, seriam mandados de volta para Malta.

"Todos os indícios levam a crer que eles não querem vir para meu país", enfatizou Busuttil. "Eles estão tentando ir para Lampedusa. Aqueles que conseguem passar por nossas defesas acham que chegaram à Itália. Quando veem as bandeiras e percebem que se enganaram, têm o maior choque de sua vida." No Parlamento em Bruxelas, ele em vão insistiu na "divisão do ônus": um reconhecimento de que os Estados fronteiriços, como Espanha, Itália, Malta e Grécia, agora policiavam as fronteiras pela Europa inteira. Os países mais ricos e mais setentrionais do continente, grandes emissores de carbono e produtores de riqueza, mal contribuíam com navios ou aviões para a Frontex e atendiam uma quantidade relativamente muito pequena de pessoas em busca de asilo. Assim, Malta era vítima da situação, sugeriu ele. Era um jogo de poder: a Europa setentrional bancava a valentona com a Europa meridional, que lutava consigo mesma e com (ou contra) o Norte da África. Os grandes pisavam nos pequenos, e os pequenos, nos menores. Os migrantes ficavam no fundo. Aqui, também, a merda corria para baixo.

Quando eram detectados navios vagando entre Malta e a Itália, os dois países às vezes se desentendiam para ver quem ficaria com eles. Em 2007, 27 africanos foram deixados agarrados a uma rede de atum porque o capitão do navio maltês se recusou a trazê-los a bordo; eles tiveram de ser resgatados pela Marinha italiana. Mais tarde, a Itália retirou-se integralmente das missões da Frontex e fez um trato na surdina com Kadafi. "Qual vai ser a reação dos europeus brancos e cristãos diante dessa afluência de africanos esfomeados e ignorantes?", declarou o ditador em uma visita oficial a Roma, enquanto tentava obter 5 bilhões de dólares por ano para impedir que barcos de contrabandistas saíssem da Líbia. "Não sabemos se a Europa continuará a ser um continente avançado e unido ou se será destruído, como aconteceu nas invasões bárbaras." Pelo Tratado de Amizade, Parceria e Cooperação, firmado em 2008, a Itália pagaria à Líbia 250 milhões de euros por ano, durante 25 anos, em troca de projetos conjuntos de infraestrutura, contratos de petróleo e auxílio com a imigração. Circularam rumores de vastos campos de detenção no deserto da Líbia, e o fluxo de migrantes pareceu transferir-se ainda mais para o leste. A fronteira greco-turca tornou-se o novo ponto quente da Frontex.

A prisão por até dezoito meses para recém-chegados a Malta era uma dissuasão por si só, disse-me Busuttil. "Não porque queiramos ser cruéis com outros seres humanos", explicou, "e sim porque é a única arma que nos resta. Pode parecer duro, mas se você conhecesse o contexto do país..."

Ao norte de Malta, uma rede de centros de detenção erguia-se por toda a Europa: mais de 200 locais espalhados por 24 países, de um antigo campo de concentração para judeus na França a uma fábrica de tabaco abandonada na Grécia e a um hangar de aviões vazio na Áustria. Juntos, eles tinham espaço para até 40 mil migrantes. Na Grã-Bretanha, a maioria das prisões era gerida por empresas privadas como o Serco Group, o Mitie Group e especialmente a G4S, o segundo maior empregador privado do mundo, depois do Walmart, e origem de um escândalo nos Jogos Olímpicos de Londres, em 2012: o treinamento de seus guardas era tão ruim que o Exército britânico teve de ser chamado para tomar seu lugar. As empresas também conduziam deportações, escoltando nigerianos, angolanos ou bengalis em voos de volta na classe econômica. Fora da UE, a G4S geriu o sistema de detenção de refugiados da Austrália até ocorrer outro escândalo envolvendo crianças que costuraram os lábios durante greves de fome. Nos Estados Unidos, o mercado de prisioneiros era dominado pela Corrections Corporation of America, cujos lobistas ajudaram a redigir a controversa lei de imigração do Arizona em 2010, aparentemente porque ela era boa para o ponto essencial: quanto mais migrantes fossem presos com a nova lei, mais demanda haveria pelas prisões da empresa.

    A mudança climática só faria esse mercado crescer, como fui lembrado depois de me despedir de Busuttil e atravessar de carro a fronteira com a Holanda, país parcialmente abaixo do nível do mar que se preparava tanto para o avanço de migrantes quanto para um dilúvio mais literal causado pela elevação do nível do mar. Ao norte de Amsterdã, na cidade de Zaandam, em meio a estaleiros e armazéns, havia uma nova prisão para migrantes com capacidade para 544 pessoas: dois blocos modernistas cinza cercados de concertina e construídos não na terra, mas na água. A prisão flutuava. Até um guarda me afastar gritando, sabe-se lá por quê, em um alemão com sotaque holandês, caminhei ao longo de sua cerca, tirando fotos da água batendo contra os blocos das celas.

Eu vinha tentando arrumar um tradutor no Ferlo, e um dia, depois que Pape, Mara e eu voltamos da Grande Muralha Verde para a estação de pesquisa, lá estava ele. Aos vinte anos, Magueye Mungune era um jovem da aldeia que usava o figurino do hip-hop: boné de beisebol branco virado para o lado, jeans largos, sapatos caros. Sua casa localizava-se a 60 quilômetros para o sul cruzando a planície. Ali ele ficava sozinho no meio dos velhos, contou-me. Todos os seus amigos tinham saído da aldeia havia muito tempo, alguns para Dacar, alguns para outras cidades, outros para a Europa. Sua mãe estava na Mauritânia, e seu irmão mais velho, em Nova York. "Mas, se todo mundo for embora, quem vai ficar para o Senegal?", perguntou. "As pessoas vão para a Europa trabalhar em coisas que nunca fariam aqui. Eu não quero lavar latrinas!" Magueye tinha ouvido rumores sobre a Grande Muralha Verde, sobre o governo estar plantando árvores para impedir o Saara de engolir sua aldeia e as demais, e ele já sabia o que achava a respeito. Ele achava uma idiotice.

"Nunca vão terminar", sussurrou. "Não existe água. Precisa-se de gente para regar as árvores, mas logo não haverá ninguém aqui. As árvores morrerão. Os ministros simplesmente devorarão o dinheiro." Pape, descansando em uma cadeira próxima, entrou na conversa do recém-chegado. "Se eu fosse ministro, faria a mesma coisa", brincou.

"Não, não, nós temos de dar o exemplo", disse um dos funcionários. "Devíamos pegar o dinheiro da Grande Muralha Verde e simplesmente entregá-lo direto para o povo. E esquecer a muralha." Magueye, sem ter certeza se os guardas-florestais estavam zombando dele, ficou desarmado um instante. "Quanto tempo vai demorar para plantar?", perguntou. Pape arredondou as contas: eram mais ou menos 7 mil quilômetros através da África até o Djibuti. A muralha teria 15 quilômetros de largura. Portanto, seriam 10,5 milhões de hectares de árvores. Naquele verão, suas equipes plantariam 5 mil hectares. "O.k., vai demorar 25 ou 50 anos", disse Pape. "Só para o Senegal."

Magueye decifrava as discussões bem-humoradas que espocavam o tempo todo a minha volta. Mara perguntou se as vacas não iam comer as mudas, e Pape respondeu que elas não teriam interesse em acácias e zízifos; os especialistas do comitê científico já tinham pensado nisso. Mara perguntou sobre os bodes, e Pape respondeu que eles comeriam as árvores se tivessem oportunidade. No entanto, nunca teriam oportunidade. Os bodes pertenciam aos nômades, e os nômades iam embora do Ferlo no final da estação chuvosa, ou seja, antes de as equipes da Eaux et Forêts partirem. Quanto às pessoas, elas não cortariam a Grande Muralha Verde para obter lenha porque as árvores de acácia valem mais vivas do que mortas: elas produzem goma-arábica, uma seiva endurecida que é usada em quase tudo, de marshmallows e M&Ms a graxa de sapato. Enquanto explicava, Pape brandia no rosto de Mara o *Dictionnaire de l'écologie* [Dicionário de ecologia] que havia tirado de sua maleta de couro preto com trava de marfim. Às vezes ele parava para consultar uma cópia desgastada do código florestal senegalês ou para folhear uma pasta de papel pardo com a sigla "GMV", de *Grande Muraille Verte*, que continha as minutas das reuniões do comitê científico. Às vezes ele parecia acreditar de verdade. "É como estender a eletricidade a todo o Senegal", falou ele a Mara. "Em 1967, o país disse: 'Vamos fazer'. E, em 1968, fizemos."

A Grande Muralha Verde tinha herdado seu nome da Grande Muralha da China, a barreira que repeliu invasores por 2 mil anos. Quando ela falhou, foi por causa da fraqueza humana, não de problemas de engenharia: um general corrupto do século XVII aceitou propina e deixou o exército manchu passar. A muralha da África tinha sido inspirada na mais recente Muralha Verde, também na China, um baluarte de 4,5 mil quilômetros contra as nuvens de areia e as tempestades de pó do deserto de Gobi. Seus primeiros álamos e eucaliptos foram plantados 35 anos atrás. Já era a maior floresta criada pelo homem no mundo. Havia outros precedentes: o Grande Plano para a Transformação da Natureza, de Josef Stálin, incluía o plantio de faixas interconectadas de florestas atravessando as estepes do sul; nos Estados Unidos da época da *Dust Bowl*, o Projeto de Cinturão de Proteção das Grandes Planícies plantou 220 milhões de árvores ao longo de 30 mil quilômetros, de Dakota do Norte ao Texas; na Austrália, além da Cerca à Prova de Coelhos nº 1 do começo do século XX, que não era totalmente à prova de coelhos, havia a Mott – Men of the Trees [Homens das árvores], organização sem fins lucrativos que desde 1979 plantara 11 milhões de mudas. A Mott foi a inspiração para que Wendy Campbell-Purdie, autora de *Woman Against the Desert*, se mudasse em 1959 para o Norte da África. Ela cultivou árvores de mais de 3,5 metros de altura no Saara marroquino e depois se mudou para a Argélia, onde sua plantação em um lixão de 260 acres levou a um projeto de abrangência nacional. Chamado inicialmente de Muralha Verde, em 1978 passou a ser conhecido como Cinturão Verde dos Países Norte-Africanos – e mais tarde, com a perda de interesse e a passagem do tempo, voltou a ser o Saara.

Até no Senegal havia precedentes, programas de plantio em menor escala a oeste e ao sul. "Mas eles não são a Grande Muralha Verde", argumentou Mara. "*Isto* é a Grande Muralha Verde." Magueye e eu ficamos observando a discussão entre ele e Pape sobre por que aquilo era importante, e logo eles se viraram para nós.

"Qual sua visão de mundo?", perguntou Mara a Magueye. "Qual a devida relação do homem com a natureza?" Meu tradutor, sentado em uma das poucas cadeiras do complexo, puxou ainda mais para trás seu boné de beisebol branco. "Você gosta de Kant?", quis saber Pape. "De Descartes?" Magueye ficou em silêncio. "O que é espiritualidade?", continuou o coronel. "Em que ela se traduz?" Enfim, Magueye apontou para o céu. "Alguém olha para mim lá de cima", disse ele, "mas não sei quem".

Essas questões logo pareceram relevantes. Uma tarde, Pape recebeu um relatório da situação, e uma atmosfera de crise assentou-se na estação de pesquisa. Os profissionais da Eaux et Forêts não estavam mais vencendo a amistosa competição de plantio. Os espiritualistas movidos à luz da Sukyo Mahikari eram mais rápidos. "A Sukyo Mahikari?", perguntou alguém, incrédulo. "A Sukyo Mahikari?" Pape parecia resoluto. "Temos de ir mais rápido", disse. "Temos de ser os mais rápidos."

Subimos todos em um jipe para ver os mahikaris em ação. O acampamento deles era organizado – barracas verde-oliva militarmente enfileiradas em torno de um pavilhão principal de lonas azuis, com uma área de cozinha lateral – e todos usavam um crachá branco com o nome. O presidente da Sukyo Mahikari do Senegal, a quem Pape e os demais tratavam por Monsieur Président, ficava à sombra de um baobá ladeado por duas das voluntárias mais bonitas, com as mãos juntas, fazendo acenos breves e formais com a cabeça: japonês nos trejeitos, mas, ao mesmo tempo, um africano de 2 metros com roupa esportiva cinza. Um cinegrafista, também de crachá, filmava a cena. Dois outros líderes, um francês de Toulouse e uma sul-africana da Cidade do Cabo, conversavam em japonês e, quando pediam a atenção no acampamento, os jovens – congoleses, franceses, senegaleses, marfinenses, guineanos, gabonenses, sul-africanos, belgas – gritavam em resposta: "*Hai!*".

No lote dos mahikaris, picapes entregavam mudas a carroças que o grupo tinha alugado, levando-as ainda mais longe, para duplas de garotos com fundas de pano, que eram carregadas até as costas arquearem. Então eles se arrastavam até as equipes de plantio. "*Arigatô!*", gritavam os plantadores quando os garotos chegavam. Pape e eu andamos ao lado deles, boquiabertos com a eficiência das linhas de abastecimento, suando ao sol. Uma mulher, líder, seguia alguns passos atrás do exército que avançava. Ela parava diante de cada nova muda, apontava a palma da mão para as folhinhas e inclinava beatificamente a cabeça enquanto lançava raios invisíveis de energia de luz.

O jipe estava silencioso no caminho de volta a Widou, os funcionários ainda chocados com o fato de que amadores estrangeiros – membros de uma seita! – pudessem ser melhores do que sua gente. No entanto, depois de alguns minutos, começou a chover, e nosso para-brisa escureceu enquanto a água de uma estação inteira caía sobre o seco Ferlo. O chão estava tão duro que não conseguia absorvê-la, e por toda parte surgiam poças. O bem maior voltou ao centro das atenções. "Está chovendo!", proclamou Pape em inglês, sorrindo para o céu.

Era Carnaval quando aterrissei em Malta, e a população europeia da capital lotava as ruas de Valletta, sua capital amuralhada, desfilando e bebendo antes do início da Quaresma. As ruas de paralelepípedos estavam cheias de confete, e carros alegóricos fluorescentes – corações vermelhos caricaturais, cavalos brancos gigantescos, reis de papelão, algo que parecia uma mistura de polvo com a Estátua da Liberdade – vagavam pela arquitetura barroca, ladeados por grupos de dança. Os dançarinos usavam máscaras pintadas, asas de anjos e cores brilhantes como as dos carros, e algumas mulheres cobriram o rosto com pó branquíssimo. Na principal zona turística, todas as lojas haviam fechado, exceto uma de ferramentas. Ali perto, vi os primeiros africanos. Estavam nas sombras, agarrados às suas compras – chapas elétricas, carregadores de celular –, esperando o desfile passar.

Fora da Europa, Malta é conhecida principalmente por seus cavaleiros, ordem militar católica fundada em Jerusalém na época da Primeira Cruzada e em seguida transplantada para cá, onde repeliram o cerco de três meses do Império Otomano em 1565. Seis anos depois, a poderosa frota de Malta formou a espinha dorsal da Liga Santa, que destruiu o poderio naval otomano na batalha de Lepanto. Antes da vitória dos cavaleiros, o Mediterrâneo havia se tornado um mar muçulmano; mais tarde, ficou católico e cristão. A pequenina Malta ainda controla uma área de busca e resgate muito desproporcional em relação a seu tamanho, o que em parte explica por que suas Forças Armadas interceptam tantos barcos de migrantes, muitos deles, por acaso, repletos de muçulmanos. Hoje, o quartel-general dos cavaleiros fica em Roma, uma cavalaria com soberania, mas sem território, e Malta é tradicional, homogênea e ainda católica, quase uma monocultura ocupando uma ilha com densidade próxima à de Cingapura.

A realidade da densidade populacional de Malta – 1,3 mil pessoas por quilômetro quadrado, aproximadamente 1 pessoa a cada 150 metros – veio como um choque quando me perdi dirigindo em um domingo, enredado numa sucessão de estradas rurais cada vez mais estreitas, mas sem nunca perder de vista gente pedindo carona, agricultores ou outros carros. Fui parar perto do aeroporto. O sol se punha, e, em cada vaga, em cada trecho de cascalho grande o suficiente para um Fiat, homens e famílias tinham estacionado seus carros. Eles estavam grudados uns aos outros pelos para-choques, quase todos com as portas e as janelas fechadas. As pessoas não conversavam nem se olhavam. Algumas comiam *fast-food*, mas a maioria apenas olhava ao longe, aproveitando, ou tentando aproveitar, um momento a sós.

A maior parte da população africana da ilha também ficava perto do aeroporto, em um aglomerado de prisões e acampamentos. Voltei àquela área uma manhã para um encontro com o comandante das operações de ar, terra e mar das Forças Armadas de Malta (FAM). O tenente-coronel Emmanuel Mallia era mais jovem do que eu presumia, com cabelos negros penteados com gel para trás e bico de viúva. Usava óculos de casco de tartaruga que lhe davam um ar de intelectual e estava sentado a uma escrivaninha de madeira, onde lia estatísticas da tela de um computador Acer prata. Estávamos ainda em fevereiro, mas o ano já tinha registrado 530 migrantes, em quatro barcos cheios. Grandes. No ano anterior, haviam sido 2.775 migrantes, mas em 84 barcos. Pequenos. Na maior parte do tempo, eles eram vistos antes de chegar a terra. "É praticamente impossível para um barco vir aqui e não ser visto por alguém", disse o coronel Mallia. "Se você acha que está sozinho em Malta, reconsidere." Muitas vezes, eles eram rebocados até a ilha pelas FAM. As forças militares agregavam 1,7 mil pessoas e um orçamento para o setor marítimo de quase 10 milhões de dólares, e entre seus muitos deveres – defesa, proteção presidencial, segurança do aeroporto – agora o controle de fronteiras era o principal. Interceptar e cuidar dos refugiados em botes tinha se tornado 80% de seu trabalho. Toda vez que os membros das Forças Armadas abordavam um barco migrante, havia uma negociação. "Se eles disserem que querem prosseguir, podem ir", explicou o tenente-coronel. "Se disserem: 'Estamos perdidos. Precisamos de informações', nós damos as informações que eles necessitam. Quando o tempo está ruim, querem ser salvos; porém, quando não está, ficam melindrosos. Então, se não querem um resgate, nós lhes damos coletes salva-vidas. São muitos coletes, mas esse é o nosso menor problema." Ele não considerava se os coletes salva-vidas encorajavam alguém a tentar alcançar a Itália em frágeis barquinhos. "Com a temperatura da água no verão, você pode sobreviver algumas horas se cair no mar", disse-me. "Não mais do que dez. Se você for magro e estiver em forma, morre primeiro. Mas se for gordo..." Ele fez uma pausa. "Na verdade, nunca pegamos nenhum gordo."

Dentre os que efetivamente chegavam a Malta, 90% pediam asilo. Os migrantes que o recebiam – mais ou menos metade dos recém-chegados, especialmente os que haviam fugido dos conflitos na Somália e no Sudão – também eram libertados mais cedo da detenção e tinham acesso à escola, ao sistema de saúde e a outros serviços de assistência social. O restante, no entanto, ficava sem solução. Não há asilo para quem está fugindo apenas do caos econômico, muito menos do caos ambiental. Pelo direito internacional, ainda não existe oficialmente o refugiado climático ou ambiental. Os migrantes que não recebiam asilo quando estive em Malta antes da Primavera Árabe – tunisianos, egípcios, malineses, nigerianos, senegaleses – iam direto dos dezoito meses de cadeia para "centros abertos", acampamentos de reinserção social com barracas de lona. Eles podiam ir e vir livremente, mas não, claro, sair de Malta, não segundo a UE. Os centros abertos que vi lembravam muito o acampamento da Sukyo Mahikari no Ferlo, só que cercados por fábricas e curiosamente pareciam permanentes.

Entre os malteses nativos, a xenofobia fervilhava nas ruas e em fóruns da internet. O medo de a ilha ficar superpovoada tinha levado a ataques incendiários ao Serviço de Refugiados dos Jesuítas (SRJ), que ajuda os migrantes com pedidos de asilo. Joseph Cassar, diretor do SRJ, disse-me que alguém havia posto fogo na porta da frente da casa de sua jovem advogada e depois no carro dela. Outros automóveis foram riscados com chave e tiveram os pneus rasgados, e, dentro do complexo dessa organização sem fins lucrativos, que já tinha sido atacada com coquetéis-molotovs, seis veículos foram queimados "até não sobrar nada, só a carcaça metálica". O efêmero partido político Azzjoni Nazzjonali

[Ação Nacional] estava tentando transformar o medo em força eleitoral com a promessa de limpar Malta "da sujeira, da corrupção e dos migrantes". Seu cofundador Josie Muscat, médico que dirigira clínicas particulares na Hungria e na Líbia, queixava-se de os migrantes desperdiçarem dinheiro do contribuinte. "Se eles quebram alguma coisa no centro de detenção, devem conviver com isso", disse-me. "Se estamos dando-lhes água e comida, eles deviam fazer algum trabalho, como consertar estradas. Acho que tínhamos de mantê-los ali e só deixá-los sair quando dissessem que estão prontos para voltar para casa."

Antes de ir embora de Malta, convidaram-me para um *tour* em um dos "centros fechados", onde os migrantes cumpriam pena por sua chegada acidental à ilha. Os Barracões Safi ficavam dentro de uma base militar, e, depois que passei pela segurança, deparei com um campo cheio de dentes-de-leão e mais de cem barcos empilhados ao acaso. As pequenas embarcações de madeira, talvez com 6 metros, que mal conseguiriam navegar com três passageiros, quanto mais com trinta, eram do modelo usado no ano anterior pelas quadrilhas de contrabando humano da Líbia. Um soldado levou-me mais para dentro da base, onde os homens a quem ele chamava *"clandestini"* ficavam presos.

Os barracões de dois andares, local de rebeliões regulares, tinham uma nova cerca de arame, e andei por ali acompanhado por dois guardas de cada lado. O maior deles logo parou para repreender os africanos em inglês ruim: usando cabos, eles haviam conectado sete chapas quentes e a única TV do andar em uma tomada só. "Vocês vão queimar o cabo!", gritou o guarda, mas bem nesse momento houve um curto-circuito, e outro soldado saiu para encontrar a caixa de fusíveis. Em uma ponta do corredor a céu aberto havia uma mesa improvisada de pingue-pongue: um pedaço de compensado sobre uma lata de lixo, com uma rede feita de uma longa tira de cortiça mantida em pé por duas caixas de leite. Só as raquetes e a bola eram de verdade. Quando a TV foi ligada outra vez, estava passando o programa de Maury Povich, e uma dúzia de homens levantou-se no ar frio de fevereiro para assistir. Explicaram-me que os detentos com frequência brigavam por causa dos canais de TV, mas não hoje, e, quando interrompi o programa para perguntar-lhes de onde eram, cada um deles orgulhosamente recitou o nome de seu país natal. Costa do Marfim. Gana. Nigéria. Mali. Guiné. Não havia nenhum somali, nenhum darfuriano ali – só africanos ocidentais, cujas chances de receber asilo eram escassas. Ficavam naquele andar 82 homens, distribuídos em quatro quartos, aquecidos principalmente pelo calor corporal e pelos finos cobertores de lã das Forças Armadas, que eles penduravam nas janelas. Dentro dos quartos havia beliches, e alguns dos homens tinham colocado colchões no chão para poder sentar e jogar cartas ou damas, no último caso usando cascas de laranja secas e um pedaço de cortiça. Fiquei envergonhado por me lembrar de minhas primeiras viagens à Europa: aqueles quartos tinham a aparência e o cheiro de um albergue da juventude.

Quando meu francês fracassou e os marfinenses cochilaram, dois nigerianos, Tony e Kelvin, transformaram-se em meus guias. Tony me contou que tinha viajado pela Líbia, onde assaltos e espancamentos aleatórios tornavam as ruas perigosas para um negro. (Ficariam mais perigosas durante a revolução contra Kadafi, quando se presumia que os africanos subsaarianos eram todos mercenários.) Tony era mecânico e gastara 5 mil dólares quase totalmente emprestados para tentar chegar na Itália, só que tinha parado ali. "Ficamos detidos por um ano e depois não recebemos nenhum documento", contou. "Entendeu? Nenhum documento de viagem. Um ano. Trezentos e sessenta e cinco dias dão um ano. Entendeu?" Ele me levou até seu dormitório, que tinha uma parede coberta de pichações: "Jesus, tenha piedade, ó Senhor" e "Quanto tempo vão nos deixar aqui?". As autoridades improvisaram um campo de futebol nos fundos e davam cartões telefônicos para o aparelho comunitário do andar: cinco euros para cada migrante a cada três meses. Não havia dificuldade em sobreviver à detenção; ela só não fazia sentido. Quando ele fosse libertado, seria posto nas ruas, não mandado de volta para a Nigéria, e apenas estaria mais velho. "Todo mundo aqui faz alguma coisa", disse. "Talvez seja estudante, talvez técnico. Eu sou mecânico. Aí fico aqui por um ano, perco alguns conhecimentos e vou precisar praticar durante três ou quatro meses só para me capacitar de novo. Um ano. Entendeu?"

Tony, Kelvin e um grupo cada vez maior de homens me levaram até o banheiro, onde mostraram as divisórias e os chuveiros quebrados. "Olhe, isto é nosso banheiro", disse Kelvin. "Água fria. É ruim. Não é justo." Outro homem deu-me um tapinha no ombro. "Dez meses", falou. "Estou aqui há dez meses." Outro me fez ir até as pias. "Não tem água quente", comentou. Girei uma torneira e deixei a água correr por um minuto. Então, testei com a mão. Para ser justo com Malta, estava morninha.

Os guardas e eu estávamos saindo quando um marfinense nos parou. Mais velho do que a maioria, era musculoso e deveria ter em torno de trinta anos. Ele me pediu que olhasse seus braços. "Antes eu era muito forte", disse. "Eu quero trabalhar, não dormir. Não quero dormir." Olhei seus braços. Elevou a voz, mas não gritou. "Eu trabalho. Eu trabalho! Eu quero trabalhar."

Quando parou de chover no Ferlo, o chão cobriu-se de penugem – grama verde que por um instante fez com que tudo parecesse vivo. Os jovens da aldeia e uma equipe dos guardas-florestais do Senegal, que muitas vezes tinham se enfrentado em partidas de futebol na terra vermelha coberta de bosta de bode perto da estação de pesquisa, subitamente estavam unidos para plantar aquilo que Pape chamava de *la Grande Parcelle*: o maior lote da Grande Muralha Verde daquele verão, com 4.950 acres. Seja pela chuva, seja pela competição com os mahikaris, os chefes pareciam estimulados. Pape mapeou linhas de fornecimento. Mara, observando os trabalhadores na tarde abrasadora, suando, em camisetas dadas pelo governo – "Plantamos árvores para combater o deserto" –, teve uma epifania. "Não devíamos dar camisetas a eles", declarou. "Devíamos dar-lhes chapéus."

    Os mahikaris terminaram seu lote um dia e meio adiantados: 125 crianças plantaram 1.468 acres em cinco dias. "Motivação, é isso que eles têm", afirmou Mara. "Disciplina", observou Pape. Ele e um tenente foram convidados para falar ao grupo em sua cerimônia de encerramento, o que aceitaram com alegria, agradecendo a Monsieur Président o fato de ter trazido a primeira verdadeira ajuda internacional à Grande Muralha Verde. "Um dia vocês poderão dizer a seus filhos: 'Eu ajudei a construir a Grande Muralha Verde!'", disse o tenente. "Obrigado por seu rigor, por sua coragem, por sua disciplina, por seu sacrifício", gritou Pape. "Vocês são pessoas valentes. Esta é uma parte de uma muralha que vai cruzar a África inteira. Este é o primeiro passo!" Os mahikaris, que estavam de pé, enfileirados, usando suas melhores roupas – casacos azuis, lenços vermelhos, saias brancas para as senhoras, calças brancas para os homens, tênis brancos para todos –, começaram então a cantar sobre "uma muralha para o Djibuti… *ici au Sénégal*". Eles desfilaram pelo campo, marchando diante de uma multidão de aldeões fulas que tinham vindo para a despedida. Ficamos tempo suficiente para observá-los desmontar as barracas. Quando uma viga de metal caiu na cabeça de uma menina, suas amigas tentaram colocar uma compressa no galo resultante. Uma líder afastou-as. Com as amigas olhando ansiosamente, a mulher estendeu a palma da mão a alguns centímetros da testa da menina e irradiou em sua direção mais energia de luz.

    A Grande Muralha Verde talvez fosse inútil contra o avanço do Saara, mas isso não impedia Pape de acreditar que ela poderia ser feita. Cada vez mais eu me via querendo acreditar nisso também. Quando uma manhã os caminhões partiram bem cedo para a *Grande Parcelle*, sobrecarregados de mudas e trabalhadores, decidi segui-los em um dos caminhões-pipa. Juntos, os aldeões e os jovens da união de guardas-florestais formavam um exército de 100 metros de largura quando chegamos ao lote. Logo atacaram quinze valas de cada vez: cavadores à frente, seguidos de carregadores de árvores, seguidos do contingente maior, os plantadores. Eles marcharam adiante em suas sandálias e tênis em frangalhos, avançando tão rápido pela savana que eu tinha de correr para acompanhá-los. Uma picape Toyota verde com a caçamba cheia de mudas passou entre duas valas. Quando parou, os carregadores de árvores enxamearam em sua direção e depois se dispersaram: expansão, contração, expansão, contração, como uma água-viva.

Pouco mais de uma hora depois a Toyota estava vazia, e aguardamos enquanto o sol se erguia no céu. Passou quase outra hora antes de chegar uma nova leva, e em vinte minutos as mudas acabaram. Os funcionários faziam caretas. Encontramos abrigo em um conjunto de árvores crescidas, quinze grupos em quinze faixas de sombra, e os plantadores, que levavam lâminas para retirar os invólucros de plástico das mudas, agora as prendiam com os dentes. Alternavam-se examinando minhas botas de caminhada, esfregando o couro e dando pancadinhas nas solas Vibram. Ficamos sem nada para beber até a chegada do caminhão-pipa, sem nada para fazer até a chegada do próximo carregamento de árvores após um intervalo de duas horas. Era meio-dia. Estava quente. Quanto mais quente ficava, mais lentamente prosseguíamos, e não era culpa de ninguém. A *Grande Parcelle* ficava longe demais do viveiro para que o reabastecimento fosse fácil, e não havia caminhões suficientes, porque não havia dinheiro suficiente, porque não havia gente suficiente que desse importância a ver a Grande Muralha Verde virar realidade.

Pape logo surgiu em seu jipe, ainda parecendo esperançoso. Quando o caminhão-pipa voltou, preparando-se para ir mais longe no lote, um dos garotos, pré-adolescente, correu para tomar um último gole. Pegou uma enorme caneca de plástico e a encheu até a borda, mas só conseguiu dar um golinho antes de Pape gritar com ele. "Ei, ei", disse o coronel, apontando para uma fileira recém-plantada da Grande Muralha Verde. O menino não protestou. Jogou o resto da água em uma muda de acácia, silenciosamente observando-a formar uma poça na base da planta e desaparecer na terra.

PARTE III

O dilúvio

> Uma receita para o desastre em qualquer sociedade
> é a elite conseguir isolar-se.
>
> JARED DIAMOND

A grande muralha da Índia

O que fazer com o problema de Bangladesh

Enamul Hoque era um lorde assamês, ainda que um lorde menor, e, pouco antes de nosso encontro, metade das terras de sua família tinha sido levada pela água quando o curso do rio Brahmaputra foi alterado. Ao longo de sua vida, ele já tinha sido forçado a mudar de casa cinco vezes. Tinha 37 anos, era bigodudo e dentuço. À noite, quando acendia velas por causa das constantes quedas de energia, gostava de beber uísque e fumar. Logo se casaria com uma bela moça, muçulmana como ele. Até então, morava perto da faculdade de direito em Dhubri, cidade no nordeste da Índia, em uma casinha alugada onde havia um banheiro cheio de aranhas enormes, orgulhosamente falava o idioma local *goalpariya* com seu servo e guardava um conjunto de mapas que mostravam os locais das fortificações, cercas, estradas de fronteira e postos de vigilância. Sua vida era dedicada a isolar Dhubri e o resto de Assam, seu estado natal, das pessoas que todos ali chamavam de "infiltrados": os bengalis que se esgueiravam pela fronteira em busca de oportunidades econômicas ou para fugir dos diversos desastres naturais e sociais de seu país, que incluíam ciclones, excesso populacional, fomes sazonais e principalmente a elevação do nível do mar, que ia devorando terra e plantações.

Quando rebenta no tumultuoso nordeste indiano, o Brahmaputra já deslizou por cerca de 5 mil quilômetros desde sua nascente no Himalaia. De Dhubri, corre poucas centenas de metros até chegar ao nível do mar, porém serpenteia mais de 600 quilômetros pela vizinha Bangladesh, até chegar ao oceano. Não é possível fazer isso rápida e diretamente. Em Dhubri, o rio, outrora límpido e escarpado, está mais plano, mais largo e mais marrom do que nunca e carrega mais sedimentos do que qualquer outro no planeta. Tem 8 quilômetros de largura e constantemente transborda. Considerando sua antiga localização, a terra ancestral de Enamul decerto foi arrastada rio abaixo e cruzou a fronteira, onde provavelmente formou uma ilha fluvial e foi reivindicada por agricultores bengalis que perderam a própria terra – ironia à qual ele preferia não dar atenção.

Enamul tinha recentemente se tornado chefe do Comitê de Questões da Fronteira Internacional da poderosa União dos Estudantes de Assam (UEA), que havia três décadas fazia campanhas para preservar a região, etnicamente distinta, daquilo que chamava de "invasão silenciosa" de bengalis. A Índia, após um grande empurrão da UEA, estava discretamente construindo uma cerca de 1,2 bilhão de dólares em torno de Bangladesh, e Enamul passava seus dias ao longo dela, dirigindo, navegando e caminhando com binóculos à procura de brechas. "Eu pergunto: quais são as falhas?", disse-me. "Quais são os planos? E qual a situação real?" Quando ele via intrusos, denunciava-os. Uma vez, andou tantos dias na areia e na terra fofa da fronteira que seu joelho esquerdo inchou assustadoramente. "Ficou assim", contou, segurando uma bola de basquete imaginária com as mãos. Outra vez, ao saber que tinha havido um tiroteio entre os postos de fronteira da Índia e de Bangladesh, correu para o lado indiano, pegou a arma de um guarda morto e começou a atirar. Normalmente, ele estava em áreas de fronteira tão remotas que era obrigado a pular o almoço. Era um patriota, parecido com um dos ativistas do Minuteman Project dos Estados Unidos, com a única diferença de que gostava de ioga.

Já com quase 3,5 mil quilômetros, a nova cerca fronteiriça – ladeada por novas estradas, iluminada por holofotes, prestes a ser eletrificada – seria uma das mais extensas do mundo. Seria tão longa não porque Bangladesh, com seus 164 milhões de habitantes, seja grande – é menor do que Iowa –, mas porque está cercado: o país, de maioria muçulmana, que em 1947 se separou com o Paquistão da

Índia, predominantemente hindu, permanece circundado pela Índia em três lados. (A única outra fronteira terrestre de Bangladesh, de 193 quilômetros, com Mianmar, está recebendo a cerca de arame farpado própria, e ao sul o país é banhado pelo golfo de Bengala, que não para de aumentar.) Quando os bengalis escapam para oeste, para o estado indiano de Bengala Ocidental, onde a população é étnica e linguisticamente indistinta, eles se misturam bem. Quando entram pelo norte, atravessando uma seção muito mais curta da fronteira com Assam, são percebidos pelos habitantes locais como gente com pele mais escura que fala uma língua diferente. Essa era uma razão pela qual os primeiros e mais barulhentos pedidos para que a fronteira fosse fechada tinham vindo daqui.

Enamul queria era uma cerca perfeita, algo que pudesse manter os bengalis de fora, não importando quanto ficasse impossível viver em Bangladesh. Ao entrar para a UEA, ele era estudante de comunicação, mas, como muitos hoje, agora abordava os problemas sociais com a mentalidade de um engenheiro. A questão era não o que se podia fazer, mas o que se podia construir, e a resposta da Índia em forma de aço e arame farpado à migração – muito mais direta do que as variadas respostas da Europa a seus migrantes africanos – pareceu-me representar ainda mais aquilo que começava a acontecer nesse terceiro estágio da deformação climática, no momento em que o mundo deparava com a elevação do nível dos mares, além de derretimento e seca. Daí em diante, em algum sentido, era isso que os que podiam bancar estavam inventando contra a mudança climática. Os que não podiam pagar ficariam presos do outro lado.

A Índia era um país pobre, mas Bangladesh era mais. A Índia emitia mais carbono do que Bangladesh, e perversamente isso sinalizava que ela dispunha de mais recursos para lidar com os efeitos. Os primeiros bengalis não tinham ido para Assam por causa do aquecimento global, e a UEA não estava preocupada com o aquecimento na década de 1980, quando pela primeira vez insistiu na cerca, mas agora estava. "O aquecimento global, se ele ocorrer, o que provocará?", perguntava-me Enamul. "Haverá guerra? Assam se tornará parte da Grande Bangladesh? Boa parte de Bangladesh ficará submersa, e para onde irá aquela gente toda?"

Enquanto a cerca era instalada, cabia à Força de Segurança Fronteiriça (FSF) da Índia manter o pulso. Quase mil pessoas tinham sido mortas a tiros na fronteira desde 2000 – em torno de uma a cada quatro dias. Em um relatório de 2010, *Trigger Happy* [Dedo no gatilho], a Human Rights Watch detalhou um padrão de execuções extrajudiciais e de torturas: meninos mortos enquanto pescavam perto demais da cerca, homens baleados nas costas ao tentar fugir, bandidos armados com porretes abatidos por guardas com armas de fogo. As autoridades indianas diziam que o ambiente sem lei da fronteira – grupos étnicos insurgentes, o tráfico de drogas e de arroz e especialmente o roubo de milhares de vacas, que perdiam seu status sagrado ao sair da hinduísta Índia – justificava qualquer violência. Em um incidente amplamente divulgado, uma menina bengali de quinze anos chamada Felani levou um tiro ao tentar voltar da Índia, onde vivia ilegalmente, para Bangladesh, onde estava prestes a se casar. Sua veste *shalwar kameez* lilás enroscou no arame farpado, e por cinco horas seu corpo morto ficou pendurado de cabeça para baixo. "Nós disparamos contra criminosos que violam as normas da fronteira", disse o diretor-geral da FSF durante uma visita oficial a Bangladesh. "As mortes ocorreram em território indiano e quase todas à noite, então como eles podiam ser inocentes? Deixamos clara nossa objeção contra a palavra 'execução', porque ela sugere que estamos matando pessoas intencionalmente."

Tentei obter permissão da FSF para visitar a fronteira bem antes de voar para Assam. Em Nova Déli, liguei para o quartel-general da força diversas vezes até que um oficial cedeu, dizendo-me que eu poderia esperar obter minha permissão quando chegasse a Guwahati, a maior cidade de Assam. Em Guwahati, que crescia para todos os lados, peguei um táxi até o acampamento local da FSF, onde fui informado de que nada podiam fazer sem uma confirmação por escrito de Déli. Em Shillong, no estado de Meghalaya, vizinho a Assam, consegui marcar um encontro com um subcomandante, mas, quando cheguei lá, depois de três horas em um jipe, ele tinha saído para uma reunião. Finalmente tomei um táxi noturno para Dhubri, terra de Enamul, e, ao amanhecer, enquanto passávamos pelas aldeias ao longo do tortuoso Brahmaputra, eu já me sentia em Bangladesh: ruas entupidas de carros, de riquixás e de pedestres. O distrito de Dhubri tinha uma das maiores densidades populacionais da Índia: 576 pessoas por quilômetro quadrado, cerca de metade da de Bangladesh. Perto da cidade, vi outro acampamento da FSF e decidi cavar um jeito de entrar. Disparei o nome do oficial de Shillong, e um jovem soldado me conduziu por um longo corredor até um escritório pouco mobiliado, onde fez uma série de ligações enquanto eu espiava um documento em sua mesa intitulado "Morte não natural". Enfim ele desligou o telefone e voltou-se para mim. "Desculpe", disse, "mas a área da fronteira é fechada para estrangeiros." Era essa a ideia.

Mal tinha eu passado doze horas na cidade quando a polícia apareceu em meu hotel. "Na verdade, estamos protegendo você", afirmou um homem de jaqueta de couro, e fui levado pela rua até a delegacia para um interrogatório que se tornou mais gentil depois que eles se certificaram de que eu era norte-americano. No segundo andar, em um salão com um desanimado ventilador de teto e paredes verde-azuladas, um oficial folheava delicadamente meu passaporte enquanto os outros assistiam a *Titanic* em um antigo televisor. Uma parede tinha um mapa do crime feito a mão: pequenos furtos, roubo de gado e assaltos de bandos armados. Bangladesh ficava a 16 quilômetros de distância. O clima relaxado só mudou depois que recebi permissão para ir embora e o próximo entrevistado foi trazido. Era uma pequena mulher em um belo *shalwar* laranja, arrastando um garoto. "Bangladesh?", perguntou o oficial. Ela assentiu. O sorriso do oficial desapareceu.

Como tudo o mais relacionado à mudança climática, a elevação do nível dos mares não é a mesma no planeta inteiro – não é uniforme, certamente não é igual. Alguns centímetros a mais no mar do Norte não se traduzem necessariamente em alguns centímetros a mais no mar da China Meridional, no golfo da Califórnia ou no golfo de Bengala. As medidas feitas por satélite citadas no relatório de 2007 do IPCC mostram que duas partes de dois oceanos – o Pacífico ocidental e o Índico oriental – estão aumentando mais rápido do que quaisquer outras, ao mesmo tempo que mensurações feitas ao longo do extenso litoral da Índia apontam que algumas áreas, incluindo Bengala Ocidental, ao lado de Bangladesh, estão perdendo terreno mais rapidamente. A variabilidade é atribuída a movimentos tectônicos, a mudanças na distribuição do calor e do sal, que levam a alterações na circulação da água, e ao fato de que os ventos de superfície podem literalmente mover oceanos. Segundo um recente estudo da Universidade do Colorado, a célula de Hadley e outro sistema de circulação atmosférica que se considera ser reforçado pela mudança climática, a célula de Walker, estão empurrando água dos limites meridionais do oceano Índico e levando-a para o litoral de Bangladesh. E há outro fator provocando a elevação irregular do nível dos mares, que tem sido tema de uma enxurrada de pesquisas e trazido maus augúrios para Bangladesh e para muitos outros lugares nas terras baixas dos trópicos: as espessas camadas de gelo sobre a Groenlândia e a Antártida exercem forte atração gravitacional sobre as águas em torno, mas essa força vai diminuindo à medida que as camadas de gelo perdem massa. Quanto mais derretimento, menos Groenlândia. Quanto menos Groenlândia, menos atração gravitacional. O perverso resultado do despejamento de pelo menos 190 trilhões de litros de água no mar todo ano pela Groelândia pode significar "uma pequena elevação do nível do mar no Atlântico Norte", explica John Church, principal autor do capítulo sobre nível dos mares no relatório de 2014 do IPCC. "Claro que uma elevação menor em um lugar significa uma elevação maior em outro."

Em média, o nível do mar global está aumentando a uma taxa de cerca de 3 milímetros por ano – duas vezes maior do que a de meados do século passado, mas ainda assim algo que se pode administrar, o equivalente a aproximadamente 26 milímetros a cada década. Se a expansão permanecer linear, os oceanos terão cerca de 26 centímetros a mais em 2100. No entanto, poucos cientistas julgam que a elevação vai permanecer linear. No verão em que viajei com Minik pela Groenlândia, o Conselho Ártico, que abrange oito países, começou uma das pesquisas mais sérias já realizadas sobre o vertiginoso derretimento da ilha. Os pesquisadores descobriram que o fluxo volumétrico das maiores geleiras da Groenlândia tinha aumentado duas ou três vezes e que pequenos terremotos – os estrondos causados pelo rompimento das geleiras, quando os icebergs caíam no mar – eram muito mais frequentes do que no início dos anos 1990. A expansão termal – o fato de a água se expandir quando aquece – não é mais o principal fator a contribuir para a elevação do nível do mar, dizia o relatório. Seu lugar foi tomado pelo derretimento de gelo. Hoje se considera que um aumento médio de 1 metro até 2100 é uma previsão razoável; alguns especialistas acreditam ser possível que o aumento chegue a 2 metros.

No golfo de Bengala, a aproximação do mar era como os migrantes que furtivamente entravam na Índia: silenciosa, em grande parte invisível, só começando. Mesmo a 6 ou 8 milímetros por ano – a estimativa preliminar dos cientistas locais –, ela estava provocando certo efeito. No Sundarbans, o maior mangue do mundo e último baluarte dos selvagens tigres de Bengala, as marés altas e a salinidade elevada já começavam a matar as árvores sundaris, que davam seu nome ao lugar; as árvores estavam perdendo vida, folhas e cores a partir do topo – "a doença da morte que vem do alto", segundo os habitantes da região. No delta adjacente formado pelo Brahmaputra e pelos outros dois grandes rios de Bangladesh, o Meghna e o Ganges (conhecido ali como Padma), a água marinha não estava exatamente inundando a terra, mas infectando-a: há um ponto no sistema do estuário em que um rio afluente é absorvido pelo mar e a água doce fica tão misturada com a salgada que não pode mais ser considerada doce. Esse ponto movia-se cada vez mais para o interior todos os anos. Os níveis de sal nas vias fluviais de seis distritos do sul aumentaram 45% desde 1948. A quantidade de terras aráveis prejudicadas subiu de menos de 4 milhões de acres em 1973 para mais de 6 milhões em 1997, e a estimativa era de 8 milhões de acres na atualidade. Culpava-se uma barragem indiana no Ganges, a de Farakka, concluída em 1975 para desviar água doce para Calcutá, por piorar o problema – menos água doce descia, mais água salgada subia – e agora havia planos de novas megabarragens, tanto chinesas como indianas, para o Brahmaputra. Bangladesh estava sendo atingida dos dois lados. Em um país em que pequenos agricultores compunham mais da metade da população, campos e arrozais que alimentavam milhares e até milhões de pessoas pouco a pouco ficavam salgados demais para suportar a atividade agrícola.

A salinidade é um dos quatro cavaleiros da mudança climática para o sul de Bangladesh descritos pelo principal ambientalista do país, Atiq Rahman, autor do IPCC. Outro são os ciclones. Se o efeito do aquecimento nas tempestades tropicais é fortemente debatido, está surgindo um consenso: se a frequência com que ocorrem aumentar, é altamente provável que sua força também aumente. Os ciclones e furacões são alimentados pelas temperaturas oceânicas: mais calor significa ventos mais destrutivos. Bangladesh, há muito no caminho das tempestades, hoje está provavelmente no caminho de maiores tempestades. No final de 2007, o ciclone Sidr, de categoria 4 – a segunda maior tempestade desde 1877, quando começaram a ser feitos registros confiáveis –, rasgou o Sundarbans e o sudoeste do delta, destruindo 1,5 milhão de casas e matando mais de 3 mil pessoas. Em 2009, o Aila, um ciclone menor, deixou pelo menos 500 mil desabrigados. Ele provocou uma onda de 6 metros, que quebrou nos campos e nos mangues: com a elevação do nível do mar, há mais água para empurrar, e as ondas das tempestades causam muito mais danos.

O terceiro cavaleiro é o aumento das inundações. Em Bangladesh, as inundações sazonais são normais e, sob muitos aspectos, positivas. Uma estação de monções típica coloca até 30% do país embaixo d'água, pois os rios Brahmaputra, Padma, Meghna e dúzias de outros sobem com a chuva e transbordam. Fazendas são inundadas, famílias têm de mudar-se e algumas ilhas fluviais, conhecidas como *chars*, desaparecem por completo. No entanto, novas *chars* são criadas à medida que os rios descarregam mais de 1 tonelada de sedimentos, e uma nova camada de solo rico em minerais resta onde as águas recuam. O solo permite que os agricultores de Bangladesh plantem e semeiem nada menos do que três safras anuais. As inundações são como o próprio efeito estufa: elas possibilitam a vida. Só que, em excesso – uma monção modificada, um golfo de Bengala mais alto –, elas a extinguem. Rios planos, lentos, com menos queda do que antes, estavam ficando ainda mais planos e mais lentos, e as inundações sazonais começavam a durar mais e a espalhar-se mais longe. Um sistema de diques e aterros construído por holandeses com financiamento estrangeiro na década de 1960 era pior do que inútil: em vez de manterem a água fora da terra arável do delta, as barreiras com frequência prendiam a água do lado errado, transformando campos em poças. Os holandeses agora estavam apregoando tecnologias atualizadas por meio de sua embaixada.

O quarto cavaleiro quase dispensa explicações: a elevação de 1 metro no nível do mar até 2100 – ou qualquer que seja a altura da média global em Bangladesh – vai simplesmente deixar submersos para sempre ao menos 20% da porção sul do país. As pessoas que morarem ali, de 20 milhões a 30 milhões, terão de ir para outro lugar.

Havia um *tour* padrão para os jornalistas estrangeiros que cobriam as aflições de Bangladesh: sair de barco de Dacca, a capital, na direção do delta salino e superpovoado, e dali para as *chars*, para o Sundarbans e para as aldeias aplainadas pelo ciclone Sidr. Assim que cruzei a fronteira com a Índia, percebi que era aquela rota que eu seguiria. Meu guia para o *tour* era Atiqul Islam Chowdhury, ou Atique, um homem na casa dos trinta, impassível, extremamente polido, que trabalhava na organização local sem fins lucrativos Coast, dedicada a "estratégias de sobrevivência para os pobres do litoral". Nosso trato tinha sido bem direto: eu pagaria pelo equivalente a uma semana de visitas e reuniões pelas quais sua organização de outro modo teria dificuldade em pagar, e em troca ele me daria acesso a aldeias e a sua silenciosa indignação.

Eu havia cruzado a fronteira no Maitree Express, ou Expresso da Amizade, uma ferrovia entre Calcutá e Dacca recentemente reaberta após 43 anos inativa e agora apregoada como o começo de um novo entendimento entre a Índia e Bangladesh. Boa parte da viagem de 370 quilômetros era sobre trilhos erguidos acima dos rios e *chars* de Bangladesh, visíveis pelas janelas, mas borrados pela velocidade e pela distância, como se fossem parte de uma realidade distinta. Quando, porém, Atique e eu andamos no Parabat, ou Pombo, uma balsa que fazia o percurso noturno para o sul saindo de Dacca, uma distância como aquela era mais difícil de alcançar. Ele tinha reservado para nós uma cabine com ar-condicionado, uma pequena TV e uma tomada para eu recarregar meu celular, mas as águas do rio Buriganga estavam apenas três deques abaixo, e a massa de pobres, apenas dois. Ocorreu um blecaute na região histórica de Dacca na noite em que partimos, e na outra margem havia um estaleiro onde as faíscas das soldas dos trabalhadores iluminavam com regularidade o céu úmido, como relâmpagos. Um atendente nos serviu *chai* e *samosas*, e em seguida a sirene de nevoeiro da embarcação soou. Conforme nos afastamos da doca, observamos os contornos da cidade velha diminuindo, e pelo resto da noite só conseguíamos ver aquilo que surgia no facho da lanterna da embarcação. Ela girava de um lado para o outro, operada por cordas e polias. Um homem de barba, perto dela, puxava um lado, depois o outro. As regras do rio eram como as das estradas de Bangladesh: quando o facho do farol capturava a nossa frente barcos menores ou *sampans*, semelhantes a gôndolas, a balsa começava a soar a sirene, e eles saíam da frente antes que os atingíssemos.

Chegamos ao amanhecer à cidade de Barisal, e Atique chamou um riquixá, que nos levou a um ônibus lotado, que nos levou ainda mais ao sul por uma série de estradas lotadas de mão dupla. Havia cabanas, arrozais, palmeiras, gente e fazendas de camarão dos dois lados da estrada, mas, como em Malta, não existiam espaços vazios, sem cultivo, perfeitamente naturais. As fazendas de camarão consistiam em lagos retangulares cujas laterais eram paredes de terra, e, acréscimo relativamente recente à paisagem, eram o resultado de duas tendências: a necessidade crescente de Bangladesh de exportação em dólares e a salinidade cada vez maior do delta. O camarão tinha se tornado a segunda maior fonte de receita externa do país, depois dos produtos têxteis, e a cada ano cerca de 45 mil toneladas vão para alguns dos maiores emissores de carbono do mundo: metade para a Europa, um terço para os Estados Unidos e a maior parte do restante para a Rússia e para o Oriente Médio. O fato de os bengalis terem trocado o cultivo de arroz pela criação de camarão às vezes era celebrado como adaptação climática, porém havia uma assimetria: a criação de camarão exige muito menos trabalhadores, e os lucros ficam em grande parte com os exportadores e intermediários. Em geral, os pequenos agricultores, em vez de criar camarão, vendiam ou arrendavam sua terra para o pequeno oligopólio de famílias criadoras de camarão do país e depois migravam para Dacca ou mais longe.

Onde ainda havia arrozais, o rendimento por acre vinha diminuindo. As faltas sazonais de comida já estavam tão estabelecidas no estilo de vida que tinham nome: *mongas*. O Instituto de Pesquisas do Arroz de Bangladesh e parceiros internacionais logo iniciariam testes em larga escala de arroz resistente ao sal, na esperança de acompanhar o nível do mar. As primeiras variedades do instituto foram cultivadas de modo convencional e distribuídas gratuitamente no sul de Bangladesh, embora sua modificação genética ainda estivesse sendo trabalhada. Outras variedades desenvolvidas ao redor do mundo – inclusive pela Monsanto, que mantinha um escritório em Dacca apesar de ter sido tirada de um negócio com o Grameen Bank, do próprio país, depois do protesto de ativistas no final da década de 1990 – eram geneticamente modificadas de acordo com os lucros esperados. Bangladesh, onde cada pessoa emite em média 0,3 tonelada de carbono todo ano – dezessete vezes menos do que a média dos norte-americanos –, pouco poderia fazer em relação à mudança climática além de adaptar-se. Em outras partes do país, ONGs estavam criando jardins flutuantes: colchões de aguapés cobertos de terra, estrume de vaca e sementes que cresciam em cabaças ou quiabo. Haviam transformado um barco em escola flutuante e compravam outros barcos para servir de arcas de resgate durante as inundações, treinando os habitantes da região para pilotá-los. O programa recordava outro de um delta igualmente ameaçado pelo clima, em que se plantava arroz e se exportava camarão: o do Mekong, no Vietnã, onde o governo e doadores internacionais começaram a distribuir coletes salva-vidas e a ensinar as crianças a nadar. No entanto, só em Bangladesh mandaram as famílias criar patos, não galinhas. Patos flutuam.

Atique e eu vimos um esforço de adaptação mais típico na cidade de Mirzakalu, nas margens do Baixo Meghna, o megarrio que se forma na confluência do Padma, do Brahmaputra e de centenas de outros afluentes. Ao sul de pequenas docas, um grupo de trabalhadores erguia sacos de areia, misturava cimento e colocava grandes blocos de pedra no lugar, montando um novo quebra-mar. Ele se estendia até onde se conseguia enxergar no litoral. O chão estava tão coberto com sacos de areia que Atique e eu tivemos de pular de um para outro, como se fossem alpondras, para chegar ao capataz. "Este aterro é temporário", disse Atique, antes mesmo de nos aproximarmos do homem. "Daqui a seis meses vai ter sumido. É só olhar atrás dele." Olhei e divisei os princípios de um segundo quebra-mar 150 metros para dentro da terra – o plano B. Os trabalhadores se juntaram a nossa volta, e lhes perguntamos quantas vezes haviam construído paredões ali. Eles discutiram entre si. "Sete, oito vezes", finalmente traduziu Atique. Pouco antes do ciclone Sidr, a praia ficava a 1,5 quilômetro "naquela direção", explicou um homem, apontando para o meio do largo rio. O capataz me disse que eles estavam trabalhando nesse último quebra-mar havia três semanas, colocando cerca de 10 mil blocos e 45 mil sacos de areia. Cada bloco pesava 120 quilos, e cada saco de areia, 160 quilos. A maior parte dos trabalhadores vinha de Rangpur, no Extremo Norte de Bangladesh, ao lado de Dhubri, a cidade natal de Enamul Hoque em Assam; só os rangpuris conseguiam erguer com facilidade os blocos e os sacos de areia. Dois homens rapidamente levantaram a camisa para mostrar-me onde carregavam as cargas nas costas. Havia apenas alguns arranhões e velhas cicatrizes. Acharam um trabalhador diurno de Mirzakalu e pediram-lhe que tirasse a camisa também. Suas costas estavam sangrando em meia dúzia de cortes.

Alguns dos moradores da região deslocados pela erosão tinham ido para novas *chars* ainda férteis no meio do Meghna – o sedimento do Himalaia ou de Assam, depositado ali. Para as visitarmos, Atique e eu subimos em um barco de pesca de madeira e navegamos pela água achocolatada. Logo estávamos dando a volta em atoleiros e entrando em um canal ladeado por campos baixos, cabanas com telhado de colmo e alguns barracos com telhado de lata. As crianças nadavam no canal, e barcos de pesca estavam atracados em suas margens de lodo. A *char*, ocupada pela primeira vez na década de 1970, chamava-se Zahiruddin. Em 2002, na última vez em que foi feito um levantamento topográfico, ela cobria quase 40 quilômetros quadrados e tinha 8 mil habitantes; àquela altura, a população certamente era maior, mas ninguém sabia dizer se isso também se aplicava à *char*. Ali não havia diques. Eram poucos os abrigos anticiclones – estruturas de concreto sobre estacas de concreto –, ainda que o governo estivesse construindo centenas deles por toda a Bangladesh continental. A população local era uma das mais vulneráveis do mundo. Atracamos o barco e ficamos vagando pelos campos da *char*, tentando encontrar alguém com quem conversar, mas o dia estava quente demais e a maioria das pessoas estava dentro de suas cabanas. Finalmente apareceu um idoso, sem camisa e com um enorme guarda-chuva preto na mão para fazer sombra. Ele nos mostrou os milhares de pimentas-malagueta que tinha espalhado para secar em três quadrados de pano. "Ele é um dos afortunados", traduziu Atique. "Ele veio do continente há dezoito anos, então tem título para suas terras." Meses depois, quando o ciclone Aila assaltou Bangladesh com ventos de 120 quilômetros por hora, provocou uma maré de tempestade a montante do Meghna. "*Char* Zahiruddin foi completamente submersa", dizia o relatório de uma ONG.

"Quer ir refrescar-se no hotel?", perguntou-me Atique. Ele queria dizer "tomar banho". Voltamos a terra firme, e à noite, com o tempo mais fresco, fomos a uma peça ao ar livre em que artistas de verde dançavam em um palco feito de bambu rodeado de panos. O tema eram ciclones, e a peça, apoiada por grupos humanitários, parecia um longo anúncio de utilidade pública. "Ela fala do que deu errado durante o Sidr", explicou Atique, "e como agora a família inteira pode mudar e ficar preparada". A multidão de centenas de homens, mulheres e crianças sentava-se no chão, no escuro, enquanto o elenco, iluminado por tênues luzes fluorescentes, tocava flautas, batia tambores, cantava e gritava. Um ator desenrolou um grande rolo, no qual estavam pintadas imagens recorrentes de um desastre: uma família vendo TV, com os números 1 a 5 – a escala de intensidade do ciclone – aparecendo na tela. Pessoas em pequenos barcos, amontoadas em volta de um rádio. Condutores de riquixá gritando avisos aos que passavam na estrada. Famílias pegando suas joias de ouro e tudo o mais que fosse transportável e correndo para fora de casa. Enfim, as pessoas calmamente em fila, entrando nos abrigos anticiclones – imagem que estranhamente parecia a pintura *A arca de Noé*, de Edward Hicks. Era uma peça cheia de esperança: sistemas de alerta antecipado, abrigos anticiclones e treinamento eram o motivo de relativamente poucas pessoas – 3 mil – terem morrido em consequência do Sidr. Dezesseis anos antes, em 1991, um ciclone similar tinha dizimado 138 mil.

No entanto, perdeu-se 1 milhão de toneladas de arroz durante o Sidr, e, na primavera seguinte, no meio da crise alimentar global de 2008, Dacca foi um dos lugares onde houve tumultos por causa do aumento do preço do grão: os trabalhadores têxteis entraram em greve, destruíram carros e atiraram tijolos na polícia, que respondeu com balas.

Um dia de manhã, Atique e eu fomos visitar os limites do Sundarbans, montados em mototáxis que velozmente nos conduziram por subidas à vila de Khali do Sul. Esta e as vilas vizinhas da cidade de Bagerhat – que, como Touba, perto da Grande Muralha Verde do Senegal, tinha sido fundada por um santo sufi – estavam entre as mais prejudicadas pelo ciclone. Das cinquenta famílias de Khali do Sul que sobreviveram à tempestade, subindo em palmeiras ou aglomerando-se no segundo andar do prédio que servia de escola e abrigo, metade já tinha se mudado dali. Era o lugar mais vazio que eu visitaria em Bangladesh. Andamos até onde o caminho ia dar no golfo de Bengala e observamos pescadores desemaranharem suas redes. Na escola amarela de dois andares que tinha salvado a vida das pessoas, um aldeão mostrou-me como era possível melhorá-la: se houvesse uma entrada no segundo andar, as pessoas poderiam entrar mesmo depois de a tempestade ter começado. Reparei nas palavras da camiseta cinza de Atique: *"Tour* das praias". Um pescador, então, ofereceu-se para nos levar por um riacho até o Sundarbans, onde um guarda-florestal em uma solitária cabine nos disse que os tigres de Bengala, por causa da perturbação em seu ecossistema, estavam matando mais aldeões do que nunca. Aventuramo-nos algumas dezenas de metros pelo mato até sermos aconselhados a voltar.

Na balsa de volta para Dacca, ao norte, Atique estava amuado. "Em cinquenta anos, todas as ilhas vão ter sumido", disse enfim. "Isso causará conflitos. Os refugiados climáticos não terão para onde ir, a não ser para as cidades. Pense só no Islã, pense no fundamentalismo – essas pessoas vão estar com raiva. Isso provocará uma guerra. Os norte-americanos querem suas casas, seus carros. Não veem o que isso está causando a Bangladesh." Ele insistiu para que eu desse uma olhada nos deques inferiores, então eu fui. Estavam mais lotados do que na viagem para o sul. Cada família tinha demarcado uma parte do chão com um lençol, pais, mães e filhos juntos guardando seu lote particular. Muitos tinham malas grandes, aparentemente todas as suas posses. "Sabe por quê?", perguntou Atique. "Estão todos se mudando para Dacca."

Na verdade, alguns norte-americanos – a elite do setor de defesa – enxergavam perfeitamente o que estava acontecendo com Bangladesh. Nos anos que se seguiram ao ciclone Sidr, Bangladesh era o destaque absoluto de uma série de jogos de guerra e de relatórios de inteligência. Um dos maiores jogos aconteceu em julho de 2008 no Center for a New American Security [Centro para uma Nova Segurança Norte-Americana], em Washington, D.C. John Podesta, que logo seria o líder da equipe de transição de Obama, estava representando o secretário-geral da ONU. O palestrante de maior destaque era Peter Schwartz, ex-Shell, que tinha acabado de projetar um cenário a portas fechadas envolvendo submarinos e o derretimento do Ártico para um cliente anônimo. Um estudo distinto que ele havia feito sobre o futuro da navegação no Extremo Norte recentemente ganhara destaque no programa de TV *The Colbert Report*. "Pela primeira vez meu filho de dezessete anos soube o que eu estava fazendo", brincou Schwartz no palanque. "[Colbert] me transformou em um herói. Mas igualmente importante é que até Colbert reconhece a ameaça do derretimento do Ártico." Ele ficou mais sério. "Já estamos vendo sinais da mudança climática", disse aos participantes do jogo de guerra. "Não é uma questão para daqui a cinquenta anos. Não é, em minha opinião, nem uma questão para daqui a vinte anos. É uma questão para hoje, seja ela a inundação em Bangladesh, as tempestades em Mianmar ou as secas na Austrália."

O script do jogo de guerra imaginava tensões motivadas por água entre o México e os Estados Unidos, a afluência de refugiados do Sahel e do Norte da África para a Europa, a construção de comportas para proteger Nova York e Xangai, uma enorme perda de safras seguida de enormes inundações na Índia, um ciclone de categoria 5 que mataria 200 mil pessoas em Bangladesh e 250 mil migrantes climáticos acampados na fronteira Índia-Bangladesh. O resultado do jogo, diferentemente dos acontecimentos posteriores e reais em Copenhague, era um tratado climático global sólido.

No inverno seguinte, a Universidade de Defesa Nacional apresentou sua versão, descrevendo o que poderia acontecer se milhões de bengalis fugindo de inundações tomassem a Índia: falta de comida e de água. Epidemias. Guerras religiosas. Em 2010, um exercício na Escola de Guerra Naval calculou que a Marinha norte-americana teria dificuldades em responder a um grande desastre em Bangladesh sem unidades móveis de dessalinização e a capacidade de transportar por navio milhares e milhares de vítimas das inundações.

A visão mais vigorosa das implicações da mudança climática para Bangladesh, para o sul da Ásia e, por extensão, para as Forças Armadas norte-americanas era o trabalho confidencial do National Intelligence Council (NIC). Depois de sua análise inicial, que tratava de segurança climática planetária, o NIC tinha reunido dados climáticos mais específicos para seis países e regiões. Bangladesh parecia estar entre eles. "Nós pegamos esses dados", disse-me um de seus representantes, "os colocamos na mão de um grupo de cientistas políticos e sociais – gente que entende como os seres humanos reagem – e dissemos: 'Se isso ocorrer, considerando as outras coisas que acontecem na região, como as pessoas vão reagir?'. Nunca tratamos a mudança climática em si. Quer dizer, você precisa considerá-la no contexto de outras questões. Veremos cooperação para resolver problemas? Haverá tensões? E migrações? Se as pessoas migrarem, para onde irão?".

Os relatórios produzidos para o NIC por fornecedores da área de defesa davam pistas de que os membros da inteligência se preocupavam com as mesmas coisas que todo mundo. "Inundações previstas e a penetração da água salgada no delta do Ganges podem deslocar dezenas de milhões de bengalis", dizia um deles, preparado pela Centra Technology e pela Scitor Corporation. "A Índia não terá recursos para lidar com os imigrantes bengalis entrando em Bengala Ocidental, em Orissa e no nordeste [...]. Cerca de metade da população de Bangladesh, incapaz de sustentar-se por meio da agricultura, migrará para as cidades até 2050, e a maior parte desses migrantes provavelmente irá para a Índia. Além disso, fenômenos devastadores, como ciclones, podem gerar movimentos de refugiados em massa para a Índia em períodos muito menores do que as mudanças climáticas gerais."

Na Índia, os estudos eram poucos. Quando estive lá, havia apenas um relatório governamental investigando os nexos entre a segurança indiana e a demografia de Bangladesh, a mudança climática e a elevação do nível do mar – e era confidencial. "Exceto por seu alto crescimento populacional, é bastante claro que Bangladesh vai perder uma parte muito significativa de seu território", disse-me o autor do relatório em Nova Déli. "É uma bomba-relógio."

No entanto, a Índia, que galgava posições na lista dos piores emissores de carbono do mundo – por país, não *per capita* –, estava despertando. Quarenta por cento de seu PIB depende da chuva, e a precipitação, incluindo as épocas das monções, vinha mudando. Os satélites da Nasa mostravam que os níveis de água subterrânea no norte caíam até 30 centímetros por ano à medida que a irrigação secava os aquíferos. A Índia era considerada o 28º país mais vulnerável do mundo segundo o Índice de Vulnerabilidade à Mudança Climática, publicado pela consultoria de risco britânica Maplecroft – muito abaixo de Bangladesh, que era o segundo, mas bem acima da maior parte dos outros. Em conferências sobre segurança climática, A. K. Singh, ex--comandante da Força Aérea indiana, advertia para a possibilidade de conflitos com o Paquistão e com Bangladesh caso o derretimento de geleiras forçasse a Índia a manter o nível de seus sistemas fluviais compartilhados de seu lado da fronteira. "No início, as pessoas vão brigar por abrigo e comida", disse ele à National Public Radio. "Quando as migrações começarem, todos os Estados vão querer impedir que elas aconteçam. Em algum momento o conflito passará a ser militar. Que outros meios existem para resolver questões de fronteira?"

Enamul Hoque não tinha nada contra estrangeiros, e comigo ele se mostrou um anfitrião quase tão delicado quanto Atique. Assim que cheguei a Dhubri, ele veio dar-me as boas-vindas em meu hotel, que consistia em alguns quartos em cima de uma loja de roupas que estava sendo assolada por uma ninhada de gafanhotos do tamanho de um polegar. O hotel era "ruim para sua posição social", disse. Então, seguimos para sua casa em um Tata branco que ele tinha tomado emprestado de um amigo. Ao longo do caminho, garantiu-me que eu estava em boa companhia. "Sou muito conhecido em Assam, na Índia inteira", comentou. "Mas recebo uns telefonemas. As pessoas me ameaçam, me chamam de ovelha negra. Eu lhes respondo em árabe: 'O único Deus é a terra natal. Faça tudo por sua terra. Do contrário, você não é muçulmano de verdade'. É o que eu digo a elas." O fato de os intrusos e seus defensores serem, em geral, muçulmanos como ele não tinha tanta importância quanto o fato de ele ser assamês e indiano, e os intrusos, em geral, não.

Dentro de sua casa de dois cômodos, ele mandou seu servo pegar um rolo de mapas da fronteira, os quais estendeu sobre uma escrivaninha ao lado do livro *You Can Win* [Você pode vencer], do palestrante motivacional Shiv Khera. ("Os vencedores não fazem coisas diferentes. Eles fazem as coisas de um jeito diferente.") Em uma parede havia um *jaapi*, chapéu assamês tradicional que parece uma mistura de um sombreiro mexicano com um *nón lá* cônico vietnamita. Enamul sentou-se à escrivaninha e começou a contar a história da imigração para Assam. A primeira onda veio na forma de refugiados em 1971, quando as forças indianas ajudaram Bangladesh, então conhecida como Paquistão Oriental, a conquistar a independência do Paquistão Ocidental. (Por duas décadas depois da divisão da Índia, os dois países formavam um único Estado muçulmano.) Em 1979, os líderes da União dos Estudantes de Assam estavam tão preocupados com o *boom* populacional que lançaram aquilo que se tornou conhecido como Movimento de Assam. A campanha anti-imigração incluiu enormes passeatas estudantis, protestos passivos e o massacre de 2.191 imigrantes ilegais em um período de seis horas. (Enamul não mencionou isso.) O nordeste ficou tão incomodado que o governo conversou com a UEA e assinou um acordo em 1985, prometendo antes de tudo a construção da cerca. "É por isso que o trabalho começou em 1987", explicou Enamul, "e é por isso que, de todos os estados, a primeira parte da cerca foi em Assam".

Os mapas que ele me mostrou eram documentos vivos – em mudança constante por causa não apenas da construção de novas estradas e cercas, mas porque estradas e cercas já prontas eram às vezes consumidas pela erosão e porque novas áreas de terra desprotegida às vezes apareciam no meio do rio. "Veja isso", disse ele, apontando. "Uma vez, quilômetros de cerca fronteiriça foram construídos aqui. Agora veio tudo abaixo, e precisamos reconstruir." Passou, então, para o próximo mapa. "Esta área é muito boa para atravessar, muito vulnerável." Apontou para Bangladesh. "O caos do aquecimento global está vindo daquele lado", observou. "Daqui a dez ou vinte anos, o povo bengali vai ter de migrar, porque, daqui a dez ou vinte anos, não vai dar para seres humanos viverem em Bangladesh. A situação é muito preocupante. No momento, eles estão vindo de qualquer jeito, em busca de sua subsistência, assentando-se aqui e ali. É uma invasão silenciosa."

Enamul não ousava levar-me em uma de suas patrulhas fronteiriças sem permissão da FSF, mas tinha em mente um *tour* igualmente importante: queria me mostrar a Dhubri que ele conhecia, o que estava em jogo se ela fosse tomada por bengalis. No dia seguinte, pegou-me em sua moto às cinco da manhã, e fomos despreocupadamente passando por lojas fechadas até chegarmos ao Complexo Cultural Teatro a Céu Aberto, onde ele costumava praticar ioga com seus amigos hindus – mais uma prova de que sua luta não era sectária. Dúzias de pessoas de meia-idade estavam sentadas na terra na postura da prosperidade, mulheres à esquerda, homens à direita, pernas cruzadas, dedos formando mudras, enquanto três líderes cantavam em um tablado. Enamul e eu colocamos tapetes no lado dos homens, e, depois de uma hora em que me desequilibrei enquanto todo mundo olhava para mim, ele teve a delicadeza de não fazer nenhum comentário sobre minha flexibilidade – segundo um fisioterapeuta de Manhattan, "a pior que eu já vi". Seu amigo dono do carro logo veio nos buscar, e fomos até uma famosa colônia de artesãos em um pontal às margens de um rio, onde ficamos horas sob o sol escaldante, observando artistas populares e seus rinocerontes e elefantes de terracota.

A parada mais importante do *tour* foi à tarde: a visita a uma decadente mansão de madeira empoleirada em uma das poucas colinas de Dhubri havia cem anos e ao rajá de olhos azuis que ainda morava ali. Para encontrá-lo, estacionamos no sopé e fomos andando sobre a grama não cortada, passando por um velho canhão e por uma escada bamba com vista para roupas a secar, até chegarmos a um escritório no segundo andar, onde ele estava sentado, cercado por centenas de fotografias e de pinturas a óleo de seus antepassados. Por alguns minutos, ventiladores mantiveram o ambiente fresco, e, quando a energia caiu, o rajá de voz suave ofereceu-nos latas de Coca-Cola, que de algum modo serviu com gelo. "Você não deve beber a água daqui", advertiu-me. Ele logo nos mostrou o depósito no andar de baixo, que tinha baús empoeirados, cabeças de tigre em pedestais e um enorme rifle para caçar elefantes, mas na maior parte do tempo ficamos sentados no abafado escritório e falamos dos velhos tempos. "Tínhamos 1,8 mil quilômetros quadrados", disse. O sistema de senhores e vassalos tinha terminado havia meras duas décadas, depois de o governo começar a coletar impostos diretamente, em vez de usar o rajá e nobres menores como Enamul. A terra do rajá, que se estendia por Assam até a Bangladesh atual, foi pouco a pouco desapropriada pelo governo e distribuída às massas. A mansão era uma das poucas posses que lhe tinham sobrado. Ele queria transformá-la em museu.

O pai do rajá, deputado de Assam, havia sido um grande caçador. "Matou 76 tigres e onze leopardos", contou, "e capturou mais de cem elefantes". Ele puxou um velho registro de caça, ficando cada vez mais nostálgico à medida que passávamos as páginas puídas. "Um tigre, dois rinocerontes machos e uma fêmea", sussurrou. "A partir disso, acho que também podemos fazer uma lista de animais extintos." Com o tempo, disse, seu pai notou que os tigres estavam desaparecendo e tornou-se um grande preservacionista. O rajá ficou olhando uma foto do elefante favorito do pai, Pratap, que tinha morrido em 1962. O túmulo do animal ficava no jardim da frente, perto do canhão. "Meu pai sempre me dizia: 'Pratap é diferente. Pratap é especial'. Cada elefante tem um período de acasalamento, sabia? Nessa época, todo elefante macho fica muito arrogante. Mas Pratap era muito leal, muito calmo. Meu pai falou: 'Na época do acasalamento vou acalmá-lo com uma fêmea, e vamos ver se ele vem ou não'. Meu pai chamou-o. Ele veio." Enamul, bebericando sua Coca, aproveitou a oportunidade para um sonoroso arroto.

Os lordes falaram entre si em *goalpariya* por um instante, e ouvi Enamul mencionar a FSF; ele estava dizendo ao rajá que eu não tinha conseguido permissão para visitar a cerca. O rajá virou-se para mim. "Você quer ver onde os bengalis estão vivendo?", perguntou. "É bem perto." Marchamos escada abaixo, colina abaixo e entramos no carro, com o rajá no banco do carona. Logo apareceu um aglomerado suspeito de oito cabanas a nossa direita, em um lote de terra que um dia pertencera ao rajá. "Devagar. Devagar. Devagar", sussurrou Enamul. "Devagar. Devagar!" Esticamos o pescoço, mas tudo o que havia para ver era uma mulher de sari, que sumiu dentro de uma das cabanas, carregando alguma coisa. "Não é possível ter certeza se eles estão vindo de Bangladesh", disse Enamul. Um bengali era um bengali. "Mas não é possível ter certeza se são indianos."

O terreno ficava uns 4 metros abaixo da altura da estrada e era entremeado de arrozais. Na chuva, seria o primeiro a inundar. Para minha surpresa, era ladeado por dois acampamentos da FSF. "Na verdade, essa terra é do governo", explicou Enamul. "Quando alguém a ocupa, o governo não pergunta nada. Os cidadãos não perguntam. Não podem. Não há diferença de idioma. É difícil, porque os padrões físicos e biológicos dos bengalis, as características…"

"Não podem ser percebidas", completou o rajá. "Não podem ser percebidas!"

"Não é possível percebê-las", concordou Enamul.

Dacca, não Dhubri, era o lugar mais longe ao qual a maioria dos migrantes de Bangladesh conseguia chegar. Como no Senegal, os mais pobres não tinham recursos para ir além da capital. Estimava-se que a região metropolitana de Dacca tivesse 13 milhões de pessoas, e todo ano ela inchava com meio milhão de habitantes das *chars*, refugiados dos ciclones, e outros recém-chegados – a maior taxa de crescimento do planeta. Até 2025, ela será maior do que a Cidade do México ou Pequim. Quem chegava acampava por dias ou semanas em pátios de manobras de trens ou em estações de ônibus antes de mudar-se para favelas, que cresciam sem parar e não apareciam nos mapas oficiais. Os homens muitas vezes conseguiam trabalho como condutores de riquixá ganhando 2 dólares por dia; estima-se que a megacidade hoje tenha até 800 mil riquixás. Os sortudos arrumavam emprego em fábricas ilegais, prestes a desabar, que produziam roupas para o resto do mundo. Depois de Atique e eu voltarmos do sul, testemunhei na região histórica de Dacca um engarrafamento perto de uma escultura de um rifle Kalashnikov: um riquixá atrás do outro, completamente parados por 800 metros em uma rua estreita. O céu de Dacca era ou enevoado ou chuvoso, e a cidade em si era pútrida e estranhamente bela. "A capital de Bangladesh às vezes parece estar dissolvendo-se em seus elementos constitutivos", escreveu o jornalista George Black, que esteve lá um ano antes de mim. "Se é ferro, está enferrujando; se é vegetal, está apodrecendo; se é tijolo, está voltando a ser barro, sedimento do rio."

Ninguém que encontrei queria conversar sobre a cerca da Índia. "Por favor, não podemos tocar nesse tipo de assunto", disse um representante da Organização Internacional para as Migrações (OIM). "É um tema muito delicado." A posição oficial do governo de Bangladesh era que a migração ilegal para a Índia não existia. Em vez disso, a OIM falou-me da migração legal: os bengalis pagavam mais de 2 mil dólares a recrutadores para que pudessem integrar a camada inferior da pirâmide de trabalho em qualquer lugar, da Malásia a Dubai e ao Iraque. Havia setecentas agências de recrutamento em Dacca e quase 2 milhões de trabalhadores bengalis mundo afora. Eles estavam até nas Maldivas, um dos poucos países do planeta a sofrer tantos riscos quanto Bangladesh por causa da elevação do nível do mar, e na Líbia, de onde, durante a revolução, escaparam para a Europa em barquinhos, junto com africanos em fuga. Pelo menos um barco de pesca com centenas de bengalis foi parar em Malta.

A maior parte dos trabalhadores humanitários em Dacca não queria falar da cerca, simplesmente porque ela representava a derrota. Em geral, os jovens bengalis com que eu me encontrava, ao contrário dos jovens senegaleses, não sonhavam em mudar-se permanentemente para outro país, por mais em risco que o seu estivesse. A ética nacional, aprendida nas *chars*, era continuar adaptando-se. A organização de Atique, a Coast, pregava mais cultivo de arroz, mais informação, mais controle local. "Por causa da crise alimentar, empresas estrangeiras vêm para cá e dizem que a única alternativa são híbridos geneticamente modificados", contou-me seu fundador. Anos antes, a Monsanto havia feito uma parceria com a Brac, a maior ONG de Bangladesh e, hoje, do mundo. "Não existe um só exemplo em lugar nenhum de empresas dedicadas apenas a fazer o bem para o povo, mas isso não quer dizer que somos contra toda ajuda estrangeira", continuou ele. "Cada bengali produz 0,3 tonelada de carbono por ano; cada americano, 20. Nós merecemos o dinheiro."

Fazer reuniões com ONGs normalmente significava ir de meu hotel perto do centro histórico de Dacca para os enclaves mais tranquilos de Gulshan e de Banani, onde havia expatriados e árvores e se chegava de táxi, e não de riquixá. O percurso de 10 quilômetros costumava levar até noventa minutos; Dacca tem o pior trânsito que já vi em qualquer lugar do mundo. Os motoristas deixavam os carros grudarem uns nos outros como se estivessem disputando posições, e praticamente cada ônibus, cada caminhão e dois terços dos carros tinham longos arranhões dos dois lados. Nem nos espaçosos escritórios em Gulshan de Atiq Rahman, respeitável ambientalista e autor do IPCC, o barulho do trânsito desaparecia. "Migração não é adaptação", disse-me ele na tarde em que o visitei, e depois sua voz foi praticamente sufocada por um coro de buzinas. "Para nós, adaptação climática significa modificar nossos sistemas" – bi, bi, bi – "por meio de tecnologias, de assistência. Na hora em que você recua, já não é adaptação". Bi, bi. "Migração é derrota. Com a mudança climática, existem três possibilidades: adaptação, mitigação e derrota."

Rahman era uma das poucas pessoas em Dacca dispostas a falar da cerca. Assim como o roubo de gado era inevitável – "Precisamos de vacas", brincou, "e a Índia tem muitas vacas sobrando" –, alguma migração era inevitável, não importando quanto Bangladesh conseguisse adaptar-se. Sua esperança era que a derrota fosse bem administrada. Ele me contou que recentemente tinha participado de uma recepção em Los Angeles. "Falei para os norte-americanos: 'Quero um pedaço da Califórnia. Quero um pedaço do Texas. Quero um pedaço de Maryland para meu povo, que vocês estão inundando. Posso fazer os cálculos, olhando suas emissões e definindo com quantos bengalis cada um deve ficar. Posso determinar com quantos a Alemanha deve ficar'." O que Bangladesh tinha eram trabalhadores. O que os Estados Unidos tinham cada vez mais era gente idosa. "Muitos vão querer jogar golfe", disse. "Muitos vão ter dinheiro e precisar de enfermeiros. Eles deviam ter morrido aos 65, mas aguentaram até os 79 e continuarão aguentando até os 85. Vão precisar de massagens. Em vez de fazermos uma migração ameaçadora, eu tentaria transformar o migrante climático em um migrante eficiente, útil do ponto de vista econômico – algo bom para os dois lados." A alternativa era sombria. "Se isso não acontecer", continuou, "então acho que nós vamos correr. E tentem nos parar se quiserem. Com quê? Quantas balas vocês têm?".

Apesar do fantasma da mudança climática, Bangladesh recebia menos ajuda estrangeira hoje do que no final da década de 1990 – cerca de 1,5 bilhão de dólares por ano, um quarto daquilo que seus trabalhadores exportados enviavam em remessas. A pergunta que os bengalis faziam a si próprios não era se a Índia concluiria sua cerca – certamente concluiria –, mas se os grandes emissores do Ocidente cumpririam suas promessas de auxílio climático. Fundos de adaptação multimilionários, preenchidos em grande parte com promissórias, estavam brotando em papel com o arrastar das negociações climáticas, com a ressalva de que parte da ajuda prometida simplesmente já existia, com outra roupagem. Rahman só conseguia nomear um único projeto que tinha recebido financiamento: 200 mil dólares para um trabalho de reflorestamento do litoral, que exigiria 23 milhões de dólares para ser concluído.

"Não há dinheiro!", declarou. "O dinheiro não chega aos pobres. É essa a natureza do dinheiro." Ele explicou como o Mecanismo de Desenvolvimento Limpo, criado pelo Protocolo de Kyoto em 1997, permitia que os poluidores do mundo em desenvolvimento ganhassem dinheiro por reduzir suas emissões, dando à China e à Índia centenas de milhões de dólares. Bangladesh, com um volume bem menor de emissões a reduzir, tinha ganhado muito pouco. Esse sistema era corrupto, segundo ele. O poluidor não pagava; o poluidor recebia. O carbono era dispersado pelo mundo inteiro igualmente, mas o dinheiro das reparações, por melhor que fosse a intenção, não. Rahman passou a falar mais baixo, o barulho do trânsito aumentou. "O cenário de pesadelo da mudança climática", disse, "é que haverá dinheiro indo para todo lugar, muito dinheiro por aí, muita tecnologia de emissões zero sendo transferida para lugares que já não emitem quase nada. E nada acontece. Para os pobres, não acontece absolutamente nada".

"A cerca não vai ser suficiente para impedi-los", admitiu Enamul antes que eu voltasse a Guwahati, enquanto passávamos por vacas nas margens do rio. "Mesmo assim precisamos concluí-la, porque do contrário não há nada."

Eu ainda queria ver a cerca com os próprios olhos. No estado de Meghalaya, vizinho de Assam, finalmente a vi. De Shillong, capital do estado, outrora uma estação de veraneio britânica por causa de sua altitude de 1,5 mil metros e de seu clima ameno, fui de táxi pelo platô até Cherrapunji, listada no *Guinness* por seus recordes de maior precipitação anual e mensal (em 1861 e em julho de 1861, respectivamente). As placas anunciavam, uma após a outra: "Bem-vindo ao lugar mais úmido da Terra". Ao longo da estrada havia lojas de *chow mein* de propriedade dos *khasis* da região, tribo cristã que gostava de música *country*, especialmente de canções de amor. Convenci o taxista a seguir pela estrada cada vez mais lamacenta fora do platô, e dali, na direção de Bangladesh, 1,4 mil metros abaixo, em menos de uma hora, derrapando nas curvas, passando por finas cascatas que despencavam por enormes precipícios. O ar voltou a esquentar, e as pessoas, a escurecer.

A água descia gota a gota até Bangladesh. As pessoas subiam. Era assim que o mundo funcionava.

A fronteira, quando a alcançamos no fim da estrada, era um anticlímax: não havia bengalis atravessando-a, nenhuma metáfora fácil, quase nada. Algumas vacas soltas, algumas casas e vilas a poucos metros do início da linha, um cenário bucólico de campos e agricultores, um par de soldados de Calcutá em uma cabana de sapé. Sua expressão vazia era a mesma que eu tinha visto nos Vandoos na ilha de Devon, e sua tarefa era a mesma. Apontar armas e aguardar. A cerca consistia em duas fileiras de arame farpado separadas por uma estreita faixa de terra de ninguém e parecia terrível, impenetrável até. Quase dava para acreditar que todos os problemas ficariam presos com segurança do lado de lá.

Quebra-mares à venda

Por que a Holanda adora
a elevação do nível do mar

Um ano antes de o furacão Sandy atingir Nova York, advogados e embaixadores sentaram-se em uma segunda-feira em um cavernoso auditório na Universidade Columbia para discutir o que acontece, juridicamente, quando um país insular desaparece engolido pelo oceano. Essas eram "questões novas", disse Michael Gerrard, professor de direito, na palestra de abertura. "Se um país foi para debaixo d'água, continua a ser um Estado? Ainda tem assento na ONU? O que acontece com sua zona econômica exclusiva? Com seus direitos de pesca? Com seus direitos de explorar recursos minerais no fundo do mar? Sua soberania pode ser prorrogada? Qual a cidadania de seu povo desabrigado? Que direitos terão essas pessoas aonde forem – e quem terá de recebê-las? E será que o país e seu povo dispõem de recursos legais?"

O auditório, em formato de concha, era mais inclinado – talvez 15 metros entre o atril e os assentos mais baratos – do que muitas das ilhas em questão. Mais de duzentas pessoas, a maioria de terno, lotavam suas dez fileiras. Entre elas havia uma advogada em busca de novos negócios – foi o que ela me disse –, e diversos representantes da Aliança dos Pequenos Estados Insulares (Apei), um bloco de 44 nações que unia garotos-propaganda do aquecimento global, como Tuvalu e Maldivas, e vítimas raramente comentadas, como Granada, Cabo Verde e Bahamas. Gerrard tinha convocado a reunião junto com o embaixador na ONU das Ilhas Marshall, um dos Estados menos conhecidos da Apei, constituído de 29 atóis micronésios e cinco ilhas próximas à linha internacional de data no meio do oceano Pacífico. Apesar de terem pouco peso na ONU, as Ilhas Marshall contam com a peculiar autoridade moral proveniente do fato de terem enfrentado duas vezes a destruição por causa da poluição alheia: nas décadas de 1940 e 1950, o país era mais conhecido como Campos de Teste do Pacífico, onde 67 artefatos nucleares foram detonados pelos militares norte-americanos. Ivy Mike, a primeira bomba de hidrogênio, foi testada ali com sucesso em 1952. ("É menino!", escreveu Edward Teller, projetista da bomba, em um telegrama a Los Alamos.) Dois anos depois, a maior detonação nuclear dos Estados Unidos, Castle Bravo, com 15 megatons, incendiou o atol de Bikini. Agora, em razão de sua altitude média de 2 metros e um ponto mais alto pouco acima de 10 metros, supõe-se que as Ilhas Marshall sejam uma das primeiras nações a ser extintas pela mudança climática. Uma ilhota já se foi: a pequenina e verdejante Elugelab, volatilizada pela Ivy Mike. Só restou uma cratera de 1,5 quilômetro.

As ilhas ganharam independência dos Estados Unidos somente em 1986 e um hino nacional, "Forever Marshall Islands", em 1991. "Com a luz do Criador nas alturas distantes", diz o hino, em sua letra carregada de significados não intencionais: "Luzindo com o brilho dos raios da vida/ A maravilhosa criação de Nosso Pai/ A nós concedida, nossa Terra-Mãe./ Nunca deixarei meu querido lar, doce lar". A economia local depende de ajuda externa, cultivo de cocos, processamento de atum, licenciamento de direitos de pesca e prestação de serviços em uma base de mísseis norte-americana remanescente. Também se vendem centenas de bandeiras de conveniência a navios que tentam evitar as regulamentações de seus países de origem: o principal navio de perfuração ártica da Shell, o Kulluk, traz o nome da capital marshallina, Majuro, em seu casco. A população das Ilhas Marshall é de 67 mil pessoas, 10 mil a mais do que a da maravilhosa Groenlândia de Mininnguaq Kleist – em uma visão utilitarista, se a primeira afundar no mar em consequência da mudança climática e a última conquistar sua independência, seria quase um elas por elas.

As Ilhas Marshall e a Universidade Columbia começaram a planejar a conferência depois que o mundo não conseguiu produzir um novo tratado climático em Copenhague, depois que a discussão sobre o clima na ONU, com seu foco no multilateralismo e na redução de emissões, alcançou tão poucos resultados. "Esta conferência é o reconhecimento de um grande fracasso", disse o embaixador marshallino quando ocupou a tribuna. "Não há vontade política. Não há processo. Não há urgência. Poucas semanas atrás, em Bangcoc, passamos uma semana discutindo o programa... uma semana discutindo o que discutir! Não há luz no fim do túnel, e por isso procurei o professor Gerrard." Estava em jogo mais do que a mera sobrevivência. "Para nós, nossa terra e nossos recursos naturais, particularmente os marinhos, são parte da identidade coletiva marshallina", disse. Mesmo assim, recuar para terrenos mais elevados não era uma opção em seu país, continuou, e ele ficaria inabitável muito antes de submergir por completo: o eventual alagamento lançaria água do mar em terras aráveis e contaminaria as reservas de água potável. A construção de um quebra-mar para a proteção limitada de Majuro havia começado, mas custava inviáveis 10 milhões de dólares por metro. Dezenas de casas em terrenos mais baixos já tinham sido inundadas. Logo as ilhas enfrentariam uma grande epidemia de dengue, doença que os cientistas julgam ser agravada por temperaturas mais elevadas e pela chuva.

    A primeira especialista a apresentar seu trabalho, uma mulher alta e loura, recitou rigidamente os critérios legais para a preservação da soberania com voz monótona e sotaque alemão. Eles poderiam ser cumpridos após a elevação do nível do mar com, por exemplo, ilhas artificiais: estruturas flutuantes fixadas no local, ancoradas ao leito marinho. "Sua capacidade de gerar [novas] zonas marítimas foi ab-rogada em 1958", observou. (Quer dizer, elas eram inúteis para ampliar reivindicações segundo o Direito do Mar. Do contrário, o Ártico já estaria cheio delas.) No entanto, como substitutas de um território existente, ilhas artificiais poderiam ser aceitas por um mundo solidário ou culpado. A segunda saída era uma população permanente, a ser alcançada no futuro, talvez, por "um núcleo populacional, um amparo legal, uma população interina" em certas ilhas. Era como o plano do sargento Forte para a ilha Hans, ampliado. A terceira saída – um governo – era fácil de imaginar: como o do Tibete em Dharamsala, na Índia, seria um governo no exílio. A última saída, independência, "é *de facto* concedida pela comunidade internacional", disse. Expulsar um país da ONU exigia dois terços dos votos. "Duvido que a maior parte dos membros votaria pela extinção de um pequeno Estado insular." Se o mundo quisesse reconhecer as Ilhas Marshall mesmo depois de ficarem irreconhecíveis, elas poderiam achar um jeito de existir para sempre, ao menos no papel.

Outro palestrante apresentou o conceito de "nação *ex situ*": o Estado desaparecido como fideicomisso, na prática para receber pagamentos indenizatórios dos inevitáveis processos de mudança climática – alguns sem dúvida redigidos por advogados naquele salão – e distribuí-los aos ilhéus na diáspora. O presidente das Ilhas Marshall, um homem calvo de gravata azul, inclinou-se para a frente e cerrou os punhos, como se estivesse se preparando para desferir um golpe. O ministro das Relações Exteriores do país levantou-se. "A realocação por atacado de nossa nação não é aceitável para nós, assim como não seria para os países dos muitos embaixadores na ONU neste recinto", declarou. O embaixador do Cabo Verde apoiou-o. "Muita gente acha que as terras sacrificadas vão morrer sem gritar", explodiu. "No entanto, eu garanto: estamos gritando!" A questão, especificou o embaixador das Ilhas Maldivas, "não é ser membro da ONU. Claro, essas ilhas podem desaparecer, e com elas alguns milhões de pessoas, e o mundo vai continuar girando. Mas é a isso que a civilização humana chegou? Quando os países ou as pessoas se tornam um incômodo, então nós os deixamos para trás, como na sobrevivência darwiniana do mais apto?".

A conferência passou a outras questões complicadas, como saber se uma nação insular poderia manter seus direitos de pesca e de exploração mineral *offshore* se, de acordo com o Direito do Mar, o território marítimo é baseado na posição de seu litoral. Se um país não tivesse mais litoral, porque submerso, estaria tudo perdido? Uma professora australiana, agitando as mãos e erguendo as sobrancelhas, ofereceu a solução mais convincente: as nações insulares deveriam emendar suas leis domésticas para usar apenas coordenadas geográficas na definição de seus litorais, não marcos físicos. Sua sugestão era incluir na legislação que as demarcações seriam periodicamente atualizadas por novas leis, "mas nunca atualizá-las", e esperar que o mundo aceitasse isso.

Klaus Jacob, especialista em desastres da Universidade Columbia, cuja pesquisa sobre a vulnerabilidade da cidade de Nova York às marés ciclônicas faria dele uma pequena estrela midiática depois do furacão Sandy, apresentou seu estudo sobre o tempo que a capital marshallina ainda poderia se manter, e a que custo. Para fins de planejamento, explicou, o "risco" era medido em dólares anuais – uma função da probabilidade anual dos perigos multiplicada pelo valor dos ativos, multiplicado pelo grau de vulnerabilidade desses ativos. Majuro tinha mais de 30 mil pessoas em 9,6 quilômetros quadrados de terra com uma altitude média inferior a 2 metros. "Dessa perspectiva", disse, "são os muitos eventos pequenos, não o grande evento ocasional", que vão contribuir mais para as perdas. A cidade teria de pagar, em média, 10% a 100% do valor total de todos os seus prédios e de toda a sua infraestrutura todo ano se os mares subissem 1 metro – uma taxa asfixiante que nenhum país pobre, não importando quanto dinheiro os processos lhe trouxessem, poderia pagar. "Acho que a única possibilidade é reduzir a população em Majuro", concluiu, "e deixar apenas uma população de guarda. E então, daqui a mil anos – é esse o tempo que vai levar para os mares descerem de novo –, seu povo pode voltar".

A questão mais calorosamente discutida da conferência era se deveria haver um novo direito dos refugiados climáticos, ou se o atual poderia ser ampliado, ou se simplesmente nada poderia ser feito. "É difícil apontar o clima em si como razão para a migração", observou um representante da Organização Internacional para as Migrações. Ficamos sabendo que muitos milhares de marshallinos – talvez um décimo da população atual das ilhas – tinha emigrado para Springdale, no Arkansas. Springdale era o quartel-general da Tyson Foods, fornecedora de fast-foods e maior produtora de carne do mundo. Os marshallinos que fugiam do país iam para lá em busca de empregos em matadouros, que até os mexicanos começavam a dispensar, e, em meio a falsas acusações de trazer lepra e de espalhar tuberculose, eles agora forneciam um novo serviço vital para os Estados Unidos: frango barato. Springdale, porém, era um detalhe. Os especialistas discutiam sobretudo os precedentes. Os habitantes das ilhas ficaram fartos.

"Sabem, essa questão me faz lembrar uma história", disse um ministro marshallino. "Eu participei da limpeza de Enewetak, um dos atóis usados nos testes nucleares." No final da década de 1970, os norte-americanos rasparam solo e detritos radiativos da superfície das ilhas ao redor e fecharam 73 mil metros cúbicos deles em um buraco deixado por uma bomba chamada Cratera Cactus. "Queriam colocar placas avisando às pessoas que não fossem à ilha", contou. "Perguntaram: 'O que vocês querem que escrevamos nessas placas?'. Minha resposta foi: 'Não perguntem para nós. Foram vocês que despejaram isso ali. Perguntem-se a si mesmos, e nós colocaremos as palavras lá para vocês'."

Ele continuou: "Agora vocês perguntam sobre a desaparição de um país, a perda de um povo, a perda de sua cultura e de sua identidade. Vocês nos perguntam: 'O que querem fazer? Onde querem nadar?'. Bem, eu não sei. Mas vocês nos dizem quando nadar".

Durante os três dias, este foi o padrão: indignação dos habitantes, seguida do frio distanciamento de alguns dos acadêmicos, acompanhado de mais indignação, com muitas das pessoas ameaçadas de extinção no recinto – maldivanos, bahamenses, micronésios, nauruanos, santa-lucenses, palauenses, kiribatianos – retraindo-se cada vez que um dos advogados formulava em voz alta a premissa da reunião. Os acadêmicos pisavam em ovos quase o tempo todo, atentos ao fato de que trilhavam um caminho racional para o inimaginável, e às vezes, mesmo assim, as lacunas eram visíveis. "Talvez se devesse falar mais sobre por que manter o Estado", disse um especialista em direito do mar holandês um dia de manhã. "Para convencer a comunidade internacional a manter esses Estados apesar de todos os problemas, é preciso indicar por quê, com que propósito e quais os objetivos." Ele se perguntava o que havia de errado com as duas alternativas às intricadas soluções legais da conferência: a compra de terras no exterior pelas nações ameaçadas de extinção, opção já discutida publicamente por alguns governos. E o que ele julgava até "mais realista", uma simples fusão de diversas nações do Pacífico, incluindo alguns com territórios mais elevados, em um novo país. Todo mundo podia se apertar junto. "Isso garantiria muitos dos objetivos", argumentou ele, orgulhoso. Houve silêncio por um instante – talvez os presentes estivessem tentando imaginar se a Holanda não se importaria em unir-se à Alemanha se isso fosse conveniente para os demais Estados –, e outra especialista manifestou-se, a fim de colocá-lo em seu devido lugar. "De uma perspectiva ética", começou a dizer, "acho que a resposta é óbvia. Trata-se de nações soberanas, algumas cuja soberania foi conquistada após um longo conflito, e elas desejam manter essa condição".

Que alguém das famosas terras baixas da Holanda pudesse ser tão prático quanto à elevação do nível do mar não surpreendia. A improvável resposta do país rico ao excesso de água refletia a de outros que havia muito enfrentavam a falta dela: especialistas em seca, Espanha, Austrália e Israel nem sempre estavam contentes com a mudança climática, mas tinham encontrado motivo para melhorar os projetos de suas unidades de dessalinização e agora estavam felizes em vendê-las; especialistas em inundações, os holandeses não estavam particularmente preocupados com a mudança climática e teriam prazer em vender um quebra-mar. A história da Holanda de luta contra a subsidência de terras e de aterramento de acres do pantanoso delta do Reno-Mosa remonta à Idade Média: os célebres moinhos de vento foram usados para alimentar as bombas. Sua fé em soluções tecnológicas baseia-se em uma paisagem quase inteiramente moldada pelo homem. Dois terços de sua população moram e 70% de seu PIB são produzidos abaixo do nível do mar. Em 1997, o país concluiu as obras do Projeto Delta, de 7,5 bilhões de dólares: diques, comportas e barragens de marés que compõem a maior rede de defesa costeira do mundo, uma maravilha da engenharia muito mais complicada do que qualquer muralha de árvores ou barreira fronteiriça.

Ao mesmo tempo que o resto do planeta começava a preocupar-se com o mar, a Holanda promovia agressivamente no exterior seu conhecimento de gestão hídrica, desde empresas de dragagem e engenharia até arquitetos anfíbios. Uma de suas histórias de sucesso já podia ser celebrada: Manhattan, sede da Universidade Columbia e da conferência jurídica, tinha aquela imagem graças, em parte, aos aterros feitos pelos primeiros colonos holandeses naquilo que à época se chamava Nova Amsterdã. Enquanto os holandeses permanecessem na Holanda, poder-se-ia esperar que a velha Amsterdã também continuasse a manter a silhueta; a melhor propaganda do país era a continuidade de sua existência. Como prova da eficiência de seus quebra-mares, a Holanda estava no pé da lista do Índice de Vulnerabilidade à Mudança Climática da Maplecroft, perto de países do norte como Islândia, Dinamarca, Finlândia e Noruega, na 160ª posição entre as 170 nações analisadas.

Eu tinha viajado para a Holanda antes da conferência jurídica para entender quão diferente de Bangladesh ou das Ilhas Marshall é a experiência da mudança climática para esse rico país. Em Amsterdã, em um evento chamado Aquaterra, divulgado como a primeira reunião das cidades ameaçadas em deltas de rios – de Nova Orleans a Jacarta, da Cidade de Ho Chi Minh a Nova York –, assisti à palestrante de abertura afirmar que estávamos ali por causa de uma "nova visão". "É uma questão de adaptação, de desenvolvimento de negócios", disse ela, "de desafios e oportunidades, de geração de valor, de solidariedade e de sermos empreendedores!". Em Naaldwijk, cidade em que ficava o edifício FloraHolland, com 930 mil metros quadrados e aonde flores "colhidas há pouco" chegavam diariamente do Quênia, da Índia e da Colômbia para o maior leilão de flores do mundo, ganhei um cansativo giro por uma estufa flutuante de última geração. Na antiga cidade de Deft, 1 metro acima do nível do mar, visitei um laboratório onde "solos inteligentes" estavam sendo desenvolvidos para preencher fendas em diques e salvar a Holanda de falhas nos paredões como aquelas que afogaram Nova Orleans durante o furacão Katrina. "A ideia é usar bactérias para criar amarras", explicou um professor no instituto público-privado Deltares. "Pode-se criar arenito em uma semana, ao passo que na natureza é necessário 1 milhão de anos. Com 100 bilhões de bactérias, é possível catalisar qualquer coisa." Eles alimentavam as bactérias com ureia – "é o que elas gostam de comer", disse o professor – e vinham tentando intensificar o processo por meio de modificações genéticas. Solos inteligentes também poderiam ser vendidos no exterior. Mais tarde, eu veria um arquiteto propor essa tecnologia como alternativa à Grande Muralha Verde: bastaria jogar algumas bactérias no Saara e simplesmente congelar as dunas, criando nesse processo uma "arquitetura da antidesertificação" que poderia abrigar refugiados climáticos.

A uma hora do reforçado litoral da Holanda, entre as ondulantes colinas e plantações, havia um lugar onde o país admitia estar perdendo sua guerra contra a água. No entanto, até isso podia ilustrar como a mudança climática era diferente para aqueles que tinham dinheiro para adaptar-se. Overdiepse era uma área em forma de lágrima no meio do rio Mosa, uma ilha de 5 quilômetros quadrados de terrenos alagadiços protegidos por diques, ou pôlderes, como são conhecidos. Às vezes a Holanda é descrita como a sarjeta do resto da Europa, e, no caso do Mosa, ou Maas, o fluxo é gentileza da Bélgica e da França. Com a mudança do clima na Europa, prevê-se que o rio encha com chuvas cada vez mais pesadas. A resposta da Holanda à elevação das águas sempre foi diques mais altos, mas o governo havia feito as contas e concluído que não tinha mais como pagar. Por meio de um programa chamado Espaço para o Rio, quarenta locais, incluindo o pôlder de Overdiepse, seriam sacrificados para que regiões mais desenvolvidas e menos dispensáveis pudessem ser protegidas. Entre as dezoito famílias de agricultores de Overdiepse estariam os primeiros refugiados no mundo cujo êxodo poderia ser muito claramente atribuído à mudança climática, ou ao menos ao medo da mudança climática.

Um dia de manhã, o coordenador local do Espaço para o Rio e eu passamos de carro por uma ponte que ligava Overdiepse ao continente e estacionamos em uma casa que pertencia a um produtor de laticínios. Trinta e dois anos antes, aquele homem sorridente, de cabelos espetados, tinha sido o primeiro bebê a nascer no pôlder, e agora ali estava ele sentado com seu próprio bebê e sua filha de dois anos, que me ofereceu um pedaço da massa de modelar Silly Putty. Sua casa seria demolida, ele contou, assim como o estábulo onde ficavam as vacas. No entanto, ele estava contente: sua família era uma das nove que teriam permissão para permanecer no pôlder, em um montículo elevado construído com a ajuda do governo, e isso lhe daria espaço para ampliar a produção. Outras nove famílias estavam recebendo indenizações de milhões de euros. Uma tinha usado o dinheiro para comprar terras melhores no norte da Holanda; outra, para comprar uma fazenda no sul. Um vizinho pegou o dinheiro do governo e se mudou para o Canadá, onde havia muito espaço livre e o tempo melhorava a cada ano. "Ele já tem noventa vacas!", disse o produtor.

A jusante de Overdiepse, a dragagem em um dos locais do Espaço para o Rio já tinha ameaçado o habitat de uma espécie marrom, o peixe-meteorológico, natural da região, que se alimenta de nutrientes que encontra no leito e é semelhante a uma enguia. Para cumprir a legislação ambiental holandesa, uma equipe de quatro biólogos, com duas gruas hidráulicas e um trator, trabalhando dez horas por dia, cinco dias por semana, durante seis semanas, tinha transferido 1.636 peixes-meteorológicos. Eles realizaram a tarefa com o típico dom holandês para a engenharia: taparam com diques valas de irrigação em seções de 60 metros, bombearam quase toda a água para fora e enviaram homens com botas de pescador e redes, que, como último recurso, despejaram montes de lodo do rio em terra seca e vasculharam tudo manualmente.

Perguntei ao coordenador do Espaço para o Rio quanta verba tinha sido alocada para compensar as dezoito famílias de Overdiepse, e a resposta foi quase 140 milhões de dólares – por acaso, praticamente o mesmo valor que naquela época a Holanda tinha prometido como ajuda ao mundo em desenvolvimento. O orçamento do projeto Espaço para o Rio inteiro beirava os 3 bilhões de dólares, mais do que a soma de tudo o que já havia sido gasto por todos os fundos de mudança climática internacionais reunidos.

Voltando pelo litoral, a 10 quilômetros da sede global da Royal Dutch Shell, encontrei-me outra manhã com um jovem arquiteto cujo mercado-alvo crescia à medida que países como as Ilhas Marshall começavam a afundar. Koen Olthuis tinha à época 39 anos e já era saudado como um visionário. A CNN e a BBC gostavam de citá-lo, e ele uma vez ficou em 122º lugar em uma votação das cem pessoas mais influentes da revista *Time* – fora do primeiro escalão, infelizmente, mas acima de Katie Couric, de Osama bin Laden e de Mary J. Blige. "Existe a vida da maneira à qual estamos acostumados", disse-me, "e achamos que temos de mantê-la exatamente do jeito que é agora. Entretanto, se pudermos mudar nosso modo de reagir à Mãe Natureza, então a mudança climática é só outra consequência – é uma oportunidade. Acho que muita gente ainda considera isso um problema. Claro, há alguns problemas, mas vamos nos concentrar em como nossa vida pode ser melhorada". Ele era alto, tinha cabelos ondulados desgrenhados e usava o traje-padrão dos arquitetos: camiseta preta, suéter preto com decote em V, jeans escuros, botas de couro. Enquanto falávamos, ele olhava pela grande janela de seu escritório, um prédio de tijolos vermelhos poucos metros acima de um canal.

"Temos sorte de estar aqui brincando no jardim das soluções", comentou. Um dia, "este país foi um quadro vazio; nós enchemos o quadro com estradas, casas e pontes, e continuamos enchendo – o quadro nunca fica completo". A Holanda estava vencendo uma guerra em diversas frentes contra a água do mar, os rios e a chuva. "A grande razão de outros países terem interesse em nossas soluções", continuou, "é que muitas cidades, muitas cidades grandes – quase 90% delas – ficam perto da água. Elas ficam perto de um rio, de um oceano, de um delta. Estamos falando de Nova York, de Tóquio, de Cingapura etc. Elas estão todas no mesmo barco".

Por anos a Holanda tinha jogado na defesa. Erigiram barreiras e bombearam água para fora dos pôlderes. Em resumo, a visão de Olthuis era jogar na ofensiva: construir um mundo flutuante em cima da água em vez de tentar manter a água de fora. Em sua empresa de construção, a Dutch Docklands, ele projetava não casas flutuantes, mas ilhas e infraestrutura: estradas, prédios de apartamentos, parques, aeroportos, igrejas e mesquitas. Seu sonho eram cidades flutuantes e híbridas como Delft, com seus 100 mil habitantes. "Somos parte da geração da mudança climática", afirmou, empolgado. "Cabe aos arquitetos e às pessoas criativas projetar esse novo mundo. Os outros podem sempre olhar para trás, mas precisamos de novas ideias. Essa é nossa motivação e nosso dever – temos de fazer isso! Se não fizermos, quem vai fazer? Precisamos fazer isso acontecer!"

Para realmente funcionar, uma fundação flutuante teria de parecer exatamente aquilo que já conhecemos: terra firme. A rigidez era a chave. Quanto maior fosse, mais fácil seria obter isso. "Vai ser do mesmo jeito como você vê hoje em dia por aí", disse Olthuis, apontando para fora da janela. Ele tirou uma folha de papel e começou a desenhar nela com um pincel atômico preto. "Com uma casa flutuante, minha casa fica aqui. E então eu preciso estacionar meu carro aqui. Preciso andar. Meus filhos não podem brincar ao ar livre. No entanto, em uma ilha, eles podem brincar ao ar livre, e eu posso estacionar meu carro nela, e existem árvores ali – é isso que eu quero!" Com sorte e bons advogados, as cidades híbridas do futuro ficariam em parte sobre as fundações flutuantes patenteadas por Olthuis: unidades modulares feitas de espuma e concreto, protegidas por uma série de patentes internacionais.

Seus projetos eram perfeitamente exportáveis. "No mundo inteiro existem ilhas afundando", observou. "Existem muitos, muitos países insulares com esse problema." Tuvalu e Kiribati não poderiam esperar salvar-se juntando seus vários atóis com quebra-mares – como nas Ilhas Marshall, a escala e o custo do projeto eram inconcebíveis. Contudo, ilhas artificiais, dissessem ou não advogados serem elas suficientes para pertencer à ONU no futuro, eram promissoras.

Olthuis planejava sua primeira visita às Maldivas em pouco mais de um mês. O país mais baixo do mundo, constituído de mil ilhas agrupadas em 26 atóis espalhados por um arquipélago de quase 1.000 quilômetros de extensão no oceano Índico, era uma oportunidade atraente: seus líderes acreditavam firmemente na mudança climática – tinham feito uma reunião ministerial em roupas de mergulho a 2 metros de profundidade como golpe publicitário antes de Copenhague – e entre os membros da Apei aquele era um país relativamente rico, um refúgio de férias para os ricos e famosos. E a economia do turismo indicava que ele já sentia os efeitos da mudança climática. Redes de hotéis, assim como empresas de petróleo, trabalham com um horizonte de investimentos mais amplo do que o de muitos setores, em geral de vinte a trinta anos. E não estavam muito dispostas a despejar dinheiro em resorts à beira-mar cujas praias vinham sumindo pela erosão, disse Olthuis.

Ele tinha uma solução cuja patente estava pendente: uma praia flutuante. Abriu um desenho em seu PC e mostrou-me como ela poderia ligar-se a uma ilha existente, aumentando a vida de um resort. Na linguagem empolada do formulário da patente, o projeto de concreto e espuma envolvia "uma base flutuante na qual material de praia, como areia, é aplicado para formar a praia, com a peculiaridade de que a praia artificial tem um suporte flexível que está ao menos parcialmente submerso". Sua principal tecnologia, para minha surpresa, era o arenito artificial produzido por bactérias, um solo inteligente como o desenvolvido pela Deltares, ali perto. O mercado era bem maior do que ilhas afundando, disse Olthuis. "Dubai tem quilômetros de litoral constantemente sendo erodidos." Por um breve momento, quase consegui imaginar a elite global flanando em uma camada de areia feita de bactérias geneticamente modificadas alimentadas com urina.

Em seu PC, Olthuis passou para um projeto de construção em Dubai mais antigo para o qual a Dutch Docklands tinha sido contratada. Conhecido como Provérbio Flutuante [*Floating Proverb*], ele fazia parte das famosas ilhas Palm, do xeque Mohammed bin Rashid Al Maktoum, arquipélagos artificiais construídos por empresas de dragagem e aterramento holandesas. As 89 ilhas flutuantes do Provérbio Flutuante deveriam enunciar um poema escrito pelo próprio xeque: "É preciso um homem de visão para escrever sobre a água/ Nem todo mundo que monta um cavalo é jóquei/ Grandes homens elevam-se a desafios maiores". Desde a crise financeira, isso e muito mais em Dubai tinham ficado completamente parados. Fotos aéreas revelavam que o outrora prestigiado projeto Mundo, arquipélago artificial no formato da Terra, já estava se desfigurando, com as ilhas que o compunham voltando para o mar. Para Olthuis, porém, a alta e a baixa de Dubai tinham funcionado bem. Ele fora pago para desenvolver sua visão, e, fosse a construção retomada ou não, tinha confiança de que ainda havia muita água por aí.

Sob o cabeçalho "Green Intellectual Property" [Propriedade Intelectual Verde], o site da Dutch Docklands passou a mostrar imagens de jardins flutuantes, de painéis solares flutuantes e até de uma mesquita flutuante, resfriada a água. A empresa começava a divulgar aquilo que chamava de Affordable H$_2$Ousing [Uso Acessível de H$_2$O]: a solução dos arquitetos para a querela dos advogados. Havia uma foto sem legenda da prisão flutuante de Zaandam e uma citação de Paul van de Camp, sócio de Olthuis: "Como dissemos ao presidente das Maldivas, conosco vocês podem passar de refugiados climáticos a inovadores do clima". A Dutch Docklands e as Maldivas logo assinariam acordos para todo tipo de coisa, de *villas* flutuantes a uma marina flutuante. A Greenstar, uma ilha-jardim de 186 mil metros quadrados com lojas, restaurantes e um centro de conferências que tinha sido originalmente projetado para Dubai, seria reciclada e transformada em ícone nacional maldivano. "A construção em forma de estrela, coberta de verde, simboliza a rota inovadora dos maldivanos na conquista da mudança climática", dizia o texto do anúncio. "Este será o local número 1 para conferências sobre mudança climática, gestão hídrica e sustentabilidade."

Antes de eu sair, Olthuis levou-me a uma sala de projeção no andar de baixo, onde nos reclinamos em faustosas cadeiras de couro para assistir ao filme corporativo da Dutch Docklands. Ele ligou o projetor, e uma voz masculina, empostada e com sotaque europeu, soou dos alto-falantes. "Dizem que só usamos 10% de nossa capacidade de pensamento", entoou, com a música eletrônica bombando no fundo, "e sabemos que só usamos 30% da capacidade da Terra para a vida, para viver. Bem, é hora de isso tudo mudar – e os holandeses estão fazendo essa mudança". A tela encheu-se com a imagem de um ondulante oceano azul. "Tantos séculos convivendo com a água, boa parte deles abaixo do nível do mar, nos ensinaram tudo o que precisamos saber sobre o controle de nosso ambiente úmido", continuou a voz. Imagens de estradas, mesquitas, bairros e condomínios flutuantes surgiram diante de nossos olhos. "Mesmo quando deparamos com faixas sem fim de mar aberto, estamos no comando [...]. Está tudo pesquisado, testado, pronto para a decolagem. Pense só em toda aquela água parada em sua comunidade e, junto com a Dutch Docklands, comece a colocá-la para trabalhar. Porque, onde não há nada, tudo é possível."

"Eu gosto muito, muito mesmo, dessa última frase", disse Olthuis, "porque há essa água toda aí".

Ao sul do escritório de Olthuis, o porto de Roterdã, o maior da Europa, ponto de entrada da maior parte do petróleo do continente, estava sendo transformado em vitrine da prontidão climática da Holanda. Uma manhã, juntei-me a uma dúzia de planejadores urbanos, quase todos norte-americanos, em um *tour* guiado por autoridades locais e pela multinacional holandesa Arcadis, empresa de engenharia de 3,3 bilhões de dólares e 22 mil funcionários que tinha tirado seu nome da Arcádia, o lugar mais agradável da Terra na antiga mitologia grega. O logo da empresa era uma salamandra-de-fogo, animal à vontade tanto na terra como na água. O representante sênior da Arcadis que nos guiou era Piet Dircke, diretor do programa internacional de águas da companhia. "Eu sou uma das pessoas à frente de todos os esforços holandeses para conquistar um lugar na adaptação à mudança climática segundo os norte-americanos", disse-me. "Estou tentando conectar as ambições internacionais de Roterdã a cidades como Nova York, Nova Orleans e San Francisco."

O que era vendido como o *tour* Roterdã à Prova do Clima começava em terra firme, às margens do mar do Norte, na joia da coroa do Projeto Delta, a Maeslantkering, uma enorme barreira contra marés de tempestade na entrada do porto. A barreira consistia em dois portões curvos flutuantes que fechavam e se encaixavam quando um sistema computadorizado – conhecido como BOS – previa uma onda de pelo menos 3 metros e acionava outro sistema – BES – para realizar a sequência de fechamento. Tratava-se de uma das maiores estruturas móveis do planeta. Cada braço de aço era duas vezes mais longo do que a altura da Estátua da Liberdade. A barreira de Maeslant custou 500 milhões de dólares e levou seis anos para ser construída e instalada, e, quando finalmente estava pronta, a rainha Beatriz, da Holanda, veio em pessoa inaugurá-la. A partir daí, só foi usada uma vez, em 2007. Foi construída para resistir a tudo, menos a uma tempestade que só acontece uma vez a cada 10 mil anos, ainda que a mudança climática, dizem, possa alterar esse cálculo.

Os planejadores do *tour* ocupavam-se tirando fotos dos braços abertos e escalando um lugar parecido com uma colina a fim de conseguir um bom ângulo da Maeslantkering inteira. Impossível. Ela era grande demais. Dentro de um centro de visitantes, um guia mostrou-nos uma maquete, e, depois de termos ficado devidamente impressionados, partimos para o centro da cidade. Perto da antiga sede da

Holland America Line, embarcamos em um táxi aquático e logo estávamos passando por uma área de 4 mil acres de antigos estaleiros que tinha se tornado um dos maiores sítios de construção da Europa.

"A ambição de Roterdã é ser um dos lugares onde o novo futuro será criado", disse o gerente de remodelação do porto depois que descemos do barco para nos juntarmos a ele em um píer. Nós o seguimos até um prédio ornamentado que um dia pertenceu ao estaleiro RDM. "RDM" não era mais a sigla de Rotterdamsche Droogdok Maatschappij, garantiu ele. Significava Research, Design, and Manufacturing [Pesquisa, Projeto e Produção], e o local estava sendo recriado como campus futurista para institutos de pesquisa e universidades técnicas dedicadas a soluções para os problemas do mundo. Em prédios próximos, alunos aperfeiçoavam karts de emissão zero, kits de conversão para ônibus movidos a hidrogênio e o Clube de Dança Sustentável, em que a força dos passos dos dançarinos mantinha as luzes acesas. "Vamos ser um centro para tecnologia de água e para tecnologia limpa, o Vale do Silício das terras baixas", continuou o gerente do porto. "As pessoas virão mesmo quando o nível do mar estiver subindo." Um planejador da região da baía de San Francisco levantou a mão. "Mas por que investir aqui e não em outro lugar, como Cingapura, Xangai ou o Vale do Silício?", perguntou. O gerente sorriu. "Porque estamos transformando a ameaça em oportunidade", respondeu. "Estamos dizendo à comunidade internacional: 'Se você instalar sua empresa aqui, podemos garantir que vamos manter seus pés secos'."

Tendo decidido ser líder global em adaptação climática e conhecimento da água, Roterdã havia criado uma rede chamada Connecting Delta Cities [Cidades de Delta Conectadas], que realizava conferências e acelerava a circulação de seus especialistas e conhecimentos em cidades-membros em seis continentes. Do outro lado do porto, empresas como Shell, BP, IBM e Arcadis já tinham sido convencidas a participar do Campus Climático de Roterdã. "Ele provavelmente será flutuante", disse-nos um representante. Em outro lugar do porto haveria bairros e laboratórios flutuantes, e alguns alunos da RDM ficariam no SS Rotterdam, outrora o principal navio da Holland America Line. "Temos até uma prisão flutuante", comentou alguém.

Algumas inovações já estavam surgindo no exterior por conta própria. Em Nova Orleans, a fundação Make It Right, de Brad Pitt, e a empresa de arquitetura Morphosis, de Los Angeles, anunciariam a Float House [Casa Flutuante], que poderia elevar-se até 4 metros por meio de postes enquanto a inundação destruía os vizinhos. Quem estava vendendo um projeto semelhante era a professora por trás do Buoyant Foundation Project, que descrevia assim suas áreas de pesquisa: "Estudo das cargas de vento em prédios altos, aerodinâmica de detritos carregados pelo vento, estratégias para a redução de danos causados por furacões a prédios e origens da teoria arquitetônica russa de vanguarda do início do século XX na filosofia eslavófila místico-religiosa do século XIX". No entanto, quando o assunto eram quebra-mares, barreiras contra marés de tempestade e outras defesas na escala de uma cidade, empresas como a Arcadis não podiam deixar de crer que seus serviços eram necessários. "O efeito de 'Nova Orleans' é que os norte-americanos fizeram pedidos a empresas holandesas que somam 200 milhões de dólares", dizia uma citação de Piet Dircke em um dos folhetos do porto de Roterdã. A Arcadis tinha 71 projetos só na região de Nova Orleans, incluindo parte do Seabrook Floodgate, de 60 metros, uma mini-Maeslantkering. E Dircke, fiquei sabendo, tinha ido quatro vezes a Nova York nos seis meses anteriores.

Dircke e eu sentamos lado a lado no táxi aquático. "Claro que construímos nossa reputação como aquele país muito pequeno, mas muito corajoso, que há séculos luta contra o mar", disse ele. "A mudança climática traz novas oportunidades. Há novos desafios." Ele mencionou o Elfstedentocht, a famosa competição de patins holandesa, lamentando que a patinação no gelo tivesse virado um esporte para ambientes fechados. "Não estamos vivendo em um mundo louco? Vou lhe dizer o que é ainda mais louco: dá para esquiar bem hoje na

Holanda. Em um local que fica no sul e tem o nome de Landgraaf: uma área fechada de esqui. Todo mundo ria disso até dois anos atrás, quando abriram a temporada de esqui da Copa do Mundo ali. Nos Alpes não havia neve; em Landgraaf, sim. Sabe o que aconteceu depois da Copa do Mundo? As equipes da Áustria e da Suíça logo marcaram períodos de treinamento para o ano seguinte. Na Holanda! Imagine o mundo, daqui a alguns anos, quando só existir esqui em lugares fechados e não houver neve nas montanhas. E parece que já estamos nos adaptando a isso. É normal." Ele riu. "Já estamos nos adaptando. Nossa mente está se adaptando."

Empresas holandesas já tinham ajudado a construir barreiras contra marés de tempestade para Veneza, Nova Orleans, Londres e São Petersburgo – metrópoles que podiam pagar muito mais do que qualquer país insular –, mas elas visavam cada vez mais Nova York. O trabalho seria complexo e lucrativo. "Uma barreira não é o suficiente para proteger Nova York", explicou Dircke. "Você precisa de uma comporta no rio East. Do lado de Nova Jersey você precisa de uma comporta. No estreito de Verrazano você precisa de uma comporta. E precisa de outra perto da baía da Jamaica se quiser proteger o aeroporto JFK. São quatro buracos. Sorte não serem mais."

Isso foi três anos antes de o furacão Sandy começar a formar-se no sul do Caribe e vir rodopiando para o norte. Uma conferência tinha acabado de ser anunciada pela Sociedade Norte-Americana de Engenheiros Civis com o objetivo de considerar alguns dos primeiros projetos para uma barreira contra marés de tempestade para Nova York, e Dircke logo estaria a caminho da cidade para apresentar a ideia da Arcadis. "É muito empolgante", disse ele. Resolvi acompanhá-lo nessa ocasião.

Outro distrito, outro auditório, outra conferência sobre a elevação do nível do mar. Dessa vez não foi na Columbia, no norte de Manhattan, mas nas instalações bem menos imponentes do Instituto Politécnico da Universidade de Nova York, no sul do Brooklyn, não muito longe de onde as companhias de seguro estavam silenciosamente abandonando seus clientes, perto do canal Gowanus. Na conferência Contra o Dilúvio, da Sociedade Norte-Americana de Engenheiros Civis, a fila para o banheiro masculino – cena rara – era sempre muito mais longa do que a fila para o feminino. E pairava no ar, à época, uma sensação de que a causa estava perdida. Havia um único expositor pagante – "Por favor, visitem nosso expositor", imploravam os organizadores –, um texano ansioso que acenava bandeiras para todos os senhores idosos enquanto eles aguardavam o espaguete do jantar, que foi servido frio. A invenção do texano, Flood-Break [Quebra-inundação], era uma comporta engenhosa, de funcionamento automático, grande o bastante para proteger a garagem de uma casa, mas infelizmente não para proteger Manhattan. Do lado de dentro, os cientistas explicavam a ameaça cada vez maior a Nova York: o elemento comum com Bangladesh era que ali o nível do mar estava subindo mais do que a média global, 30 centímetros no último século. Essa taxa poderia dobrar no mesmo momento em que a cidade enfrentava furacões mais fortes. Um funcionário da prefeitura disse a um auditório semivazio que estavam em risco 802 mil prédios no valor de 825 bilhões de dólares e com conteúdos no valor de 560 bilhões de dólares. Outro palestrante chamou a atenção para Breezy Point, o bairro do Queens que seria derrubado por ondas e incêndios durante o furacão Sandy, dizendo que era uma área na qual o risco era maior. Aos cientistas seguiram-se os engenheiros e as empresas de arquitetura, que apresentaram projetos rivais para barreiras contra marés de tempestade, e a equipe da Arcadis fez um discurso muito mais sutil que o do texano – e muito mais eficaz.

 A proposta de Dircke para o estreito de Verrazano era um lindo projeto – "um monumento a mais para Nova York", disse um colega – que combinava a Maeslantkering com duas outras famosas barreiras do Projeto Delta holandês, a Hartel e a Scheldt Oriental. Ele permitiria a passagem do maior navio do mundo, o Emma Maersk, com 1,3 mil pés de comprimento e 185 de largura, ao mesmo tempo que protegeria o lugar mais endinheirado do planeta, Wall Street, de uma onda de 7 metros.

Sem incluir as outras três barreiras de que a cidade precisaria para estar completamente protegida, o projeto custaria 6,5 bilhões de dólares em uma estimativa aproximada, mais do que o dobro do projeto Espaço para o Rio, da Holanda. A apresentação da Arcadis trazia animações da comporta em ação e uma glamourosa vista aérea do porto de Nova York do futuro, seguro atrás das construções, sob um céu ensolarado. Ao fim da apresentação, os engenheiros reunidos deram uma rara salva de palmas.

Havia um lado negativo de qualquer projeto que usasse o estreito de Verrazano para proteger Manhattan de marés de tempestade – um mal necessário –, e Dircke foi franco a respeito dele. Como todos sabem, quando a água é bloqueada, ela não desaparece simplesmente; corre para outro lugar. Se uma onda viesse a toda a velocidade na direção de uma barreira no estreito, ela faria o equivalente hidrológico de um quicar e pararia em outro lugar. Midland Beach e Arrochar, em Staten Island, Bath Beach e Gravesend, no Brooklyn – esses e outros bairros cheios de imigrantes, mais pobres do que o centro, ficavam bem perto do estreito, pouco acima do nível do mar, e seriam candidatos a uma onda ainda maior. Manhattan se salvaria, e eles provavelmente ficariam submersos.

Quando o furacão Sandy atingiu Nova York no final de outubro de 2012, ainda não havia uma barreira, só uma ideia do que poderia acontecer. Em Staten Island, uma onda de quase 5 metros varreu Midland Beach, Ocean Breeze e Oakwood Beach, e 23 pessoas morreram, mais do que em qualquer outro distrito – a vasta maioria delas ao sul do estreito de Verrazano, a vasta maioria por afogamento. No sul de Manhattan, a água inundou os túneis do metrô e as estações de energia, e a paisagem urbana apagou-se, com uma exceção: na rua 200 West, perto da ponta mais ao sul da ilha, a sede do Goldman Sachs estava cercada por um enorme paredão de sacos de areia, e geradores de energia mantiveram as luzes acesas a noite inteira. Do outro lado do tempestuoso Atlântico, na Holanda, as ações da Arcadis subiram 5,6%, totalizando um aumento de 43% no ano.

Coisas melhores para uma vida melhor

A genética do clima

O mosquito da febre amarela, o *Aedes aegypti*, hoje mais conhecido como principal transmissor da dengue, reproduz-se em criadouros. Ele põe seus ovos em poças de água de chuva que ficam nos objetos deixados do lado de fora de casa: baldes, vasos, copos, ornamentos de jardim, calhas entupidas. Comprovadamente, a melhor maneira de erradicar a doença é limpar essas coisas ou sempre jogar fora a água que se acumula nelas, o que, para as autoridades de saúde pública, é um combate penoso, casa a casa, quintal a quintal. E, quanto mais a vida humana depende de plásticos, quanto mais nossos detritos se tornam habitats para os mosquitos, mais difícil é controlar a dengue. Ainda não existe vacina contra ela, e o *Aedes aegypti* pica principalmente durante o dia, fazendo com que telas para dormir sejam em grande medida inúteis. A urbanização, o comércio globalizado e o aumento das viagens aéreas também ajudaram a tornar a dengue uma epidemia global, 3 mil vezes mais prevalente do que era na década de 1960: todo ano, cerca de 100 milhões de pessoas são infectadas e 22 mil morrem em mais de 100 países. O *Aedes* gosta do calor e prefere os seres humanos a qualquer outro animal. É atraído pelo CO_2 que exalamos ao respirar, e seu alcance potencial se amplia, na opinião de muitos cientistas, com cada tonelada de CO_2 emitida por nossas indústrias.

O *Aedes aegypti* originou-se na África, e o *Aedes albopictus*, que também pode transmitir a dengue, é da Ásia. Uma ou ambas as espécies podem hoje ser encontradas em 28 estados norte-americanos, principalmente na Flórida: em 2009, a primeira epidemia de dengue nos Estados Unidos em 75 anos aconteceu em Key West, o paraíso de Jimmy Buffett e de Ernest Hemingway, a cidade mais meridional e mais quente de todos os estados continentais norte-americanos. Um turista voltou doente para Nova York, e logo a origem da doença foi rastreada: uma rua tranquila na parte antiga da cidade. Houve 27 casos confirmados naquele ano, 66 no ano seguinte. Uma equipe do Centro de Controle de Doenças coletou amostras de sangue e estimou que 5% da população de Key West – mais de mil pessoas, muitas das quais sem sintomas – tinha sido exposta à dengue. Em sua forma branda, a doença causa dores de cabeça, febres, irritações na pele, sangramentos nas gengivas e intensas dores musculares e nas juntas. Sua forma mais grave, conhecida como dengue hemorrágica, provoca sangramentos no nariz, manchas roxas na pele e pode levar à morte.

Dependendo da aprovação regulamentar, Key West logo se tornaria também o local do primeiro lançamento de mosquitos geneticamente modificados (GM) dos Estados Unidos. O principal produto da empresa britânica Oxitec, o *Aedes aegypti* OX513A, era uma espécie de cavalo de Troia. Enviados aos milhões para acasalar-se com o *Aedes* nativo, os mosquitos modificados eram portadores de um gene suicida que teoricamente condenaria a geração seguinte a uma morte prematura, tornando impossível a transmissão da dengue. A modificação genética era a lógica da adaptação climática levada um passo à frente: em vez de mudar como e onde a vida era vivida, ela mudaria, mesmo que modestamente, aquilo que a vida era.

Visitei Key West em agosto, no pior momento do verão. Com o ar--condicionado no máximo, o inspetor do Distrito de Controle de Mosquitos de Florida Keys, John Snell, levou-me em sua picape um dia de manhã ao ponto mais alto da região histórica, 5,5 metros acima do nível do mar, e estacionou-a. Ali perto ficava o antigo cemitério da cidade: 19 acres pontilhados de palmeiras onde os turistas vinham ver o túmulo do ano de 1,20 metro "General" Abe Sawyer, que tinha sido enterrado em um jazigo inteiro só para ele; a lápide da garçonete hipocondríaca B. Pearl Roberts, que afirmava: "Eu disse que estava doente";

e o local de repouso da enfermeira Ellen Mallory, que cuidava de vítimas da febre amarela no começo do século XIX, décadas antes de qualquer pessoa relacionar a doença a mosquitos. Se não era o cemitério original da cidade – este tinha sido destruído por um furacão colossal em 1846, deixando os corpos espalhados sobre as árvores –, era antigo o bastante para constituir a parte mais difícil da ronda de Snell. Os túmulos de quase 100 mil pessoas, quatro vezes a população viva da ilha, significavam muitas flores frescas. "Alguns vasos são simplesmente uma batalha constante, constante", disse Snell. "Quando vejo que um vaso já está ali há muito tempo, eu simplesmente jogo tudo fora, mas os vasos novos eu trato, com meio comprimido de larvicida em cada um." Ele gastava duzentos comprimidos por mês.

Snell era um dos oito inspetores domiciliares de Key West – duas vezes mais do que a cidade tinha antes da epidemia de dengue. Ele usava óculos de sol estilo surf e camisa de colarinho branco e, quando saímos da picape, carregava na mão uma gambiarra, misto de bastão de esqui e concha, larvicida e uma seringa de cozinha em sua pochete preta. Sua tarefa era livrar do *Aedes* cerca de quarenta quadras e 1,1 mil casas, e sua carga de trabalho aumentava e diminuía com as estações. As temperaturas mais quentes aceleram não apenas o desenvolvimento do mosquito, mas também o período de incubação do vírus da dengue, e os inspetores dispõem de uma janela menor para erradicar hospedeiro e doença. "No inverno, na estação seca, não é tão ruim", disse Snell. Havia duas semanas para pegar larvas do mosquito antes que fosse tarde demais. Entretanto, no verão quente e úmido, ele tinha apenas quatro dias.

"Esse é o grande problema agora", comentou enquanto nos aproximávamos de uma cerca destruída. "Há muitos despejos. E, quando uma casa é esvaziada, o banco corta os cuidados com a piscina, o paisagismo e tudo o mais, e as coisas vão de mal a pior." Um quintal largado era ideal para a reprodução do *Aedes*, e a Flórida competia com outros estados do Cinturão do Sol – Nevada, Arizona,

Califórnia, Geórgia – pela maior taxa de execuções de hipotecas no país. Mesmo a rica Key West tinha tido seu quinhão. Enquanto isso, os seguros imobiliários, mais altos do que em qualquer estado, exceto na Louisiana arrasada pelo Katrina, só faziam subir à medida que as seguradoras se retiravam do litoral ou simplesmente abandonavam o estado. Não era possível comprar uma casa sem seguros adicionais contra inundação e tempestades de vento, da Agência Federal de Gestão de Emergências, que muitas vezes custavam mais do que a apólice principal. Não se podia comprar seguro contra tempestades de vento senão da detestada Citizens Property Insurance Corporation, apoiada pelo estado, que um dia fora a seguradora de último recurso e agora era a maior da Flórida, depois de absorver as apólices de empresas privadas que tinham deixado o estado. O mar do Caribe está subindo apenas um pouco menos rápido do que outros, e já havia passado da hora de Key West – que detinha o mais longo recorde de nível do mar no Ocidente – receber outro furacão ao estilo do de 1846.

Snell apoiou-se sobre um portão trancado e saltou-o com um pulo. Do outro lado havia um deque de madeira, uma palmeira, uma pequena piscina e uma jacuzzi. O calor logo ficou sufocante. "Pode haver um vento de 20 nós, e neste quintal tudo permanece parado", disse. Ele tinha se apropriado da jacuzzi para criar peixes para sua luta contra a dengue: os pequenos peixes-mosquitos comiam larvas, e ele os jogava em cisternas e em comedouros de pássaros enquanto caminhava pelos quintais do paraíso. Os moradores dos Keys tinham no passado o hábito de manter cisternas – criadouros ideais para o *Aedes* – sob a casa, e ainda havia 350 delas, além de quase 250 poços. Os cientistas tinham estabelecido que bastaria que menos de 2% das casas tivessem o *Aedes* para que não houvesse transmissão de dengue. Naquele verão, porém, a incidência em dois bairros aproximava-se de 50%. Snell deu uma olhada no quintal procurando sinais de mosquitos, e, como não encontrou nenhum, pulamos o muro de volta. Na rua, cheia de casas em tons pastel com as persianas abaixadas, porque seus proprietários tinham fugido do verão, não víamos vivalma.

Era extremamente difícil estabelecer um modelo da disseminação da dengue, explicou-me Michel Doyle, o chefe de Snell no Distrito de Controle de Mosquitos. Havia fatores demais. Isso valia especialmente quando se tratava de estimar os efeitos da mudança climática. Grandes tempestades podiam produzir criadouros em escombros encharcados – como a explosão do *Aedes aegypti* nas ilhas Cayman após o furacão Ivan, em 2004 –, mas as secas também podiam ser perigosas caso as pessoas começassem a armazenar água extra em recipientes abertos. "Não existe a relação simplista de que, se ficar mais quente, esse mosquito vai aparecer por toda parte, de que ele vai para o norte e pronto", disse ele. "Também existe a questão de como o clima afeta as pessoas, entende? Se estiver muito quente, elas podem passar mais tempo dentro de casa, onde há ar-condicionado, e assim vão ter menos contato com os mosquitos." Doyle e sua família tinham acabado de se mudar para lá vindos do Colorado, onde ele havia combatido o vírus do oeste do Nilo, outra doença transmitida por mosquitos e associada à mudança climática. Sua sogra já estava reclamando dos mosquitos na casa que tinham alugado nos Keys, e por isso seus novos empregados preparavam uma força de ataque especial para erradicar o problema.

Até os órgãos federais concluírem que a ameaça da dengue era grave o bastante para permitir a entrada do *Aedes aegypti* OX513A, da Oxitec, o Distrito de Controle de Mosquitos teria de fornecer a inspetores como Snell outro tipo de apoio aéreo: um helicóptero Bell 206 equipado com sprays que voava 15 a 18 metros acima da região histórica da cidade duas vezes por mês despejando uma chuva de inseticida nos telhados e nos carros alugados dos turistas. O inseticida, VectoBac, baseava-se na cepa da bactéria natural *Bacillus thuringiensis* (Bt) e, como explicou Doyle, matava as larvas dos mosquitos e quase nada mais. Em um carro recém-polido, suas gotas pareciam leite seco.

Marquei minha visita para o horário do borrifamento pelo helicóptero. Doyle e eu nos encontramos no raiar do dia seguinte para seguir as caudas gêmeas de vapor de inseticida pela região histórica. O helicóptero tinha de cobrir uma área de 950 acres, e seu tanque de 750 litros só era suficiente para 200 antes de precisar reabastecer. O piloto fez cinco investidas o mais rápido possível, para que o distrito não tivesse de pagar mais tempo de helicóptero do que já mal conseguia. Nosso jipe foi lentamente pelas ruelas, tendo vislumbres das caudas de vapor parcialmente encobertas por postes de telefone, telhados e fios. Tivemos uma vista livre do helicóptero voando rápido de um lado para o outro apenas quando fomos para um terreno baldio aberto ao lado de uma rua movimentada, na frente de uma igreja luterana. Saímos do jipe, e, sob o sol, Doyle começou a contar histórias de guerra, entre elas a da campanha de erradicação no Colorado em que eles, carregando o inseticida em mochilas, borrifaram à mão uma floresta inteira. "Treze caras, com treze mochilas", disse. "Todos arranhados, todos sujos. E fizemos 56 acres!" O helicóptero descreveu uma bela curva larga em cima da igreja e veio a toda em nossa direção. Voltamos para o jipe. Na rua, um mendigo passava empurrando uma bicicleta. Ele olhou para o céu, cobriu a boca e o nariz com uma camiseta velha e continuou andando.

A dengue tinha atingido Key West bem no momento em que a assembleia legislativa conservadora da Flórida havia imposto limites à autoridade fiscal dos municípios. O Distrito de Controle de Mosquitos gastaria quase 12 milhões de dólares no ano fiscal de 2011-12, mas receberia menos de 10 milhões de dólares. Estava queimando suas reservas financeiras. E, no tocante ao combate aéreo, os helicópteros eram muito mais caros do que os mosquitos transgênicos – outra razão pela qual o distrito queria muito que eles fossem aprovados. A Oxitec também desejava muito a aprovação: já havia pagado 130 mil dólares pelo lobby do escritório McKenna Long & Aldridge – que prestara seus serviços advocatícios à Monsanto –, mas ainda não tinha visto os resultados. A reação do público aparentemente mal era considerada. Quando cheguei à Flórida, a divulgação a respeito da iminente nuvem de OX513AS até aquele momento havia se restringido a uma única apresentação à aliança comercial gay da região. (Logo, depois de protestos da Friends of the Earth e de outros ativistas contrários à modificação genética, a notícia estava em destaque na primeira página do site do Distrito de Controle de Mosquitos: "Aviso importante: testes com lançamento de mosquitos machos geneticamente modificados".) Em sua apresentação, a representante do distrito explicou que centenas de milhares de mosquitos "estéreis" da Oxitec seriam soltos toda semana por seis meses. Somente as fêmeas picam; esses mosquitos seriam machos. Um coquetel de inspeções, inseticidas e OX513AS reduziriam a população local do *Aedes aegypti* a "zero ou quase zero". Solturas contínuas, de baixa intensidade, conseguiriam mantê-la em níveis baixos a um custo de 200 mil a 400 mil dólares por ano. Claro que a equipe do distrito continuaria trabalhando, mas, para realmente vencer a dengue, teria de controlar a própria natureza, ao menos um tipo de natureza. Como sua representante desajeitadamente explicou aos empresários gays, os mosquitos machos "são mais eficientes do que os humanos para achar fêmeas".

"A questão-chave", observou Luke Alphey, fundador da Oxitec, "é que precisamos arrumar fêmeas selvagens em número suficiente para acasalar-se com eles. É uma questão de quantidade e de qualidade. O teste de qualidade é o seguinte: os machos são atraentes? Estão em forma? São saudáveis? Felizes?". Nos mosquitos, continuou ele, havia índices indiretos que permitiam determinar isso. A longevidade era fácil de medir, e o *Aedes aegypti* fora de forma morria jovem. O tamanho era importante: mosquitos pequenos têm reservas de energia menores. Talvez a simetria fosse importante. Os seres humanos atraentes têm rosto simétrico. "Kylie Minogue tem um rosto simétrico", disse-me

Alphey quando o visitei na Inglaterra. No entanto, a única maneira de realmente saber se as fêmeas aceitariam um macho geneticamente modificado em vez do natural consistia em fazer testes de campo, motivo pelo qual a expansão da dengue a lugares que viam com bons olhos os GM, como Key West, era tão importante para a Oxitec.

Nem Alphey nem sua empresa exageravam a complexa relação da doença com a mudança climática, mas o site da Oxitec remetia os visitantes a um relatório da ONG National Resources Defense Council que destacava o aquecimento global como um dos principais fatores na expansão global da dengue, e suas páginas também ressaltavam o impacto do fenômeno. "Com a progressão da mudança climática e a globalização das viagens e do comércio", dizia uma seção intitulada "Epidemiologia", "pode-se prever que a dengue vá espalhar-se para além das atuais zonas tropicais". A mudança climática era, no mínimo, mais uma razão para o mundo querer comprar os produtos da Oxitec.

O escritório de Alphey ficava no segundo andar de um prédio de tijolos coberto de videiras selvagens, cercado por um gramado bem aparado e árvores baixas nos limites de um parque industrial a 20 quilômetros da Universidade de Oxford. O escritório em si era modesto, sem decoração, apenas com alguns papéis espalhados. Alphey, de 47 anos, alto e parecendo em forma, tinha o rosto moderadamente simétrico. Se os ativistas haviam atacado a Oxitec por sua política de sigilo, para mim o ex-professor de Oxford mostrou-se ansioso para ensinar, feliz por passar a manhã explicando a ciência por trás de sua maior invenção.

Ele a chamava de RIDL: *Release of Insects Carrying a Dominant Lethal* [liberação de insetos portadores de um gene dominante letal]. Protegida pela solicitação de patente 11.733.737 dos Estados Unidos ("a invenção diz respeito a um organismo multicelular não humano portador de um sistema genético dominante letal"), era, segundo Alphey, uma nova maneira de realizar um antigo método de erradicação de insetos. Na década de 1950, os entomologistas tinham criado a técnica do inseto estéril (TIE): expor à radiação moscas-da-fruta de laboratório ou moscas tsé-tsé e depois soltá-las. Elas se acasalavam com as fêmeas selvagens, mas não produziam prole. Infelizmente, os mosquitos eram frágeis demais para a TIE; a radiação os matava. Por isso, Alphey buscou um modo de inserir a autoeliminação em seus genes. Achou-o em um DNA sintético conhecido como tTA – uma fusão de segmentos de DNA da bactéria *Escherichia coli* e do vírus do herpes simples –, que logo começou a inserir nos *Aedes aegypti*. Uma diferença entre a técnica de Alphey e a TIE tradicional era que os mosquitos criados por ela não eram tecnicamente estéreis. Eles conseguiam acasalar-se e gerar prole, mas esta não passaria da fase larval sem a presença de um antídoto: a tetraciclina, um antibiótico comum. No criadouro de mosquitos da Oxitec, a tetraciclina era abundante; na natureza, em teoria, não.

Em um estudo feito para testar o RIDL, Alphey colocou OX513As em um grupo de gaiolas, machos sem modificações em outro, e jogou nelas algumas fêmeas "selvagens". Os OX513As foram desajeitados: inseminaram pouco mais da metade das parceiras, provavelmente por terem ficado sem esperma, e, ao contrário de seus rivais, pareciam não conseguir distinguir entre fêmeas selvagens virgens e outras. No entanto, em um período curto, três dias, as linhagens modificada e não modificada tiveram desempenho igualmente bom. Para os investidores, isso talvez tenha soado como algo positivo: a Oxitec teria de não apenas produzir e liberar enxames grandes o bastante para competir com a população nativa, como fazê-lo com bastante frequência. Uma boa medida, disse Alphey, era liberar vinte mosquitos modificados por pessoa a cada semana. "Para uma cidade de 5 milhões de habitantes", escreveu em um artigo científico, imaginando talvez Miami, Madri, Ahmedabad, Belo Horizonte ou inúmeras outras cidades secundárias do Terceiro Mundo, "isso corresponderia a lançar 100 milhões de machos por semana".

Para aqueles que preferem cautela em relação à manipulação genética, a liberação intencional de um organismo transgênico na natureza pode parecer muito mais assustadora do que otimizar uma variante já domesticada. É isso que faz a gigante agrícola Monsanto, a maior empresa de sementes do mundo e o primeiro nome em engenharia genética, por mais que urrem os ativistas. Entretanto, produtos como os da Monsanto – superalgodão, supermilho – foram projetados para competir com as variantes tradicionais e superá-las, ressaltou Alphey. Eles foram desenvolvidos para viver. Os produtos da Oxitec, por sua vez, eram desenvolvidos para morrer. "Politicamente, a autolimitação é muito melhor", disse-me. "Você pode dizer aos órgãos reguladores: 'Se eu parar de liberar, acaba tudo'."

Contudo, o primeiro teste em campo do *Aedes aegypti* da Oxitec, nas ilhas Cayman, a 580 quilômetros da Flórida, foi altamente controverso. Precursor de experimentos na Malásia e no Brasil, e de testes programados no Panamá, na Índia, em Cingapura, na Tailândia e no Vietnã, assim como em Key West, ele começou com a separação manual, por cientistas da região, das larvas machos e fêmeas por tamanho – as fêmeas são maiores – usando o que foi chamado de "método da peneira". Eles conseguiram um nível de precisão de 99,55%, e 3 milhões de ox513As foram liberados em uma área de 40 acres. Visto de outro ângulo, metade de 1% dos mosquitos liberados, quase 15 mil, eram fêmeas geneticamente modificadas capazes de picar ilhéus que mal faziam ideia do experimento. Os resultados, porém, publicados no final de 2011, foram impressionantes: após seis meses, o número de *Aedes aegypti* selvagens foi reduzido em 80% – "um sucesso absoluto", proclamou Alphey em uma reunião da Sociedade Norte-Americana de Medicina Tropical e Higiene, na qual ele pela primeira vez anunciou os testes a um mundo surpreso. (Um teste posterior, no estado da Bahia, no Brasil, reduziria a população selvagem em 96%.)

Na limitada divulgação feita pelas autoridades das ilhas Cayman antes dos testes – panfletos, um anúncio de cinco minutos na TV local –, a modificação genética não foi sequer mencionada. Os mosquitos eram repetidamente descritos como "machos estéreis", expressão que o próprio Alphey usava até ser criticado. "Se uma fêmea se acasala com um macho estéril", dizia um comunicado conjunto da Oxitec e dos cientistas das ilhas Cayman, "ela não vai se reproduzir, e assim a geração seguinte terá sua população reduzida". Pesquisadores do Departamento de Agricultura dos Estados Unidos e do Instituto Max Planck, da Alemanha, logo estudaram os artigos da Oxitec e seus relatórios e observaram uma questão que não era apenas semântica: no laboratório, quase 3,5% das larvas nascidas de um macho modificado e de uma fêmea selvagem de algum modo sobreviviam, mesmo sem a tetraciclina. Quase 3,5% de 100 milhões de mosquitos é um número bem grande. "É plausível ter a preocupação", escreveram, "de que as fêmeas injetem tTA – a fusão da E. *coli* com o DNA do herpes – nos seres humanos".

Alphey imediatamente admitiu ser razoável um temor expresso pelos críticos: se o *Aedes aegypti* for extinto, o *Aedes albopictus*, o mosquito-tigre asiático, não poderia vir a ocupar seu nicho ecológico? "Nos lugares onde há os dois", explicou, "é preciso presumir que, ao eliminar um, você aumenta o outro um pouquinho. No entanto, o *albopictus* é muito menos eficiente como vetor da dengue". Em alguns casos, sugeriu, a campanha da Oxitec contra o *aegypti* poderia facilmente tornar-se uma campanha contra o *albopictus* – uma espécie de *Guerra sem fim** entomológica. O primeiro protótipo RIDL da Oxitec, o OX3688, tinha, de fato, sido uma variante do *albopictus* desenvolvido na época em que o mosquito se expandia no mercado norte-americano. Ele agora estava na fase de "otimização do produto".

Uma destacada defensora dos mosquitos GM é a Fundação Gates, que, com seus 33,5 bilhões de dólares, é a maior organização beneficente

---

* Referência ao romance de ficção científica militar *Forever War*, escrito pelo norte-americano Joe Haldeman em 1974; no Brasil, foi publicado apenas em 2009, pela editora Landscape. [N.T.]

do mundo e compartilha o foco de seu fundador em tecnossoluções. Em sua carta anual de 2012, Bill Gates afirmou que "a inovação é a chave", mas notou um problema estrutural: se a motivação é o lucro, os problemas do Terceiro Mundo raramente recebem soluções de Primeiro Mundo. "O mercado privado faz um ótimo trabalho de inovação em muitas áreas", escreveu, "para gente que tem dinheiro. O foco da nossa fundação é incentivar a inovação nas áreas em que há menos oportunidade de lucro, mas nas quais o impacto para quem precisa é muito alto".

A Fundação Gates é tão grande que aparentemente consegue sozinha ditar as prioridades de assistência global, e duas de suas causas favoritas são as doenças transmitidas por mosquitos e a agricultura. Em 2005, ela concedeu um subsídio de 19,7 milhões de dólares para um consórcio de modificação genética de mosquitos que incluía a Oxitec e algumas universidades públicas. (A verba foi destinada a variedades de mosquitos "de código aberto", não ao OX513A.) A fundação também doou 13 milhões de dólares a um grupo que estava tentando, na Ásia e na Austrália, infectar o *Aedes* com uma bactéria que acabava com a dengue, 62 milhões de dólares à Iniciativa da Vacina contra a Dengue, de abrangência internacional, havia muito parada, e meio bilhão de dólares no mínimo à GlaxoSmithKline (GSK) para apressar uma vacina contra a malária, esperada fazia bastante tempo, mas posta de lado – como tantas candidatas a tornar-se a vacina contra a dengue – porque havia pouco lucro em uma doença dos pobres tropicais. Como a dengue, a malária estava em expansão pelo planeta. "Acho razoável dizer que todos nós, da comunidade mundial de saúde, estamos cientes do impacto potencial do aquecimento global", disse o doutor Rip Ballou, da Fundação Gates, ex-funcionário da GSK e defensor da vacina por trinta anos, "ainda mais no que diz respeito a doenças transmitidas por vetores".

Na agricultura, o equivalente da parceria com a GSK era a colaboração da Fundação Gates com a Monsanto, a mais nova líder na corrida por culturas capazes de enfrentar as mudanças climáticas e, como a GSK, uma empresa de capital aberto que de outro modo não conseguiria justificar produtos destinados a pessoas que não poderiam pagar por eles. A Monsanto tem faturamento anual de 11 bilhões de dólares, e seus acionistas vão do fundo de mudança climática do Deutsche Bank à própria Fundação Gates. Ela era subcontratante da Fundação de Tecnologia Agrícola Africana, financiada pela Fundação Gates, que recebera 40 milhões de dólares para desenvolver milho resistente à seca para cinco países subsaarianos. Em 2009, as primeiras variedades do continente foram testadas sob o sol sul-africano. Dois anos mais tarde, depois do Natal, a MON87460 – também uma variedade de milho geneticamente modificada resistente à seca –, da Monsanto, foi silenciosamente desregulamentada para uso em Iowa, em Indiana e em Nebraska. Ela vinha com um detalhe: o Departamento de Agricultura dos Estados Unidos a tinha considerado só um pouquinho mais resistente à seca do que as variedades existentes. "Variedades igualmente comparáveis produzidas por meio de técnicas convencionais de reprodução estão imediatamente disponíveis", dizia a avaliação ambiental.

Desde 2008, ativistas contrários à modificação genética vêm mapeando os preparativos para o aquecimento global feitos pela Monsanto e pelas outras cinco empresas que chamam de "Gigantes Genéticas": Basf, DuPont, Bayer, Dow e Syngenta, esta última a *alma mater* de diversos funcionários seniores da Oxitec. Os ativistas identificaram pelo menos 2.195 registros de patentes relacionados a "resistência ao estresse abiótico" – resistência a temperaturas extremas, resistência a secas, resistência a qualquer coisa no ambiente que, embora não esteja viva, não é amigável.

As líderes da corrida de patentes climáticas eram a Basf e a Monsanto, parceiras desde 2007 no "maior programa de pesquisa e desenvolvimento em biotecnologia jamais conhecido", um esforço que chegaria a 2,5 bilhões de dólares para o desenvolvimento de milho, soja, trigo, algodão e canola resistentes ao estresse. A Monsanto havia muito tinha abandonado suas atividades no ramo de produtos químicos – Phos-Chek para incêndios, agente laranja para florestas, DDT para insetos – nas décadas que se seguiram a uma importante conquista: em 1982, seus cientistas foram os primeiros do mundo a modificar geneticamente uma célula vegetal. No entanto, as patentes sobre as quais foi construído um império – do herbicida Roundup e de culturas resistentes a ele – estavam começando a expirar. A Monsanto precisava de outra conquista. Ela estava tentando reinventar-se. "Como podemos extrair mais nutrientes de um pingo de chuva?", perguntava o anúncio da Monsanto que aparecia em destaque nas revistas *The New Yorker*, *The Atlantic* e *National Geographic*. Quando a Monsanto e a Basf identificavam uma sequência genética útil em uma planta, muitas vezes solicitavam uma patente dela que valia para diversas plantas. Uma solicitação da Basf de 2009 é ilustrativa. "Requeremos o direito sobre [...] uma célula vegetal transgênica transformada com um polinucleotídeo isolado", diz a patente norte-americana 7.619.137. A célula vegetal era encontrada em: "milho, trigo, centeio, aveia, triticale, arroz, cevada, soja, amendoim, algodão, colza, canola, *manihot*, pimenta, girassol, cravo-de-defunto, batata, tabaco, berinjela, tomate, espécies de *Vicia*, ervilha, alfafa, café, cacau, espécies de *Salix*, dendê, coco, gramíneas perenes e uma cultura de forragem".

"Quanto mais conhecemos a biologia da planta", disse-me Sara Duncan, porta-voz da Monsanto, "mais preparamos o caminho para avanços futuros". Para empresas de biotecnologia, o campo da genômica – o sequenciamento completo do DNA de um organismo – oferecia uma espécie de mapa do mercado imobiliário. O arroz foi o primeiro cereal e o segundo vegetal a ser sequenciado, em 2005, cinco anos depois de um rascunho básico do genoma humano ter sido construído. O do arroz é relativamente simples, uma pedra de Roseta para o genoma das culturas vegetais, e as lições aprendidas aí podem ser aplicadas ao milho e ao trigo, mais lucrativos. É por isso que três quartos do genoma do arroz já estavam nomeados nas solicitações de patentes nos Estados Unidos em 2006.

E é por isso que, na colaboração entre a Basf e a Monsanto, que estava se transformando em uma potência climática, o arroz era a cultura-modelo.

Dentre mais de 3,5 mil espécies de mosquitos, a segunda a ter seu genoma decodificado foi o *Aedes aegypti*. A primeira, em 2002, foi o *Anopheles gambiae*, um dos mais mortíferos transmissores da malária na África subsaariana e importante alvo da Fundação Gates. Quando um pesquisador descobriu que o *Anopheles gambiae* sente atração por mau cheiro, a fundação mais rica do mundo gastou 775 mil dólares para testar armadilhas que fediam a chulé e a queijo Limburger. É notável que a Fundação Gates não tenha gastado um único centavo para ajudar a reduzir as emissões de carbono. "Acreditamos que a melhor maneira de a fundação lidar com a mudança climática é ajudando os agricultores pobres a adaptar-se", dizia um resumo de sua estratégia para a agricultura. Uma espiga de arroz GM não parece nada diante de um quebra-mar, mas, para um tecnocrata, é tudo igual – mais um remendo, mais uma atualização de software para um mundo cada vez mais programado por nós.

Fora da estufa, uma das unidades principais da colaboração entre a Basf e a Monsanto, a temperatura era a da Bélgica no inverno, mas dentro do espaço de 2,4 mil metros quadrados o clima era quente e equatorial – uma reprise da tenda do Deutsche Bank em Wall Street, só que sem a sucuri. A temperatura ficava entre 28 e 30 graus Celsius, explicou-me Marnix Peferoen enquanto tirava o suéter, e a umidade era de 70%. Para meu nariz urbano, o lugar cheirava a cervejaria. As plantas de arroz, em potes plásticos transparentes, cada qual equipado com um código de barras e um transponder RFID,* estavam organizadas em linhas perfeitas sob 30 mil luminárias. No interior da estufa não havia quase ninguém, mas um fluxo

---

* Sigla de *Radio Frequency Identification*, identificação por radiofrequência. [N.T.]

constante de música no estilo europop, sintetizada e superproduzida, retumbava dos alto-falantes à medida que nos aproximávamos do que era conhecido como Sistema de Plantas Ambulantes. Esteiras transportadoras serpeavam pela construção – "feitas dos mesmos cintos de seu carro", disse Peferoen – sacudindo mudas de um lado para o outro, enquanto robôs removiam algumas do desfile. Mais de 50 mil plantas ficariam ali até florescer – de três a quatro meses. Sondas mediam seus níveis de água e etiquetas marcavam sua idade. O nível de estresse da seca era visto nas próprias plantas: verde-escuro saudável, verde-claro sedento. "Na maior parte dos casos, nós as submetemos à seca quando estão florescendo", esclareceu Peferoen, "mas também podemos decidir deixar a água baixa o tempo todo". No verão, depois das seis da tarde, eles fechavam as persianas da estufa, que virava "uma caixa completamente preta", vedada para o mundo exterior, para que as plantas de *Oryza japonica* só recebessem onze horas e meia de luz diurna, como teriam recebido nos campos asiáticos. Para manter a integridade do experimento, um computador tornava aleatória a localização das plantas no ambiente, e entre elas havia mudas sem gene algum preparado para a mudança climática, plantas-controle que estavam ali para sofrer – mais, presumia-se – ao lado de suas equivalentes melhoradas.

 Seguimos as esteiras até uma caixa alta do outro lado da estufa: a "cabine de imagem", ou Aris – *Automatic Rice Imaging System* [sistema automático de imagem de arroz], uma espécie de máquina de ressonância magnética para plantas. Cada muda passava ali uma vez por semana para ser fotografada de sete ângulos diferentes, inclusive através das paredes de seu pote transparente feito sob medida. O objetivo era medir "parâmetros vegetativos". Nas imagens, a área total dos pixels dava uma ideia da biomassa total – "tiramos dados dos pixels; está tudo nos pixels", disse Peferoen, acenando empolgadamente com a cabeça – e o desenvolvimento das raízes era avaliado pelo número e pela largura das linhas fotografadas abaixo da planta. As mudas corriam pela máquina em um ritmo alucinante, 800 por hora, 7 mil por dia, cada qual iluminada por alguns segundos por flashes de luz e depois devolvida pela esteira para seu arrozal artificial. Cada imagem tinha 3 megabytes, explicou Peferoen; aproximadamente 50 mil imagens por dia significavam 150 mil megabytes de dados diários. Por isso, eles esperavam o tráfego da internet diminuir para transmitir tudo para os computadores da Basf analisarem, enviando os dados durante a noite, em lotes, enquanto o resto da Bélgica dormia.

Gante, na Bélgica, era um dos locais de nascimento da biotecnologia. Ali, no começo dos anos 1980, cientistas descobriram como transplantar genes para plantas infectando-as com bactérias. Quando visitei a CropDesign, subsidiária da Basf, a indústria tinha crescido tanto que tratei com três relações-públicas de três países diferentes. O alemão, o norte-americano e o belga me puseram sentado por horas a uma mesa amarelo-mostarda e me fartaram de apresentações em PowerPoint. O alemão me deu estatísticas sobre as culturas GMs: em 1997, um ano antes de a Basf, a "empresa química", ter começado a trabalhar com modificação genética, 25 milhões de acres foram plantados no mundo inteiro; em 2011, 400 milhões. Em 2020, a resistência aos herbicidas – característica que até então fazia a fortuna da indústria – valeria menos de 100 milhões de euros; as propriedades que constituíam o que a CropDesign chamava de "rendimento intrínseco" – resistência à seca, resistência ao sal, resistência ao estresse –, 2 bilhões de euros. O belga explicou aquilo que Norman Borlaug tinha obtido nos anos 1960 com a Revolução Verde: densidade. "Considere a planta individual de milho quarenta anos atrás e a planta individual de milho hoje", disse, "e a diferença não é tanta. A grande diferença é que, quando era criança, eu podia correr pelos campos de milho e construir casas neles. Hoje não existe a menor chance de você conseguir passar por eles". A Monsanto havia recentemente prometido duplicar a produção de milho, de soja e de algodão.

O CEO da CropDesign veio para informar que aquilo que eu estava vendo era parte do processo TraitMill, patenteado pela empresa, "uma via expressa da seleção genética à solicitação de patentes". Criações promissoras da estufa eram enviadas para testes de campo nos Estados Unidos, no Brasil ou a outra subsidiária da Basf na Alemanha, onde se documentavam as mudanças nos aminoácidos a cada gene modificado. Até então, 150 mil patentes tinham sido registradas, uma para cada mudança em cada aminoácido. "Só registramos quando averiguamos dados válidos nas colheitas", esclareceu. Eles já haviam identificado propriedades para uma produção 50% maior, com sementes 30% maiores. O orgulho do CEO pelo sistema brilhava em jorros de corporativês. "O TraitMill é a maior plataforma validada baseada em culturas para o desenvolvimento de características produtivas", afirmou, radiante. "E é protegido por patente!"

O alcance de voo típico do *Aedes aegypti*, geneticamente modificado ou não, é de cerca de 100 metros, e a caminhada entre o escritório de Luke Alphey e o viveiro de mosquitos da Oxitec era pelo menos o dobro disso. Eu ainda não tinha visto um OX513A, e, assim, antes de almoçarmos, fomos dar um passeio pelo parque industrial. A dengue vem em ciclos de expansão e queda, como ele me lembrou. "As pessoas só prestaram atenção de verdade", disse, "quando, por exemplo, o *albopictus* apareceu nos Estados Unidos ou agora, com a dengue em Key West". O importante era manter a determinação durante as inevitáveis calmarias.

Dentro do viveiro, funcionários e estudantes de graduação de jaleco branco se acotovelavam em torno de microscópios, e em uma sala espiei por uma lente uma larva modificada de *Aedes* brilhando em vermelho. "Todos os nossos construtos têm esses marcadores fluorescentes", explicou Alphey, graças a genes de corais e de águas-vivas que a Oxitec tinha inserido. Ele abriu uma porta, e adentramos aquilo que parecia um armário gigante. A temperatura ali era de 28 graus Celsius constantes. Duas dúzias de gaiolas para insetos da marca BugDorm ladeavam as paredes bolorentas. O lustre preso ao teto emitia um ruído elétrico que distraía a atenção. Ao lado estava a desafortunada funcionária que passava o dia inteiro dentro daquela sala úmida e cheia de mosquitos, um equivalente aceitável de Key West ou das ilhas Cayman, a não ser pela ausência de pôr do sol. Ali a Oxitec produzia 2 milhões de mosquitos por semana, contou Alphey. Ele me mostrou uma bandeja de água com dúzias de larvas e algumas pupas, que ficavam nadando como se fossem girinos bem pequeninos. "Na luz, todas elas se amontoam em um canto", disse. "Está vendo? Na escuridão, relaxam." Mostrou-me uma faixa de papel de uns 30 centímetros que tinha talvez 40 mil ovos desidratados. Eles duravam muito tempo – o suficiente para serem enviados mundo afora. Acrescente água, coloque no vácuo, obtenha mosquitos: "Você consegue uma emergência sincrônica bem legal". Alphey então me mostrou um pequeno copo de plástico cheio de, segundo ele, 1 milhão de ovos. Lembrava pó de café.

Os OX513As adultos ficavam nas paredes das BugDorms, centenas em cada gaiola. Quando voavam, quase não havia som. O *Aedes aegypti* não emite o zumbido incômodo de outras espécies, e parecia oportuno que as temperaturas mais quentes pudessem afetar seu alcance: assim como a mudança climática, as pessoas não reparavam no mosquito de fato até que ele estivesse na cara delas – e então elas tentavam todo tipo de coisa insana para eliminá-lo. Embaixo das gaiolas, reparei, ficava o "Carrasco", um mata-mosquito eletrificado em forma de raquete de tênis, uma garantia para toda vez que um mosquito tentasse fugir. "O que nós estamos fazendo aqui é otimização", disse Alphey. A Oxitec não estava enviando aqueles ovos aos trópicos, não ainda. "Nós só queremos tentar melhorar o processo de criação, porque senão os custos ficarão insustentáveis. Qual o melhor número de adultos para deixar na gaiola, e quanto tempo deixá-los na gaiola, e como alimentá-los, e quando?" Por ora, a Oxitec dava comida de peixe aos mosquitos. "É como se você tivesse um peixinho dourado", observou Alphey, "mas você consegue criá-los com levedo em pó, biscoito de cachorro, comida de gato – qualquer material orgânico que esteja na água". Apesar de toda a genética de ponta, havia também esse lado mundano do negócio, explicou. "Como fazer grandes números de mosquitos machos baratos, mas saudáveis, capazes, atraentes?"

Era uma questão digna de nosso Antropoceno. Ter um poder divino começava a parecer algo normal, entediante até. Nos Estados Unidos, culturas geneticamente modificadas haviam penetrado no mercado quase completamente desde sua chegada, havia menos de vinte anos: compunham 94% de todo o algodão plantado no país, 93% da soja, 88% do milho. Elas se espalharam para duas dúzias de outros países, e o valor do mercado global para culturas geneticamente modificadas deu um salto de 7.500%. Os números aumentarão com as temperaturas, porque o mundo está prestes a ver não apenas culturas com modificações para resistir à seca, como milhões de agricultores – chineses, nigerianos, indonésios, brasileiros – com dinheiro suficiente para comprar sementes geneticamente modificadas. É a Oxitec, não a Monsanto, que pode ser a verdadeira precursora: cientistas estão entusiasmados com a ideia de modificar bactérias e animais selvagens – não apenas plantas – para adaptar-se à nova realidade climática. Em 2012, um estudo do professor S. Matthew Liao, da Universidade de Nova York, propôs manipular os próprios seres humanos para gerar descendentes menores, que consumissem menos recursos e causassem menos emissões. Meses depois, as primeiras conferências sobre o uso da "des-extinção" e da "biologia sintética" para preservar o mundo natural foram promovidas pela National Geographic Society e pela Wildlife Conservation Society. O Sahel não precisa se tornar o Saara se pudermos criar uma bactéria GM que induza o crescimento das raízes das plantas. Não é preciso extinguir o urso-polar. Já conseguimos manipular células-tronco. Já conseguimos reconstruir genomas perdidos. Já conseguimos clonar. Se uma espécie desaparece porque o gelo marinho ártico desaparece, já temos o poder de trazê-la de volta à vida.

Em comparação com aquilo que o futuro pode trazer, os mosquitos de Alphey são simples. Todos os OX513As naquela sala tinham vindo de um único antepassado que ele criara havia uma década. A partir daí, aquela linhagem não era tanto um programa de modificação genética, mas mais um programa de criação. "Quando eu falo que fazemos transgênicos injetando DNA no ânus deles, as pessoas acham que cada um desses milhões de mosquitos precisam ser injetados e pensam: 'Isso nunca vai ser viável'. Elas poderiam estar certas, só que não estão. Você só faz isso uma vez." Tentei acompanhar enquanto ele explicava, empolgado, o processo. Em 2002, depois de fazer o DNA sintético, um técnico tinha enfileirado diversos pequeninos ovos de *Aedes*, todos voltados para a mesma direção. "Então você aplica uma injeção neles usando essa superagulha a laser", disse. "As células que se formam no polo posterior são os precursores da linhagem GM. Elas vão se transformar em esperma e óvulos quando esse ovinho se tornar adulto. Se você consegue colocar seu DNA em uma ou mais dessas células e ele é levado para os cromossomos – o que é um processo de eficiência muito baixa –, então parte do esperma ou dos óvulos produzidos pelo adulto terá seu trecho de DNA neles." Enquanto Alphey falava, um mosquito amotinado atacou seu pescoço, e ele, sem pensar, deu-lhe um tapa. Um método antiquado, mas de eficácia mortal.

Problema resolvido

Nosso futuro com a geoengenharia

Nada sinalizava o novo laboratório de Nathan Myhrvold, e, do lado de fora, ele passava despercebido: um antigo centro de manutenção de 2,5 mil metros quadrados da Harley-Davidson em um subúrbio industrial de Seattle, perto de uma distribuidora de materiais de encanamento e da igreja evangélica Blue Sky. Entre os carros no estacionamento, contei um número idêntico de Prius e de Mercedes – três e três – e, próximo à entrada, vi um grupo crescente de blogueiros de tecnologia e de equipes locais de TV, que estavam ali para uma inauguração. Deixaram-nos entrar antes da chegada de Myhrvold, e já se encontravam presentes alguns de seus cientistas e inventores de jaleco, informalmente postados em suas estações de trabalho, espalhadas por um piso xadrez. Ainda não podíamos ver nenhum dos lasers, tampouco os mosquitos que, pelo que entendemos, seriam fulminados por eles. Também não podíamos ver a solução da mudança climática, mesmo que, segundo os rumores, ela estivesse sendo inventada e patenteada ali.

Quando Myhrvold apareceu, estava acompanhado por Maria Cantwell, senadora júnior pelo estado de Washington. Ele, barbudo e com os cabelos desgrenhados, distribuindo sorrisos juvenis, fazendo gestos; ela, cheia de estudada calma. Ele usava calças cáqui largas e paletó, mas não gravata, e ela, terninho preto. A proposta do evento midiático era que Myhrvold estava oferecendo a Cantwell uma visita guiada particular, e nós, da mídia, nos aglomeramos em volta deles, educadamente saindo da frente das câmeras uns dos outros quando era necessário, a fim de não arruinar o efeito. "Este é Philip", disse Myhrvold na primeira estação de trabalho, apresentando um rapaz de jaleco. "Concluiu o doutorado na Universidade Princeton há pouco tempo." Philip mostrou-lhes um software que modelava as epidemias de malária em Madagascar. A pesquisa, explicou Myhrvold, tinha o apoio parcial de Bill Gates e da Fundação Gates, que tentariam praticamente tudo para acabar com a malária transmitida por mosquitos. "Bill é um dos investidores de nossa empresa", comentou. "Esse negócio aqui é *pro bono*, mas parte dele, acho, vai render alguns subprodutos muito lucrativos. Vamos nos dar bem fazendo o bem."

Na Microsoft, Myhrvold tinha sido o futurólogo de Gates e seu diretor-chefe de tecnologia. Em Cambridge, havia feito pesquisa em física teórica orientado por Stephen Hawking. Foi uma das pessoas perfiladas por Malcolm Gladwell, queridinho das palestras do TED, e era autor de um livro de receitas "modernista", que contava 2.438 páginas e pesava mais de 23 quilos – um homem celebrado e temido em círculos tecnológicos. A inauguração de seu laboratório, pelo que nós, que acompanhávamos a visita, entendemos, pretendia ser uma resposta aos críticos de seu empreendimento pós-Microsoft, uma empresa de investimentos de bilhões de dólares chamada Intellectual Ventures (IV). A IV vinha sendo acusada de ser uma *"troll* das patentes", por discretamente comprar patentes sem desenvolver nada próprio e usá-las para cobrar taxas de licenciamento daqueles que produziam coisas – Verizon, Intel, Nokia, Sony – toda vez que concluía que seus direitos de propriedade intelectual estavam sendo violados. Seu modelo de negócio, diziam os críticos, era a ameaça de processar. À época da inauguração, a IV possuía 27 mil patentes conhecidas, mas consultores de fora acreditavam que um número maior estava escondido entre mais de mil empresas-fantasma. A IV gastava 1 milhão de dólares por ano fazendo lobby contra a reforma da lei de patentes. Contudo, em artigos e em entrevistas, Myhrvold rejeitava o rótulo de *"troll"*: a empresa tinha ganhado mais de 1 bilhão de dólares em royalties, mas até o momento daquela visita ainda não havia processado ninguém. E o laboratório era prova de que a IV criava as próprias patentes – entre "quinhentas e seiscentas por ano", disse.

Da estação de trabalho de Philip, Myhrvold levou Cantwell e o restante de nós a uma sala de conferências onde onze cadeiras rodeavam uma longa mesa. Monitores de tela plana nos quatro cantos da sala exibiam o mesmo vídeo: um mosquito batendo as asas em câmera lenta até ser fulminado por um raio laser e rodopiar para longe. "Aqui nos reunimos com vários cientistas para conceber novas ideias", explicou Myhrvold. "Compramos essa mesa e essas cadeiras caras em um leilão de falência. Estamos tentando expandir nossas atividades, fazendo essas apostas de longo alcance, enquanto o resto do mundo está recuando." Na sala ao lado, ele descreveu uma espécie de resfriador hiperisolado para manter vacinas refrigeradas por meses em lugares sem eletricidade contínua. "É como uma máquina de vender Coca-Cola", comparou. Em seguida colocamos óculos de segurança e passamos em fila por uma porta em que havia o seguinte alerta: "Laser enorme e assustador. Não olhe o feixe com o olho que sobrar". Ali dentro a IV estava desenvolvendo um método para fazer testes de malária usando lasers em vez de coletas de sangue, mais um projeto de Gates. Em uma sala próxima ficava o insetário – um armário cheio de mosquitos muito parecido com aquele que vi na Oxitec, com gaiolas BugDorm e tudo o mais. "Criamos nossos próprios mosquitos", disse Myhrvold a Cantwell. "Se algum dia você precisar convencer alguém no Congresso a fazer a coisa certa, é só realizar uma reunião aqui e trancar a porta." Uma mulher de jaleco estava ali perto. "Ela tem doutorado em mosquitos", informou ele, apontando para um espaço atrás dela. "Vejam só, ali ficam as passas. A verdade é que normalmente nós os alimentamos com passas."

Com as câmeras ligadas, Myhrvold logo ofereceu a Cantwell uma bola fumegante de espuma de limão mergulhada em nitrogênio líquido inspirada em seu livro de receitas. No entanto, a atração principal era o raio mata-mosquitos: nós nos aglomeramos em torno de um protótipo parcial, uma câmera com lente zoom que captava os mosquitos em pleno voo para analisar os padrões de voo, a frequência do bater das asas e as velocidades. A ideia era conseguir distinguir inimigos de inocentes – mosquitos de zangões, fêmeas sanguinárias de machos inócuos. No projeto final, um laser de baixa potência marcaria os alvos, rastreando os mosquitos em uma tela como se fosse um videogame, ou a Guerra Fria, e um laser mais potente os aniquilaria. Cantwell subiu em uma escada para observar mosquitos sendo alvejados dentro de um aquário de 40 litros; cada vez que um mosquito era abatido, acendia um flash verde. "Ele está pegando um a cada dois segundos, mais ou menos", ela disse. "Ele consegue fazer cinquenta por minuto", corrigiu-a Myhrvold.

O raio era chamado de cerca fotônica, e sua similaridade com o projeto Guerra nas Estrelas da era Reagan – lasers de raios X movidos a energia nuclear orbitando o espaço, fulminando mísseis soviéticos – não era coincidência. Tratava-se de um filhote intelectual do astrofísico Lowell Wood, amigo de longa data de Myhrvold e associado da IV, que tinha desenvolvido e comandado o programa Guerra nas Estrelas no Laboratório Nacional Lawrence Livermore. Wood, que usava roupas *tie-dye*, era protegido de Edward Teller, cofundador do laboratório e "pai da bomba de hidrogênio", que testara seus artefatos nas Ilhas Marshall e fora uma das inspirações para o personagem Dr. Fantástico. Wood e Teller tinham sido colegas na Hoover Institution, o *think tank* libertário-conservador abrigado pela Universidade Stanford.

Na década de 1990, Wood e Teller estiveram entre os primeiros a estudar seriamente projetos de engenharia de escala planetária para reverter a mudança climática, naquilo que ficou conhecido como geoengenharia. Sua ideia, descrita em um trabalho apresentado no 22º Seminário Internacional sobre Emergências Planetárias, era reproduzir a ação dos vulcões. Bastaria encontrar um modo de borrifar enxofre ou outros aerossóis na estratosfera, e o resultado seria como o rescaldo da erupção de 1991 do monte Pinatubo: as partículas tapariam a luz do sol e a temperatura global seria reduzida. Na época da inauguração do laboratório, especulava-se sobretudo que a Intellectual Ventures tivesse começado a patentear tecnologias de geoengenharia – métodos para deter furacões, recongelar o Ártico e "normalizar" o clima usando a engenharia. Myhrvold não falou nada a respeito a Cantwell, porém, mais tarde, naquele mesmo dia, em uma breve conversa testemunhada por dois relações-públicas desconfiados, ele me disse que os rumores eram verdadeiros.

A visita terminou sob um céu cinza no estacionamento. No interior de uma tenda branca, champanhe e salmão eram servidos a uma plateia de celebridades, entre elas investidores de risco, professores da Universidade de Washington e Art Wolfe, o celebrado fotógrafo da vida selvagem. Ele era amigo de Myhrvold, também um fotógrafo com trabalhos publicados. Myhrvold e Cantwell postaram-se de pé em frente a uma fita vermelha, e, quando as câmeras estavam prontas, ele anunciou que tesouras eram "um jeito chato de cortar uma faixa, então inventamos outra coisa". Um membro da equipe trouxe de carrinho um aparelho com um enorme botão detonador vermelho. Dois outros ficaram por perto usando luvas à prova de fogo, segurando extintores de incêndio. "O dispositivo está armado?", perguntou Myhrvold. Então, começou a contar: "Cinco, quatro, três, dois, um". Cantwell apertou o botão, a fita pegou fogo e a plateia aplaudiu com entusiasmo.

A mudança climática era um pretexto novo, mas os inventores sempre quiseram fazer alguma coisa em relação ao clima. Em julho de 1946, um dos pesquisadores no laboratório da General Electric, dirigido por Irving Langmuir, químico e ganhador do Prêmio Nobel, acidentalmente inventou a semeadura de nuvens, a antecessora da geoengenharia. Ele deixou cair um pedaço de gelo-seco em uma câmara de nuvens, e a nuvem foi imediatamente transformada em cristais de gelo. "Controle do clima", rabiscou Langmuir em seu caderno. Um dos funcionários do laboratório era Bernard Vonnegut, irmão do escritor Kurt Vonnegut. Bernard patentearia a sua descoberta de que o iodeto de prata serve ainda melhor do que o gelo-seco como cristal-semente, transformando a umidade de uma nuvem em flocos ou gotas até que caiam do céu. Em *Cat's Cradle* [O berço do gato], seu romance de 1963, Kurt, que trabalhou no escritório de relações públicas da GE, descreveria o gelo-nove, um cristal-semente ficcional que solidifica a água líquida. O laboratório de Langmuir fez seus primeiros testes de semeadura de nuvens em novembro de 1946, despejando 2,7 quilos de pastilhas de gelo em uma nuvem sobre as montanhas Berkshire, em Nova York, criando aparentemente faixas de neve de quase 5 quilômetros e conquistando manchetes ao redor do mundo. Em cinco anos, operações comerciais para fazer chuva, a maioria usando iodeto de prata, cobriam 10% dos Estados Unidos. Walt Disney logo produziu uma tira, *Donald Duck, Master Rainmaker* [Pato Donald, mestre fazedor de chuvas], em que Donald voa com um avião vermelho a hélice dentro de uma nuvem. "Boa noite!", grita. "Exagerei!" Muitos cientistas, particularmente nos Estados Unidos, hoje duvidam que a semeadura de nuvens tenha muita eficácia, mas os modernos homens que fazem chover trabalharam em mais de cinquenta países, incluindo Israel, Índia, Senegal e Arábia Saudita.

O atrativo da semeadura de nuvens também era seu risco: presumindo que funcionasse, estaríamos no controle. Depois do desastre de Tchernóbil, segundo o historiador James Fleming em seu livro *Fixing the Sky* [Consertando o céu], as autoridades soviéticas podem ter usado a semeadura para salvar Moscou de uma nuvem radioativa que se aproximava. Bombardeiros teriam supostamente lançado iodeto de prata sobre a Bielorrússia, onde, em algumas áreas, a ocorrência de câncer da tireoide em crianças aumentaria cinquenta vezes. Mais recentemente, a Agência de Modificação do Clima da China armou seus lança-foguetes nos arredores de Pequim antes dos Jogos Olímpicos de 2008, alvejando qualquer nuvem que se aproximasse para evitar que chovesse durante os desfiles de abertura. Em outra parte da Ásia, o legado da semeadura era mais sombrio: durante a Guerra do Vietnã, a Operação Popeye, executada secretamente pelos Estados Unidos, fez da chuva uma arma, trabalhando por cinco anos para perturbar as estações e alongar a monção sobre a Trilha Ho Chi Minh.

Um ano depois da grande descoberta de Langmuir, seu laboratório foi integrado ao Projeto Cirrus, programa confidencial de 750 mil dólares por ano comandado pelo Exército, pela Aeronáutica e pela Marinha. O programa realizou mais de 250 experimentos, entre eles uma campanha para acabar com incêndios florestais, de 1947 a 1952. O mais dramático foi um dos primeiros: em outubro de 1947, os pesquisadores interceptaram o furacão King, tempestade tropical que tinha arrasado Key West e o sul da Flórida em seu retorno ao oceano Atlântico, e mandaram um bombardeiro lançar 36 quilos de gelo-seco no olho dele. Próximo a Savannah, na Geórgia, o furacão deu meia-volta e atacou novamente, matando uma pessoa e causando 23 milhões de dólares de danos. Naquele ano, Langmuir foi visitar Edward Teller em Los Alamos, gabando-se, perante o soldado da Guerra Fria, dos danos causados por sua semeadura de nuvens. O controle do clima, como ele diria ao *New York Times*, "poderia ser tão poderoso como arma de guerra quanto a bomba atômica". Aquela foi a primeira tentativa conhecida de modificação de furacão – que a Intellectual Ventures, de Myhrvold, um dia enfrentaria com outros meios.

Testemunhei minha primeira operação de semeadura de nuvens na Austrália durante a seca da bacia Murray-Darling. Nas montanhas Nevadas, os reservatórios que forneciam energia hidrelétrica a Sydney tinham esvaziado, e a Snowy Hydro, empresa de energia privatizada local, estava desesperada. O centro de comando, na cidade de Cooma, era uma sala escura cheia de computadores e de alunos de graduação. Eles rastreavam uma frente fria passageira em oito monitores um ao lado do outro, esperando para mandar por rádio o sinal de ativação a seus geradores de iodeto de prata: treze torres de metal, parecidas com árvores, escondidas em uma região erma protegida.

No teleférico de Thredbo, o maior resort das montanhas Nevadas, a Snowy Hydro já tinha colocado faixas divulgando seu trabalho em prol dos esquiadores: "Semeadura de nuvens neste inverno para aumento da precipitação de neve". Um gerente me disse quanto ele preferia a semeadura de nuvens a instalar mais máquinas de fazer neve nas encostas, que tinham sido cruciais em temporadas mais fracas, com o aumento das temperaturas. Na Austrália, a única reclamação que ouvi foi de um homem em uma cidade agrícola agora seca a 160 quilômetros dali, do outro lado das montanhas. "O problema com a semeadura", disse, "é que você está decidindo qual região merece a chuva".

Casey Tegreene, o principal advogado de patentes da Intellectual Ventures, levou-me até seu escritório alguns meses depois da inauguração, e, enquanto a porta fechava, vi de relance um *tie-dye* no corredor: Lowell Wood, com suas roupas chamativas e sandálias, passando apressado. Eu queria saber como a IV inventava coisas antes de ouvir Myhrvold me contar sobre o que ela tinha inventado, e Tegreene havia sido designado como voluntário para descrever o método-padrão. Alpinista, trilheiro e craque de frisbee aos quarenta e muitos anos, ele coordenava aquilo que a empresa chamava de "sessões de invenção": o processo de reunir entre três e dez cientistas, médicos ou engenheiros escolhidos a dedo, em uma sala de conferências por oito a dezesseis horas e pedir-lhes que atacassem "problemas grandes, interessantes, bem formulados". Não havia uma metáfora perfeita que captasse o que acontecia na sala, disse Tegreene. "Parece *brainstorming*", explicou. "Lembra uma aula de física ou de engenharia. É como um debate." Recordei-me do planejamento de cenários: todos os caras mais inteligentes na mesma sala.

O assunto da primeira sessão de invenção da IV, em 2003, foram as câmeras digitais. Hoje são até cinco sessões por mês tratando de tudo, desde técnicas cirúrgicas até metamateriais. "Vamos dizer que o assunto fosse o albedo da Terra", exemplificou Tegreene. "Então os inventores que escolheríamos poderiam ser físicos ou cientistas de materiais, e muitos seriam sujeitos multidimensionais, polímatas, como Lowell e Nathan." Três ou quatro sessões por ano tinham sido dedicadas à geoengenharia – que interessava a Myhrvold praticamente desde a fundação da IV, observou Tegreene – e talvez outras dez por ano ao menos tangenciassem o assunto.

As sessões, livres, costumavam acontecer na sala de reuniões que eu vira no laboratório, onde câmeras de vídeo e microfones registravam cada palavra e transmitiam as invenções *in utero* às 63 pessoas do grupo de patentes de Tegreene, que incluía quase duas dúzias de advogados, a maioria com doutorado em engenharia aeroespacial, ciência da computação, bioquímica ou matemática. Os inventores, trazidos de avião por um ou dois dias, eram bem alimentados – comida indiana, Ezell's Famous Chicken, churrascos nos primeiros tempos – e modestamente pagos por seu tempo. A IV também lhes dava uma porcentagem em qualquer patente que saísse das reuniões. "Mas eu me pergunto se eles viriam se não ganhassem nada", comentou Tegreene. "Acho que viriam. As pessoas que gostam de inventar conosco gostam de discutir problemas interessantes."

Em geral, ele deixava as conversas fluírem. "Se eles começarem a falar de como inventar um melhor chicote para burros, talvez tentemos mudar de assunto", disse. "O mercado para chicotes de burro está em baixa há 150 anos. No entanto, às vezes você não tem certeza de onde o núcleo de uma ideia vem. Duas pessoas podem começar a discutir esta ou aquela técnica para fazer as nuvens precipitarem e, de repente, você está trabalhando em um jeito melhor de ionizar os vapores nas nuvens."

Um som estranho veio da janela do escritório de Tegreene, que dava para algumas árvores e vagas de estacionamento perto do Bellevue Club, uma academia de esportes. Um vaga-lume estava atacando o próprio reflexo. "Ele sempre fica aí, batendo no lado esquerdo da janela", explicou Tegreene. Ele se virou de novo para mim. "As sessões podem migrar para novas áreas, e tudo bem. Não estamos tentando desenvolver o produto do próximo ano. Normalmente, se você dá um conjunto de bons problemas a pessoas muito inteligentes, isso as estimula a pensar em outras ideias também. Se entendermos como capturar da água a energia das ondas, por exemplo, isso pode levar a algumas ideias valiosas."

Uma patente costuma durar vinte anos, e esperava-se que os investidores da IV tivessem visão de longo prazo. Dizia-se que o dinheiro deles ficava trancado por mais de uma década em seus dois fundos, o Invention Development Fund, de 590 milhões de dólares, voltado para a Ásia, e o Invention Investment Fund II, mais amplo, de 2,3 bilhões de dólares. Entre os investidores havia empresas como Amazon, Apple, Intel, Microsoft e Sony, que também estavam enchendo os próprios baús de patentes, além das fundações Rockefeller e William e Flora Hewlett e dos fundos das universidades do Texas, Brown, Stanford e Cornell, que gerenciavam dinheiro para as gerações futuras, não apenas as de hoje. Grandes tendências eram mais importantes do que ganhos rápidos, e a geoengenharia não ficava deslocada entre as invenções que a IV estava desenvolvendo e patenteando: avanços em nanotecnologia, semicondutores, energia nuclear, dispositivos médicos e agricultura, cujos dividendos poderiam vir dali a muitos anos. Nesse ínterim, a empresa gerava receita – mais de 2 bilhões de dólares até 2011 – em parte por acordos de licenciamento de patentes com companhias de tecnologia, algumas das quais, confusamente, eram suas investidoras. Os acordos tornavam os processos desnecessários, embora a mera possibilidade de uma ação servisse para propor um acordo.

A IV logo faria uma sessão de invenção "sobre mover coisas grandes, como terra e pedras", contou Tegreene. "Como eu faço para pegar alguma coisa que está embaixo, em volta ou dentro de um objeto ou que é grande demais e está muito longe de mim?" Myhrvold havia feito recentemente uma visita de helicóptero às areias betuminosas do Canadá junto com Bill Gates e Warren Buffett. Foram convidados pela Kiewit Corporation, empreiteira que faturava 6 bilhões de dólares por ano com as areias betuminosas e que também tinha seus dedos no revestimento do canal All-American. Myhrvold havia reparado nos montes de enxofre, um subproduto da mineração nas areias betuminosas – e o principal ingrediente nos planos de geoengenharia que estavam sendo patenteados pela IV. "Havia montanhas amarelas enormes dele, com uns 100 metros de altura e 1.000 de largura!", disse ele depois aos autores de *SuperFreakonomics*. "E eles as deixam em degraus, como uma pirâmide mexicana. Então você poderia colocar uma instalaçãozinha de bombeamento ali e, com um canto de uma dessas montanhas de enxofre, resolver todo o problema do aquecimento global para o hemisfério Norte."

A linha oficial da IV era que a empresa não trabalhava com geoengenharia visando o lucro. "O negócio principal da Intellectual Ventures é inventar novas tecnologias, mas não esperamos nem pretendemos que nossa tecnologia climática renda dinheiro", lia-se na resposta a uma das perguntas frequentes postadas depois que o interesse da empresa na geoengenharia veio a público. Naquela manhã no escritório de Tegreene, antes que o vaga-lume atacasse a janela de novo, ele descreveu o que acontecia com as ideias dos inventores quando saíam da sala de reuniões. "Depois de cada sessão, fazemos um processo chamado triagem. Temos todo um sistema computadorizado para categorizar as ideias. Fazemos uma série de quatro audioconferências toda semana, com advogados de propriedade intelectual, pessoas que desenvolvem negócios e equipes de apoio. Dizemos: 'O.k., estamos dando uma olhada em umas ideias de geoengenharia. Esta aqui é a número um. Ela é melhor do que a primeira ideia, que já está na pilha? Não. É melhor do que a segunda? Não. É melhor do que a terceira?'. Se for, nós a colocamos no terceiro lugar da pilha, e a terceira passa a quarta, a quarta, a quinta, e assim por diante. Fazemos um ranking."

O que significava "melhor"? "Mapeamos diversos fatores diferentes", explicou Tegreene. "Se aquilo vai conseguir uma boa proteção por patente ou não. Se é em um setor amigável ao licenciamento. Há implicações comerciais? Existe algum conceito mais amplo que poderia ser patenteado baseado naquilo? O custo com apoio técnico para pedir a patente vai ser muito alto? É uma combinação." Solicitar uma patente é caro e costuma demandar muito tempo. Os inventores da IV lançavam milhares, talvez dezenas de milhares de ideias por ano, e a maioria nunca chegava ao topo da pilha. A triagem significava que normalmente só as ideias mais comercializáveis seriam aprovadas. "Se uma ideia é uma das primeiras de certa área", disse Tegreene, "então começamos a fazer os pedidos de patentes ligados a ela". Conhecendo todos os passos envolvidos, ainda assim me vi me perguntando por que eles tinham se dado ao trabalho de solicitar patentes de geoengenharia.

Os partidários da geoengenharia, ou ao menos da pesquisa em geoengenharia, tendem a enquadrar-se em três tipos: cientistas apavorados com uma mudança climática desenfreada; defensores do livre mercado apavorados com reduções de emissões de carbono obrigatórias; e os capitalistas ou filantrocapitalistas que sustentam ambos. Para encontrar os três, eu só precisava visitar dois Washingtons, a capital federal e o estado.

Em ambos, entre conferências, reuniões, painéis e laboratórios, estavam os cientistas, com destaque para Ken Caldeira, da Carnegie Institution, da Universidade Stanford, celebrado autor de modelos do clima que criou a expressão "acidificação dos oceanos". Ele se situava no espectro político oposto a Edward Teller e Lowell Wood, e foi visceralmente contrário à geoengenharia quando os soldados da Guerra Fria propuseram a opção Pinatubo. Então, fez outros cálculos. Mais atento do que praticamente qualquer pessoa àquilo que a mudança climática faria ao mundo, ele logo se tornou um visitante assíduo do Capitólio e um dos principais inventores da IV, ainda que o lucro aparentemente não fosse sua motivação. No caso de uma patente relacionada ao clima, ele prometeu "doar 100% de minha parte dos lucros a ONGs e instituições beneficentes sem fins lucrativos".

A aceitação oficial da geoengenharia estava crescendo junto com as emissões de carbono globais. Após a eleição de Barack Obama, aconteceram os primeiros painéis científicos de alto escalão, começando com a Real Sociedade, no Reino Unido, e a Academia Nacional de Ciências, nos Estados Unidos. Em seguida, vieram as audiências na Câmara dos Comuns britânica e no Congresso norte-americano, sessões a portas fechadas lideradas pela Darpa,* estudos da Agência de Responsabilidade Governamental e do Serviço de Pesquisas do Congresso, declarações sobre políticas da Sociedade Meteorológica Norte-Americana e da Agência Meteorológica britânica, um concurso de projetos do Instituto de Engenheiros Mecânicos do Reino Unido, uma conferência sobre ética em Asilomar, na Califórnia, um relatório da Rand Corporation, um evento paralelo na conferência sobre mudança climática de 2009 em Copenhague, financiamento do governo do Reino Unido para pesquisas de campo restrito, apoio à geração de neologismos ("remediação climática") pelo Centro de Políticas Bipartidárias de Washington, e espaço no relatório de 2014 do IPCC. Nos estudos, painéis e simpósios, a opinião da maioria era que a geoengenharia não deveria ser empregada, apenas estudada com cuidado.

O plano mais promissor ainda era a opção Pinatubo, parte de um conjunto de ideias conhecido como gerenciamento de radiação solar, ou GRS – outra expressão cunhada por Caldeira. Provavelmente, Benjamin Franklin foi o primeiro a associar vulcões ao clima global. Em 1783-84, quando ele era embaixador dos Estados Unidos em Paris, uma cadeia de vulcões na Islândia permaneceu em erupção por oito meses seguidos, e as temperaturas no hemisfério Norte despencaram.

* Sigla de Defense Advanced Projects Research Agency [Agência de Pesquisa em Projetos de Defesa Avançados]. [N.T.]

"Havia uma névoa perpétua em toda a Europa e em grande parte da América do Norte", escreveu Franklin. "Por isso a superfície congelou mais cedo. Por isso as primeiras neves ficaram nela, sem derreter. Por isso o ar ficou mais frio." Outro plano promissor de GRS era o dos professores britânicos John Latham e Stephen Salter, que posteriormente trabalharam com a Intellectual Ventures: barcos não tripulados, movidos pelo vento, que velejariam em alto-mar para semear nuvens marinhas borrifando nelas gotículas de água salgada, o que aumentaria sua reflexividade, ou albedo. Uma porção maior da luz do sol que atingisse o topo das nuvens retornaria, e o planeta esfriaria.

Também encontrei em Washington, D.C., a segunda categoria de partidários da geoengenharia, os defensores do livre mercado, que com frequência ignoravam a cuidadosa distinção que os cientistas fazem entre pesquisa e aplicação. "O que está realmente acontecendo é uma disputa subjacente entre ambientalistas e defensores da propriedade intelectual", disse-me um deles. Era um advogado em um pequeno *think tank* da Virgínia que às vezes passava ao puro e simples ceticismo e depois entraria na Justiça para ter acesso aos e-mails do renomado climatologista Michael Mann, na esperança de revelar que a ciência climática era um embuste bancado por quem paga impostos. "Estamos disputando para ver se vamos modificar a cultura, o que se chama mitigação, ou modificar o ambiente, o que se chama geoengenharia." Newt Gingrich, antes de sua campanha nas primárias de 2012, confirmou esse sentimento. "Em vez de impor um custo aproximado de 1 trilhão de dólares à economia", escreveu em uma carta a seus apoiadores enquanto tentava afundar uma lei climática no Senado, "a geoengenharia apresenta a promessa de lidar com as preocupações ligadas ao aquecimento global por uns poucos bilhões de dólares por ano. Em vez de penalizarmos os norte-americanos comuns, temos a opção de enfrentar o aquecimento global premiando a inovação científica. Nossa mensagem deveria ser: 'Provoquem a criatividade norte-americana. Detenham o porco verde'".

Gingrich era membro sênior do American Enterprise Institute (AEI), o feudo do pensamento conservador, o lar, por muitos anos, de gente como Milton Friedman e Dick Cheney. Os de fora ainda o acusam de negar a mudança climática. Ele já recebeu financiamento da ExxonMobil, fez lobby contra o Protocolo de Kyoto e ofereceu a cientistas 10 mil dólares por estudos que minassem o IPCC. No entanto, a mudança climática era real, disse-me o codiretor do programa de geoengenharia do AEI em 2009. Agora havia duas perguntas: "Você quer fazer alguma coisa?" e "quanto quer gastar?". "Temos um descompasso aqui", continuou. "Não vejo os norte-americanos como um povo que provavelmente arcará com custos significativos. A única resposta é a geoengenharia." O outro diretor havia sido contratado depois de ter trabalhado a maior parte de uma década em soluções de mercado para reduzir emissões de carbono. "Fiz meu trabalho do melhor jeito possível, e não deu em nada", disse. "Fiquei convencido de que todo plano economicamente racional não vai dar em nada. O.k., qual o resultado? Vamos ter de nos adaptar muito. Mas outro resultado é que a adaptação é limitada. Então vamos precisar de adaptação em grande escala – a geoengenharia." Outra vez eu testemunhava a sutil mudança no pensamento conservador. Combater a ciência climática estava ficando menos viável. Discutir o que fazer com ela não.

No estado de Washington, Seattle abrigava não apenas a Intellectual Ventures como também a Universidade de Washington, razão pela qual afluíam grandes nomes no emergente campo da geoengenharia para palestras e discussões, e também tinha Bill Gates – uma fonte de financiamento. Por intermédio de Nathan Myhrvold, Gates tinha conhecido Lowell Wood, e, por intermédio de Wood, Ken Caldeira. No começo de 2006, independentemente de sua fundação, mas mantendo o foco em soluções tecnológicas, Gates teve aulas particulares de geoengenharia com Caldeira e outro renomado pesquisador da área. No início de 2007, depois de a dupla lamentar que havia pouco dinheiro até para as pesquisas mais básicas em geoengenharia, ele deu algum.

Seu apoio informal acabou assumindo um nome formal – Fund for Innovative Climate and Energy Research [Fundo para a Pesquisa em Inovação em Clima e Energia], ou Ficer – e até o momento o fundo doou 5,1 milhões de dólares para diversos encontros e projetos de pesquisa.

O dinheiro de Gates pagou por uma virada na história recente da geoengenharia. Uma série de jantares privados à margem da conferência de 2008 da União Geofísica Norte-Americana, da qual participaram Caldeira, Wood, um dos codiretores do AEI e mais de uma dúzia de cientistas seniores, foi "o momento em que a conversa passou de 'conseguimos fazer?' e 'deveríamos fazer?' para *como* fazer?', o que é muito mais focado", escreve o jornalista Jeff Goodell em *How to Cool the Planet* [Como esfriar o planeta], seu livro sobre geoengenharia.

Naquele ano, Caldeira e outros cientistas de primeira linha também enfrentaram a pergunta "Como?" em um workshop convocado pelo Novim Group, uma nova ONG no molde do trabalho dos Jasons, o clube informal da elite científica que desde 1960 tem resolvido problemas confidenciais para diversas alas do governo norte-americano – a Darpa, a Marinha, a CIA. Muitas pessoas no salão eram Jasons, e o grupo de estudos era liderado pelo físico Steve Koonin, cientista-chefe da BP, que já fora o cabeça dos Jasons e logo seria subsecretário de Energia para a Ciência no governo de Obama. "Imaginem que um dia o presidente telefona e diz que há uma emergência climática", afirmou ele ao grupo. "Quão rápido vocês respondem? O que vocês fazem?" Esses Jasons, cujo clube tirou seu nome do Jasão da mitologia grega, estavam outra vez sendo chamados para salvar o mundo. Em um telefonema em 2009, o diretor executivo da Novim mencionou que tinha "acabado de ser convidado para uma reunião na semana que vem de pessoas de alto poder aquisitivo interessadas em investir na área de geoengenharia". Ele não queria mencionar nenhum nome. "Mas você reconheceria alguns", disse. Depois reparei que um estudo da Novim sobre o recorde da temperatura global tinha recebido 100 mil dólares do Ficer de Bill Gates – pode ser coincidência, ou não.

Depois, Gates também daria 150 mil dólares a um professor da Universidade de Leeds que analisaria as nuvens, 300 mil dólares a um inventor e empreendedor da Bay Area que testaria em laboratório a viabilidade dos borrifadores de água marinha para os navios de nuvens automatizados de Latham e Salter e 100 mil dólares para o primeiro estudo sistemático a comparar diversas maneiras de lançar o enxofre e outros aerossóis na estratosfera. Este, desenvolvido pela fabricante de drones Aurora Flight Sciences, investigava métodos de lançamento que incluíam foguetes, dirigíveis, jatos Gulfstream, tubos aéreos e a Mark 7, uma arma naval de 406 milímetros usada em navios de guerra norte-americanos. Entre as opções mais baratas estava o Boeing 747, mas a altitude máxima alcançada pelo jato comercial talvez não fosse alta o suficiente para o GRS. Isso poderia demandar um novo modelo de avião. Logo havia outro nome de Seattle em diversos painéis e relatórios de geoengenharia: Boeing. A empresa era representada por seu cientista-chefe e pelo vice-presidente de sua unidade voltada para a defesa e para o espaço, a Phantom Works, sediada em Illinois e na Califórnia, que pretende, entre outras coisas, "abordar novos mercados potenciais".

O escritório de Myhrvold ficava em um prédio bege em um parque empresarial a cerca de 800 metros do escritório de Casey Tegreene, também em um parque empresarial, a uns 5 quilômetros do laboratório da Intellectual Ventures. Mesmo que não tivesse nenhum glamour, ao menos era espaçoso. Para chegar lá, era preciso passar por uma recepção, por uma bela foto que ele tirou de uma geleira patagônica que estava se desfazendo, por sua coleção de quase cem máquinas de escrever antigas e por aquilo que parecia ser o esqueleto de um alossauro. (Por hobby, Myhrvold caça ossos de dinossauro com o famoso paleontólogo Jack Horner; seu dinheiro e sua motivação ajudaram a aumentar em 50% o estoque mundial de espécimes de *Tyranosaurus rex*.)

Dentro do próprio escritório havia um molde da cabeça de um peixe pré-histórico que devia ter o tamanho de um carro Smart, junto a uma foto de Myhrvold em uma viagem de pesca com mosca ao rio Umpqua, no Oregon. A imagem o flagrava rindo feito louco enquanto apontava para uma truta-arco-íris que tinha acabado de fisgar – certamente o menor peixe no rio aquele dia. Quando entrei, ele estava sentado a uma mesa de madeira, cercado por três monitores, segurando uma Coca Zero. Tinha metade da camisa para fora das calças e usava sandálias Teva e meias.

Myhrvold tinha começado a falar publicamente das invenções de geoengenharia de sua empresa havia pouco. "A razão pela qual esse negócio funciona é interessante", disse. "O Sol irradia em média 340 watts por metro quadrado na Terra. O chamado forçamento radioativo – que é a quantidade de calor extra presa pelo CO_2 – é hoje de 2 watts e pouco por metro quadrado, e, se dobrar, vai ser mais ou menos 3,7 watts por metro quadrado. Isso é cerca de 1% da energia que vem do Sol! Então, um jeito bem grosseiro de pensar nisso é que o aquecimento global é o acúmulo desse 1%, como um centavo para cada dólar." Um modo grosseiro de pensar no GRS, sugeriu ele, era que estávamos devolvendo esse centavo. "Se você escurecer a luz 1%, pronto!"

A escolha de aerossóis de enxofre como agente de escurecimento era um pouco arbitrária. Embora nanopartículas ou pequeninos espelhos pudessem levar ao mesmo resultado, o enxofre parecia mais seguro, porque era exatamente o que os vulcões despejavam e porque já era abundante na natureza. "Ele é natural e está aí há literalmente bilhões de anos, então, em certa medida, você sabe o que está levando", afirmou. O Pinatubo e outros vulcões tinham oferecido provas do conceito básico, e a questão principal, na visão da IV, era como levar os aerossóis a um ponto alto da atmosfera sem uma erupção. "Queríamos algo que considerássemos mais prático do que os arranjos que já tínhamos visto", continuou Myhrvold. "Será que existe um jeito inteligente e barato de levar esse negócio para a estratosfera?"

Quando Lowell Wood se aposentou do laboratório Lawrence Livermore em 2006 e foi para o norte trabalhar com Myhrvold, as ideias existentes para a distribuição – artilharia, combustível de jato com enxofre etc. – tinham "alguma coisa de Rube Goldberg",* disse Myhrvold. "Agora, algumas pessoas diriam que eu falar em uma coisa 'meio Rube Goldberg' é como o roto falar do esfarrapado, mas de qualquer jeito... Imagine milhões de canhões apontando direto para cima, disparando todo dia, o dia todo. É um cenário meio pirado. E é bastante caro – bilhões de dólares por ano. Agora, bilhões de dólares ainda é realmente, mas realmente, barato se comparado a muitas outras coisas com que as pessoas comparariam isso. Imagine que o aquecimento global aconteça sem que façamos muita intervenção. Quantas safras vão perder-se? Quanto a economia vai sofrer? E vamos ter de fazer várias coisas para tentar lidar com isso. Um exemplo é que as cidades à beira-mar – Veneza, por exemplo – vão ter de construir quebra-mares ou se mudar. Isso é muito, muito caro." Em uma série de sessões de invenção, a IV bolou dois novos métodos para fazer GRS. "Bom, aí começamos a ter ideias e chegamos a outros métodos, usando outros tipos de geoengenharia, mas só para o controle da radiação solar; bolamos aquilo que, em nossa opinião, são os sistemas mais práticos que alguém propôs até agora."

O primeiro método consistia em bombear o enxofre até a estratosfera utilizando um tubo sustentado em uma série de balões: o "colar de pérolas". "Fui eu que dei esse nome", disse Myhrvold. "O segundo método, que na verdade é o primeiro, mas que consideramos o segundo porque o outro é melhor, é fazer chaminés infláveis de 25 quilômetros de altura para capturar emissões de usinas a carvão e depositá-las na estratosfera." Quando emitido a uma altitude baixa, o dióxido de enxofre, um dos principais subprodutos da queima de carvão, provoca

---

* Cartunista norte-americano que se notabilizou por desenhar máquinas complicadas que realizavam tarefas simples. [N.T.]

chuva ácida; por causa dele, desde o Clean Air Act [Lei do Ar Limpo], dos anos 1970, as usinas a carvão nos Estados Unidos são fortemente reguladas. A ideia aparentemente tornaria obsoletos os caros depuradores de enxofre. "Lowell Wood teve a ideia da chaminé inflável", contou Myhrvold, "que ele começou a nos explicar como se fosse um 'balão toroidal'. Tecnicamente, é um toro – um donut –, mas, como um eixo se estende por 35 quilômetros, pensar nisso como um donut é simplesmente bizarro. Sua cabeça tem de estar fora do lugar... igual à do Lowell! Ele é mesmo um pensador criativo". O ar quente sobe, a chaminé pode ser isolada, e todos os cálculos parecem funcionar. Entretanto, existem muitas incertezas no método. "Por exemplo, ninguém nunca fez uma chaminé inflável de 25 quilômetros de altura", observou Myhrvold. Os inventores prosseguiram.

"Foi mais ou menos assim: 'Por que simplesmente não colocamos um tubo lá e bombeamos?'", disse Myhrvold. "Mas é difícil, por causa da cabeça hidráulica, então foi assim: 'Vamos esquecer isso e simplesmente usar um monte de bombas'. Se você colocar bombas a cada 100 metros, é realmente simples." Dois funcionários dele tinham ganhado recentemente 900 mil dólares nos Jogos do Elevador Espacial da Nasa. "Seu robô a laser subiu um cabo de 900 metros suspenso de um helicóptero parado no ar em menos de sete minutos e meio", dizia o comunicado à imprensa.

"Se você vai fazer um elevador espacial", explicou, "com certeza sabe o seguinte: quanto mais longo for o cabo, mais resistente ele precisa ser. Qualquer cabo, se muito extenso, vai romper com o próprio peso". Se era tecnicamente possível usar uma única bomba e um único balão para o GRS, a solução do colar de pérolas parecia muito superior. "Você consegue sustentá-lo ao longo de todo o trajeto, e assim os problemas estruturais de um tubo muito longo vão-se embora." Além do mais, ao contrário da chaminé de 25 quilômetros, todos os componentes já existiam, ainda que os mecanismos de borrifamento precisassem ser melhorados.

Depois da discussão sobre toros e pérolas, os membros da equipe da IV – Wood, Myhrvold, Caldeira, Tegreene e vários outros – refinaram suas ideias em meia dúzia de outras sessões de invenção. Quando finalmente as divulgaram, lançando um artigo científico de dezoito páginas repleto de imagens futuristas, deram a sua invenção o nome de Stratospheric Shield [Escudo Estratosférico], ou simplesmente StratoShield. Eles propunham que os primeiros esforços se concentrassem no Ártico, onde as temperaturas vinham subindo mais rápido, e o gelo, cada vez mais fino, estava criando uma calvície planetária – o método quipá, como era conhecido nos círculos da geoengenharia. A fim de reverter o aquecimento causado pela duplicação de CO_2 no mundo inteiro, o modelo climático sugeria que seria preciso bombear entre 2 milhões e 5 milhões de toneladas métricas de dióxido de enxofre na estratosfera todo ano. No entanto, uma estimativa grosseira para o Ártico era de 200 mil toneladas. A IV tinha pensado em várias centenas de milhares de toneladas por ano, com estações de bombeamento de 7 toneladas por minuto espalhadas pela região, operando só na primavera – porque no inverno o Ártico já ficava escuro. Tubos distribuiriam dióxido de enxofre líquido a uma altitude de aproximadamente 32 quilômetros, onde uma série de atomizadores borrifaria uma névoa de partículas de aerossol de 100 nanômetros. Segundo o artigo, as temperaturas médias cairiam cerca de 15 graus Celsius, e o gelo marinho retornaria à extensão do período pré-industrial. O preço estimado de cada estação de bombeamento: 24 milhões de dólares, incluindo transporte e montagem, mais 10 milhões de dólares anuais em custos de operação. Ou seja, em comparação com uma única barreira contra inundações para Nova York ou com um quebra-mar para Seattle, era quase nada.

Observei que a invenção não teria efeito contra a acidificação dos oceanos, e Myhrvold imediatamente concordou. "Pois é, mas acho que temos uma solução para isso também", disse. "Para começar, o fenômeno da acidificação dos oceanos foi tratado pela primeira vez na literatura por Ken Caldeira, que trabalha aqui. Porém, antes de eu entrar nisso, preciso falar de nosso supressor de furacões." Em um dos primeiros encontros sobre geoengenharia em Stanford organizados por Caldeira e Wood, explicou Myhrvold, Stephen Salter aparecera e logo fora chamado para trabalhar com a IV em projetos que incluíam seu conceito de branqueamento de nuvens (do qual ele, e não a IV, detinha a patente). "Mas ele teve outra ideia brilhante", continuou Myhrvold. "Então, começamos a melhorá-la e agora temos esse jeito superlegal de reduzir a força dos furacões."

A "pia de Salter", assim como outros planos de supressão de furacões, incluindo aquele da empresa Atmocean, do Novo México, tinha sido projetada com base no princípio de que os furacões retiram sua energia do calor do oceano. Quanto mais alta for a temperatura na superfície, maior a tempestade – foi o que aconteceu no caso do Sandy; quanto mais baixa a temperatura, menor a tempestade. "Isso seria válido mesmo sem o aquecimento global", disse Myhrvold, "mas é altamente provável que as tempestades fiquem mais fortes por causa dele". A ideia da IV era bombear a água mais quente da superfície para as profundezas mais frias, resfriando, assim, a camada superior – como se passassem o mar em uma batedeira. A pia consistia em um largo anel flutuante, de mais ou menos 100 metros, feito de pneus usados, com tubos presos a eles – os quais eram chamados de "drenos" – que se estendiam dezenas de metros para baixo. As pesquisas sugeriam que, se fossem lançadas setecentas pias de Salter no caminho de um furacão de categoria 4 no golfo do México, a tempestade efetivamente desapareceria.

Em uma sessão de invenção, Wood teve a epifania de que o mesmo processo poderia ser aplicado à acidificação dos oceanos: as concentrações de ácido significativas eram as do topo da coluna d'água, onde fica a maior parte da vida marinha. "Assim, achamos que é possível enfrentar a acidificação dos oceanos", disse Myhrvold. "Se colocarmos um monte dessas pias de Salter nos oceanos, vamos revirar a superfície, e, revirando a superfície, vamos efetivamente diluir qualquer acidificação que ocorra. Essa abordagem ainda não está 100% provada, mas Ken e alguns colaboradores estão testando modelos."

No final de 2009, não muito antes da conferência sobre mudança climática de Copenhague, a IV publicou um artigo sobre supressão de furacões. Nele constava a linha da empresa sobre geoengenharia: aquela pesquisa era para o bem do mundo, não para o bem dos investidores da IV. "Como as outras invenções de geoengenharia, a exemplo do Stratospheric Shield", dizia, "a Intellectual Ventures não defende a construção nem o emprego imediato das pias de Salter. De fato, a IV não enxerga nenhum modelo de negócio imediato que possa apoiar o desenvolvimento dessa tecnologia. Nossa esperança, ao divulgar essa invenção, é sugerir que defesas práticas contra pelo menos algumas tempestades catastróficas são possíveis".

Posteriormente, vi os pedidos de patentes para supressão de furacões, os quais tinham o nome de Myhrvold, junto com o de Gates, Salter, Latham, Wood, Caldeira, Tegreene e vários outros. Mesmo que não fosse "imediato", o modelo de negócio existia: além de descreverem o mecanismo da pia de Salter, os documentos explicavam como em teoria uma empresa de supressão de furacões poderia vender apólices de seguros individuais. Em um cenário de expectativa de patente, o "equipamento de alteração ecológica" seria colocado em posição de demanda, desde que houvesse "ao menos um pagamento de [...] ao menos uma parte interessada". Em outro, a empresa de supressão de furacões atrairia clientes potenciais, "alertando ao menos uma parte interessada sobre o potencial de danos da tempestade [...], oferecendo informações para ao menos uma parte interessada sobre o custo e a probabilidade de reduzir os danos [...] e recebendo ao menos um pagamento". A IV estava tentando patentear uma nova apólice de seguros para a era do aquecimento global – o modelo de negócio básico da Firebreak, só que aplicado a furacões, não a incêndios florestais.

As ideias de geoengenharia de Myhrvold e da IV foram apresentadas ao mundo pela primeira vez nas páginas de *SuperFreakonomics*. A abordagem que os autores, Steven Levitt e Stephen Dubner, fazem da ciência climática e seu apoio à geoengenharia como alternativa às reduções de emissões pareciam sugerir que eles tinham falado com poucos cientistas além dos da IV, e o livro foi intensamente criticado. Myhrvold também entrou na polêmica e sentiu-se queimado.

"Alguns ativistas do clima adotam a posição de que deveríamos abortar qualquer debate sobre um conjunto amplo de soluções", disse Myhrvold em nosso último encontro. "Eles têm a única solução, que é reduzir as emissões, reciclar etc. Têm ódio mortal da ideia da geoengenharia. Têm uma ideologia de conservacionismo, de viver sem impacto, que em alguns casos é bem antitecnológica. E, se você tem essa ideologia, então o aquecimento global é a justificativa final para convencer as pessoas do que quer." Ele achava que entendia por que a geoengenharia os incomodava. "Eles dizem que, se houver uma saída fácil, as pessoas vão escolhê-la", falou. "Agora, eu respondo o seguinte: até parece que vocês fizeram algum progresso até hoje. Foi zero. Nada. Algum dinheiro foi gasto na Alemanha e nos Estados Unidos para subsidiar coisas não econômicas. A ideia da Alemanha como *hub* de energia solar é ridícula, e é bem provável que essas instalações solares alemãs acarretem prejuízos em termos de aquecimento global. Ainda não fiz os cálculos, mas é necessária muita energia para fazer usinas solares, e, se ficar nublado o dia todo, não há muitos benefícios." (O IPCC, por sua vez, tinha feito algumas estimativas, concluindo que a energia fotovoltaica produz aproximadamente vinte vezes menos emissões de gases de efeito estufa por ciclo vital do que o gás natural e quarenta vezes menos do que o carvão.)

Por um instante, Myhrvold parecia estar falando em nome do American Enterprise Institute, questionando se o dinheiro gasto na redução de emissões estava sendo usado da melhor maneira. A abordagem voltada exclusivamente para as emissões era "particularmente rude com os povos pobres da Terra", disse. "Somos um país rico, então tivemos meios de fazer um monte de coisas. Os povos pobres não podem – ou não querem. Na Ásia, na China, eles querem o desenvolvimento industrial deles, e não sei como detê-los." Na África, a lógica era mais implacável. "Aquelas pessoas vivem bem à margem", explicou. "Agora, alguns dizem: 'Ah, a mudança climática vai ser pior para eles'. É verdade. No entanto, se você já está morrendo de fome, ou de malária, ou de um monte de outras doenças que poderiam ser mitigadas com quantidades de dinheiro bem pequenas em comparação com aquilo que o mundo rico estaria disposto a gastar com a mudança climática, surge uma questão moral interessante: quanto gastar?"

Myhrvold me fez uma analogia que, em suas palavras, era "politicamente incorretíssima" para a política climática. "Isso tudo é bem parecido com o que aconteceu quando alguns grupos religiosos descobriram o HIV e a Aids", disse. "Era algo como: 'Olhem, nós sempre quisemos que as pessoas não fossem gays, que não tivessem relações homossexuais. Aqui está uma oportunidade que veio dos céus, o castigo divino contra os gays, os drogados e os promíscuos'." A resposta ideológica de alguns ambientalistas às propostas da geoengenharia, continuou ele, "é muito parecida com a posição do papa sobre o HIV. O papa diz que a solução não está nas camisinhas. Bem, com todo o respeito à infalibilidade dele em questões de fé, empiricamente ele está errado. Pregar a abstinência como remédio para o HIV não funciona. Todos nós fazemos coisas que sabemos ser prejudiciais a nós mesmos no longo prazo".

Se as pessoas "não vão parar de fazer sexo inseguro" e "não vão parar de comer até morrer", perguntava-se ele, como poderiam enfrentar as emissões climáticas? "Temo que pregar a abstinência de energia seja como pregar a abstinência de donuts ou a abstinência de sexo", continuou. "É uma mensagem que diz: 'Sim, daqui a quarenta ou cem anos, em 2100, as coisas vão estar bem ruins; é por isso que você não deveria usar sua energia hoje'. Se as pessoas não entendem que fazer sexo sem proteção hoje pode matá-las daqui a alguns anos, por que essa outra mensagem seria mais bem captada? É imoral o papa propor apenas a abstinência para o combate ao HIV – pessoas morrem por causa disso –, e eu acho que esse é um pecado pior do que trepar.

Não acho que o mundo esteja pronto para fazer qualquer coisa em relação à mudança climática", disse. "Posso estar errado, mas digo que hoje você pode dividir o mundo em duas categorias: países que dizem que a mudança climática é prioridade e não fizeram absolutamente nada, e países que dizem: 'Dane-se, não vamos fazer nada'. Então o que fazemos? Nada! Zero! A Europa tem lá sua bolsa de carbono, mas ninguém diz que esteja servindo para alguma coisa – é só enfeite. Então me diga: cadê o otimismo?" Ele deu um gole em sua Coca Zero. "Ficamos interessados pela geoengenharia", afirmou, "porque, entre falar e fazer, as pessoas falam muito mais do que fazem".

Myhrvold respondeu à pergunta que me ocorreu após o encontro com Tegreene antes que eu a fizesse: se a IV pesquisava a geoengenharia para o bem do mundo, por que as patentes? "A área é um pouco maluca", começou a dizer, "porque, bem, inventamos por dinheiro. Somos uma empresa; somos uma organização com fins lucrativos. E é muito difícil ver como se consegue efetivamente ganhar dinheiro com esses projetos. Se alguém os fizesse em outro país, não está claro se poderíamos pedir algo por nossas patentes. Não é o tipo de coisa da qual você venda 1 milhão de cópias. Decidimos efetivamente registrar patentes em parte porque registramos patentes – é nosso negócio – e em parte porque achamos que isso pode nos dar um assento à mesa na hora de decidir se e quando a tecnologia vai ser usada". Parecia perfeitamente razoável. Eu ainda não sabia se acreditava nele.

Após algum tempo, a IV enfrentaria mais uma controvérsia midiática. Uma reportagem do programa de rádio *This American Life* denunciou a maneira como uma empresa que fazia questão de deixar claro para os jornalistas que não iniciava processos aparentemente cuidou para que suas patentes fossem usadas para isso. Segundo o programa, a IV as vendia a empresas-fantasma afiliadas, com a condição de ganhar uma grande fatia de quaisquer lucros derivados delas – e eram as afiliadas que processavam. Os repórteres visitaram uma afiliada da IV, a Oasis Research, em Marshall, cidade de 24 mil habitantes no Texas, e encontraram um escritório vazio em um prédio de dois andares cheio de outros escritórios vazios também envolvidos em processos de patentes, e logo esse esquema foi descoberto. Em 2011, a IV estava abertamente iniciando processos de patentes, com o próprio nome, tentando extorquir dinheiro de alvos não menos gigantescos, como a Motorola, a Symantec, a Dell e a Hewlett-Packard.

As sessões de invenção de geoengenharia foram interrompidas; a IV tinha sonhado o que podia sonhar, as patentes estavam em pendência, e o que ia acontecer agora parecia depender do mundo. "De modo geral, o aquecimento global é o pior problema para nossa sociedade enfrentar", disse-me Myhrvold, "praticamente o pior tipo de caso para nossa psicologia. Lidamos melhor com problemas ecológicos graves e localizados no espaço e no tempo. Quando acontece alguma coisa, como o derramamento do Exxon Valdez ou a tragédia de Love Canal,* quando o impacto é imediato, local e extremo, então é bem fácil. Isso também vale para os incêndios florestais. Então dizemos assim: 'Ah, meu Deus, temos de resolver isso!'". Ele fez uma pausa. "O problema com o aquecimento global", continuou, "é que ele não é localizável no espaço; ele é global. E também não está localizado no tempo. Simplesmente não estamos configurados para lidar com ele". Myhrvold não precisava argumentar que a geoengenharia era desejável. Ele a transformava em algo inevitável; não teríamos nada mais a fazer.

Eu mesmo sentia que estava sucumbindo a essa lógica. Não importava, percebi, se a IV tinha ou não a secreta esperança de tirar algum

---

* Nos anos 1970, descobriu-se que o loteamento Love Canal, em Niagara Falls, no estado de Nova York, fora construído sobre um terreno onde uma empresa fizera durante anos a descarga de produtos químicos altamente tóxicos.

lucro, se suas declarações de que "nem esperava nem pretendia" ganhar dinheiro com a geoengenharia eram tão enganosas quanto suas declarações sobre processos de patentes. Se alguma das invenções de Myhrvold poderia salvar o planeta, o fato de ele ficar mais rico por causa disso nem vinha ao caso.

Eu não tinha entendido completamente o que poderia ser salvo pela geoengenharia até uma tarde de janeiro em Seattle, em um dia mais quente do que a média, mas não de um jeito anormal, e mais chuvoso do que a média, mas não de um jeito anormal, quando assisti a um climatologista chamado Alan Robock conduzir um seminário na Universidade de Washington. Professor da Universidade Rutgers, careca e barbudo, com olhar meditativo, usando camisa listrada com muitos botões abertos, Robock concentrava-se em um problema da geoengenharia que tanto o American Enterprise Institute como Myhrvold nem sequer mencionavam: regular a temperatura não necessariamente regula a chuva. Pode-se usar o GRS para reverter o aquecimento global e voltar à "normalidade", mas não é possível ter certeza de que os padrões de precipitação seguirão. Modelos climáticos feitos em supercomputadores sugeriam que haveria uma inversão: se os geoengenheiros quisessem determinada temperatura, poderiam girar o termostato do planeta em uma direção; em certos casos, para algumas regiões, se quisessem determinada quantidade de chuva, poderiam girá-lo mais ainda ou girá-lo em outra direção.

Segundo Robock, os defensores da geoengenharia afirmavam que os vulcões provavam a ideia, que eles mostravam que aerossóis de enxofre provocariam um resfriamento e que isso relativamente não traria consequências. "No entanto, passei toda a minha carreira estudando vulcões", disse, "e posso garantir que não são inócuos." De acordo com um estudo de 2007 do Centro Nacional de Pesquisa Atmosférica, o Pinatubo tinha reduzido a chuva na Amazônia e afetado as monções indiana e africana, levando a secas locais. Estudos posteriores da Agência Meteorológica britânica mostraram que, entre 1900 e 2010, três dentre os quatro verões mais secos do Sahel, na África, tinham se seguido a alguma grande erupção vulcânica no hemisfério Norte. No seminário, Robock contou histórias sobre como, após as erupções de 1783 na Islândia, que tanto impressionaram Benjamin Franklin, o colapso das monções produziu seca e fome na Índia, na China e, de modo mais dramático, no Egito, onde um sexto da população morreu ou fugiu em dois anos, enquanto o Nilo secava. "Pouco depois do final de novembro, a fome havia matado, no Cairo, quase tanta gente quanto a peste", escreveu um visitante francês à época. "As ruas, que antes eram cheias de mendigos, já não tinham nenhum: todos haviam morrido ou fugido da cidade."

Robock foi passando os slides de sua apresentação, até parar em um com o mapa-múndi. Nele se via o que seria uma versão aproximada do método quipá – uma camada de enxofre apenas sobre o Ártico, não muito diferente daquela proposta pela Intellectual Ventures – produzida por seus modelos em supercomputadores. Era apenas uma estimativa, avisou o professor, apenas um cenário possível. Entretanto, como visão do futuro, era bastante instrutiva. O GRS parecia criar um cinturão de padrões de precipitação anormais nas partes mais pobres do mundo. Segundo o modelo, a adoção do StratoShield ocasionaria a redução da chuva no Pacífico Sul, secando países insulares que de outro modo seriam afogados pela elevação do nível do mar. Ele destruiria a monção asiática, despejando água extra em Bangladesh, colocando a Índia em estado de seca permanente. Destruiria a monção africana, transformando o Senegal e boa parte do Sahel em uma faixa marrom, ocasionando, por meio de emissões de carbono e da geoengenharia, aquilo que as emissões produziriam por si.

Nesse modelo, contudo, o GRS também prometia restaurar temperaturas pré-industriais e a precipitação na maior parte da América do Norte, da Europa, da Rússia, da América do Sul e da Austrália.

Até os crepúsculos seriam melhorados, admitiu Robock. Meus olhos fixaram-se em Seattle, no oeste dos Estados Unidos: meu lar, lar de minha esposa, lar de nossas famílias. Lar de Bill Gates, de sua esposa, de seus filhos. Lar de Nathan Myhrvold, de sua esposa, de seus filhos. Parecia que nosso canto do planeta continuaria como sempre: temperatura normal, precipitação normal. É verdade que chove um bocado aqui, mas no verão o sol aparece. Tudo fica verde. De um verde que impressiona. Há montanhas a leste e montanhas a oeste, e água por todo lado. No verão, não existe nenhum outro lugar do mundo onde eu preferisse estar.

Eu conseguia imaginar em que direção os dois geoengenheiros de Washington girariam o termostato. Foi então que tive certeza de que tudo, para alguns de nós, ficaria perfeitamente bem.

Epílogo

Pensamento mágico

O ano de 2012, que chegou ao fim enquanto eu me sentava para escrever este epílogo e que ficará para sempre em minha memória como o ano em que meu filho nasceu, foi, em outros quesitos, apocalíptico. Um tornado atingiu Michigan em um dia de março de 24 graus Celsius – fui de bicicleta ver seu rastro, passando por flores que brotaram prematuramente e que morreriam assim que a temperatura voltasse a ficar congelante – e uma seca tomou 61% dos Estados Unidos, fazendo com que os preços dos alimentos fossem às alturas e onerando os pagadores de impostos com uma conta de 16 bilhões de dólares de seguros das safras. O nível do rio Mississippi chegou a recordes tão baixos que as barcas ou transportavam cargas mais leves ou corriam o risco de encalhar. As montanhas Rochosas ficaram tão secas que dois estados, o Colorado e o Novo México, tiveram as piores temporadas de incêndios de que se tem registro, e as chamas resistiram em altitudes de mais de 3 mil metros, onde normalmente haveria neve. Em 38 estados, especialmente no Texas, que sofre com a seca, houve um surto recorde de vírus do oeste do Nilo, que infectou mais de 1,1 mil pessoas e matou 41. No condado de Miami-Dade, uma mulher contraiu dengue localmente, o primeiro caso registrado.

 Um terço da população norte-americana viveu pelo menos dez dias de 38 graus pela primeira vez em 2012. Em estações meteorológicas no país inteiro, houve 362 registros de recordes de temperaturas máximas. Nenhum recorde de mínimas foi registrado. Houve 2.559 recordes mensais de máximas – maiores temperaturas locais registradas em janeiro, junho e novembro, mais altas do que em qualquer período correspondente anterior. Houve 194 recordes mensais de mínimas. Houve 34.008 recordes de máximas em dias – temperaturas locais registradas em 19 de abril, 24 de agosto e 14 de dezembro mais altas do que em qualquer data correspondente anterior. Houve 6.664 recordes de mínimas em dias. Grand Rapids, Galveston, Greenville, Albany, Billings, Boston, Madison, Nashville, Louisville, Chicago, Trenton, Richmond e centenas de outras cidades tiveram os dias mais quentes já registrados. Para os Estados Unidos continentais como um todo, a temperatura média em 2012 foi de 12,9 graus Celsius, 1,7 grau mais quente do que a média diária no século XX. A temperatura média anual foi cerca de meio grau mais alta do que o recorde anterior.

No Ártico, foi possível observar derretimentos em um único dia em 97% da camada de gelo da Groenlândia. O gelo marinho atingiu um inédito nível dramaticamente baixo, ultrapassando o derretimento recorde de 2007, de 777 mil quilômetros quadrados, do tamanho do Texas. Um recorde de 47 navios cargueiros atravessou a rota do mar do Norte – um aumento de doze vezes em relação a 2010. Um condomínio flutuante, de 644 pés de comprimento, anunciado como "o maior iate residencial privado do planeta", transitou pela Passagem do Noroeste, outrora traiçoeira. Outro iate logo foi confiscado depois que seu proprietário australiano serviu álcool para uma menina de quinze anos de Nunavut. Ela mergulhou semidespida no mar degelado de Beaufort, e a Polícia Montada apreendeu a carga de 40 mil dólares em bebidas e 15 mil dólares em fogos de artifício ilegais. As emissões globais saltaram 3,1%, o preço do carbono no Regime Comunitário de Licenças de Emissão da União Europeia chegou perto de atingir a baixa recorde de menos de 5 euros por tonelada, a concentração de carbono na atmosfera logo cruzaria o marco de quatrocentas partes por milhão, e outra rodada de conferências sem propósito da ONU foi marcada para o Qatar, que tem as maiores emissões *per capita* do mundo – mas foi uma festa.

Então veio o Sandy, o furacão de 60 bilhões de dólares que inundou o Médio Atlântico e deu aos nova-iorquinos a febre dos quebra-mares, deu à reeleição de Obama o apoio de Bloomberg e, pode-se dizer, a ampla vitória eleitoral, e deu à mudança climática um lugar de destaque no segundo mandato do presidente. Onde um dia esteve a tenda florestal do Deutsche Bank em South Street Seaport, houve uma maré de tempestade de 3 metros, seguida de uma obstinada reconstrução. Voltamos a acreditar na mudança climática. O que levanta a questão: e daí?

Em psicologia, pensamento mágico é a falácia de que os pensamentos correspondem a ações, de que pensar é fazer, acreditar é agir. Talvez a presunção mais mágica deste momento seja a de que nossa crença cada vez maior na mudança climática leve a um autêntico esforço para detê-la. No entanto, como descobri no Canadá, na Groenlândia, no Sudão, em Seattle e no mundo inteiro, isso não é automaticamente verdade. Estamos percebendo que, nesse novo mundo, há mais petróleo a encontrar. Há novas terras a cultivar. Há novas máquinas a construir. Pelo que vi em seis anos fazendo reportagens para este livro, o clima está mudando mais rápido do que nós.

Passei parte do verão de 2012 na aldeia inupiat de Point Hope, junto ao mar de Chukchi. É um lugar antigo, mais antigo do que quase qualquer outro do continente. Seu prefeito gosta de dizer que ali está o mais antigo assentamento da América do Norte habitado sem interrupções, o que pode ser preciso ou não. Em seu jipe Ford preto, ele leva os visitantes a um arenoso pontão que está sendo varrido por ondas incansáveis, onde há uma casa de tepe em ruínas, sustentada por ossos de baleia, na qual sua avó viveu um dia. Os primeiros europeus apareceram em Point Hope na década de 1840, explicou, para caçar as baleias-da-groenlândia, outrora tão numerosas que os anciãos diziam que você conseguia pular de uma para outra, de um jato de ar a outro, atravessando o raso mar de Chukchi. Os baleeiros foram os petroleiros de antigamente, uma espécie de magos, porque transformavam as baleias em algo que os inupiats nem sequer imaginavam: combustível. Os primeiros a chegar registraram em seus diários a vitalidade de Point Hope – as muitas mulheres, habitações e cachorros que observavam de seus navios. Em poucos anos, porém, os baleeiros mataram a maior parte das baleias e, em consequência, a maior parte das pessoas que delas dependiam. As casas esvaziaram, os poucos sobreviventes definharam e todos os cachorros se foram; tinham sido comidos.

Um século depois, Edward Teller, logo após o triunfo do teste nuclear nas Ilhas Marshall, mas anos antes de propor soluções de geoengenharia para o clima, chegou a Point Hope. Determinado a encontrar um propósito civil para a bomba atômica, ele tinha concluído que, com uma série de explosões nucleares, um local a 32 quilômetros da aldeia poderia ser transformado no primeiro porto de águas profundas do Ártico. A isso denominou Projeto Chariot. Outros cientistas logo calcularam que a aldeia poderia ser dizimada pela poeira radioativa. No entanto, só depois que Point Hope se tornou o foco de uma campanha ambiental nacional foi possível interromper o projeto.

Agora o prefeito aguardava a Royal Dutch Shell, com sua armada recauchutada de navios de perfuração. Uma dúzia dos lotes de petróleo na Licitação 193 ficava na costa, na parte degelada do mar de Chukchi, e o governo Obama, em sua estratégia *"all-of-the-above"** para aumentar a geração de energia doméstica, tinha finalmente dado o sinal verde à Shell. Até aquele momento, a empresa havia gastado 4,5 bilhões de dólares em concessões e em infraestrutura ártica, e nada parecia capaz de interromper o projeto.

Quando, após uma série de melhorias, o Kulluk e outro navio de perfuração partiram do estreito de Puget, em Seattle, para o Alasca, eu os vi zarpar, o imenso casco do primeiro puxado por um rebocador enorme, construído para isso, as duas plataformas escoltadas por um

---

* Todas as alternativas anteriores. [N.T.]

destacamento de segurança de navios da Guarda Costeira. A frota da Shell chegaria a quase vinte embarcações, três níveis de capacidade de resposta a derramamento e milhares de trabalhadores, com hangares e aeronaves estacionados ao longo do norte do Alasca. Eu tinha minhas preocupações com aquilo que a Shell estava fazendo, mas nunca duvidei de que uma companhia tão boa de planejamento – tão brilhante coletivamente quanto Teller individualmente – conseguisse realizar a tarefa.

Menos de seis meses depois, nas últimas horas de 2012, a principal plataforma ártica da multinacional de petróleo mais voltada para o futuro estava encalhada em uma rochosa linha costeira próxima à ilha Kodiak, no Alasca. Logo sua foto estampava a primeira página de jornais do mundo inteiro. O Kulluk estava voltando para Seattle após uma temporada repleta de passos em falso – âncoras desgarradas, testes marinhos malsucedidos, infrações ambientais –, mas mesmo assim tinha iniciado as perfurações na costa do Ártico norte-americano depois que o derretimento havia começado de verdade. Sua tripulação, que tinha como base a Louisiana, rebocou-o em meio a um ciclone de 960 milibares que, segundo me disseram os habitantes da ilha Kodiak, teria feito com que os experientes capitães do Alasca zarpassem para um porto seguro. O cabo de reboque rompeu-se em meio a ondas de 12 metros, e, ao longo dos quatro dias seguintes, entre tentativas de resgate e rebocamentos de emergência, rompeu-se outras quatro vezes, até que o gigantesco navio enfim encalhou, com as ondas castigando seu convés. A aposta ártica de 4,5 bilhões de dólares da Shell tinha ido por água abaixo, e, como alguém impressionado com a capacidade intelectual da empresa, fiquei, como todo mundo, chocado.

Sempre ficamos deslumbrados com as pessoas mais inteligentes de um recinto – os Tellers, os Myhrvolds, os especialistas e os engenheiros – quando estamos ali presentes. À medida que o mundo vai se transformando em um ambiente tão estranho para muitos de nós quanto o Alasca para o capitão de um reboque da Louisiana, indivíduos inteligentes estão desenvolvendo planos assustadoramente complicados para lidar com aquilo que é essencialmente um problema básico de física: se o carbono aumenta, o calor aumenta. Deveríamos lembrar que também existe gênio na simplicidade. Deveríamos lembrar que raramente reconhecemos a *hybris* até que seja tarde demais.

O verão de 2012 foi quente também em Seattle. Jenny, o neném e eu muitas vezes dormíamos no andar de baixo, porque o de cima ficava quente demais e nunca tivemos muita necessidade de ar-condicionado. Íamos nadar mais do que costumávamos; era bom. Compramos um carro maior – mais beberrão, mas comporta a família inteira. Nossa casa fica perto do novo metrô leve de Seattle, e durante uma reforma que fiz garantimos um bom isolamento térmico e compramos um sistema de calefação de alta eficiência. No entanto, durante o verão dirigimos muito e compramos muito combustível da Shell. Os diversos voos que tomei, de uma perspectiva de emissões de carbono, foram ainda piores.

Uma tarde, depois de assistir na TV ao rebocamento do Kulluk para o norte, acessei o Intrade, um site de "previsões de mercado", e apostei 100 dólares em sua categoria Clima e Tempo. Eu poderia ter apostado em anomalias na temperatura global ou no fato de o Sandy ser a última tempestade com nome da temporada de furacões de 2012, mas em vez disso escolhi o derretimento da calota polar: "A extensão do gelo marinho ártico para setembro de 2012 será menor do que 3,7 milhões de quilômetros quadrados". Era tudo diversão, só uma brincadeira para provar que qualquer um, sobretudo aqueles que estão em um lugar confortável, poderia ociosamente apostar no caos climático. Mas ganhei fácil.

Lucrar com o desastre pode ser um tanto desprezível, porém não há nada de fundamentalmente errado nisso. Não escrevi este livro mirando empresários honestos como Mark Fulton, Phil Heilberg e Luke Alphey, nem bons soldados como o sargento Forte e Minik Kleist.

Se eles forem vilipendiados porque os leitores não estão plenamente esclarecidos da situação em que vivem, em que todos vivemos, então não consegui descrevê-la suficientemente bem.

A verdade mais dura em relação à mudança climática é que ela não é igualmente má para todo mundo. Alguns – os ricos, os que vivem no Norte – encontrarão maneiras de prosperar enquanto outros não conseguirão, e muitas pessoas se isolarão dos piores efeitos do aquecimento global enquanto outras permanecerão do lado errado. O problema de lucrarmos com esse desastre não revela falência moral, mas que a mudança climática, ao contrário de outros desastres, é obra do homem. As pessoas com a maior responsabilidade pelas emissões históricas de gases de efeito estufa são também as que têm a maior chance de ter sucesso nessa nova realidade e o menor risco de sentir uma ameaça mortal vinda do progressivo aquecimento. O desequilíbrio entre ricos no Norte e pobres no Sul – herdado da história e da geografia, acelerado pelo aquecimento – está ficando ainda mais enraizado.

Os ativistas ambientais evitam o fato de que algumas pessoas vão melhorar de vida com a mudança climática – haverá mais minério para as mineradoras, mais fome para quem vende comida –, porque qualquer ganho pontual turva a imagem, no mais catastrófica, de um mundo sem reduções de emissões. Eu não evitei esse fato, porque as pessoas descritas nestas páginas revelam algo importante: em um mundo injusto, o interesse racional não é sempre o que gostaríamos que fosse. Em termos econômicos, o aquecimento global não é apenas um fator extrínseco que deixamos de embutir no preço. Há um limite para onde o livre mercado pode nos levar. Isso torna o problema realmente perverso, mas também nos oferece uma transparência moral mais adequada. Não estamos simplesmente tomando um empréstimo contra nosso próprio futuro. Na maior parte dos casos, não somos nossas próprias vítimas. Depender da empatia para formatar nossa resposta à mudança climática costuma ser considerado ingênuo – as vítimas do aquecimento estão longe no espaço, longe no tempo, e as balas são invisíveis –, mas creio ser mais ingênuo ter esperanças de que nós, no Norte, vamos reduzir significativamente as emissões, ou o consumo, ou oferecer os recursos necessários para que países distantes possam adaptar-se porque pessoalmente nos sentimos ameaçados.

No mundo à frente, a política da ira provavelmente não vai funcionar sem a respectiva empatia. Não basta ficar zangado com as empresas petrolíferas, ainda que isso possa ajudar um pouco. Já foram feitas muitas análises póstumas sobre por que o Senado norte-americano não aprovou nenhuma lei climática ou sobre por que a ONU não alcança um tratado, porém a razão é bastante clara: no Norte rico, onde ainda falamos mais de ursos-polares do que de pessoas, não existe verdadeiramente um eleitorado. Praticamente ninguém se importa tanto assim. Não ainda.

Na metade deste projeto, eu estava verificando fatos com uma fonte, um banqueiro de investimentos de Nova York que havia adquirido algumas terras aráveis em outros países. Entramos em uma discussão. O que tinha acontecido para ele poder adquirir aquelas terras – uma série de embustes de intermediários, de pequenos agricultores comprados por forças muito maiores do que eles poderiam imaginar – não era sua culpa, dizia ele. Tudo tinha acontecido antes de o banco envolver-se. "É como se eu tivesse comprado maconha de um cara que comprou de outro cara que comprou de outro cara que comprou de um cara na Guatemala que matou alguém por causa dela", argumentou. "Mas você sabia", retruquei. Antes de comprar, ele sabia de onde ela tinha vindo. Sabia o que a vantagem por ele obtida havia custado a outra pessoa.

A mudança climática costuma ser formulada como uma questão científica, econômica ou ambiental, e não como uma questão de justiça humana, como deveria ser com mais frequência. Isso também precisa mudar. A partir deste momento, muitos podem ficar ricos. Muitos podem ter um barato. A vida vai seguir em frente. No entanto, antes que ela siga, todos deveríamos ter certeza de que entendemos a realidade do que estamos comprando.

Nota sobre as fontes

Ao longo de muitos anos, escrevi reportagens que foram incorporadas a este livro, e a maioria do que está aqui se baseia no que vi e ouvi. Sempre que possível, conferi o material com milhares de páginas manuscritas e digitadas e com fotografias e gravações de voz que costumo fazer em campo. Em muitos casos, pude obter confirmações de detalhes consultando outras pessoas que estavam presentes.

Antes e depois de minhas viagens, tentei ler todos os artigos que pude a respeito de cada lugar e de cada assunto, e devo muito aos jornalistas que me precederam e aos órgãos de imprensa – *New York Times*, *Wall Street Journal*, *Financial Times*, *Washington Post*, *Los Angeles Times*, *Houston Chronicle*, *Christian Science Monitor*, NPR, BBC, *Guardian*, *Economist*, *Der Spiegel*, *Maclean's*, *Globe and Mail*, *Sydney Morning Herald* – que ainda pagam para enviá-los mundo afora. Fiz empréstimos de suas reportagens e de suas ideias, e guardo cópias digitais de seus artigos em uma pasta lotada no HD de meu laptop. Foram também de valor inestimável fontes locais de notícias. Algumas delas: *Barents Observer*, *Alaska Dispatch*, *Sermitsiaq*, *Haaretz*, *Imperial Valley Press*, *Africa Confidential*, *Le Soleil*, IRIN, *ReliefWeb*, *Times of Malta*, *Times of India*, *Daily Star* e *Palm Beach Post*.

Ao tentar começar a entender os efeitos da mudança climática, li *The Economics of Climate Change* [A economia da mudança climática], de *sir* Nicholas Stern (Cambridge, Reino Unido: Cambridge University Press, 2007), *Field Notes from a Catastrophe* [Anotações sobre uma catástrofe], de Elizabeth Kolbert (Nova York: Bloomsbury, 2006), *The Weather Makers* [Os fabricantes do clima], de Tim Flannery (Nova York: Atlantic Monthly Press, 2005) e *Six Degrees* [Seis graus], de Mark Lynas

(Londres: Fourth Estate, 2007). Depois, baseei-me em *Animal Spirits: How Human Psychology Drives the Economy, and Why It Matters for Global Capitalism* [Espíritos animais: como a psicologia humana influencia na economia e por que isso importa no capitalismo global], de George Akerlof e Robert Shiller (Princeton, NJ: Princeton University Press, 2009) enquanto considerava a resposta da humanidade à mudança climática.

A história da exploração do Ártico e da Passagem do Noroeste é discutida em *Resolute* [Determinado], de Martin Sandler (Nova York: Sterling, 2006), e em *Dangerous Passage* [Passagem perigosa], de Gerard Kenney (Toronto: Natural Heritage, 2006). Para entender a relação difícil do Canadá com seu próprio norte, li *Canada's Colonies* [Colônias do Canadá], de Kenneth Coates (Toronto: Lorimer, 1985), e *Tammarniit (Mistakes)* [Erros], de Frank Tester e Peter Kulchyski (Vancouver: University of British Columbia Press, 1994).

Durante o mês no mar congelado de Chukchi, cientistas e representantes do Departamento de Estado a bordo do navio quebra-gelo americano Healy mantiveram a mim e a si próprios entretidos com noites de palestras informais – a fonte de grande parte daquilo que aprendi sobre o Direito do Mar, sobre o derretimento da calota polar e sobre as manobras de várias nações litorâneas para obter o controle do Ártico e de seu leito rico em petróleo. Larry Mayer, o cientista-chefe, diretor do Centro de Mapeamento Costeiro e Oceânico da Universidade de New Hampshire, foi especialmente útil. Na Rússia, Yuri Kasmin ofereceu novas perspectivas, assim como Ron Macnab, do Canadá, Trine Dahl-Hensen, da Dinamarca, Martin Jakobsson, da Suécia, e outras fontes em Washington e em Moscou, que preferem não ser identificadas. No Serviço Geológico Americano, Don Gautier, Brenda Pierce e Dave Houseknecht ajudaram-me a ter uma ideia da quantidade potencial do tesouro de petróleo.

A história do planejamento de cenários da Shell é tratada em *The Art of the Long View* [A arte de enxergar longe], de Peter Schwartz (Nova York: Doubleday/Currency, 1991), e numa sequência, *Learnings from the*

Long View [Lições de enxergar longe] (Seattle: CreateSpace, 2011). Foram úteis também os muitos relatórios públicos da Shell e os vários textos de Art Kleiner, autor de *The Age of Heretics* [A era dos heréticos] (Nova York: Doubleday/Currency, 1996).

Para informar-me sobre os incêndios florestais da Califórnia e sobre seu contexto, li *The Control of Nature* [O controle da natureza], de John McPhee (Nova York: Farrar, Straus and Giroux, 1989), *The Phoenix* [A fênix], de Leo Hollis (Londres: Phoenix, 2009), e *A Discourse of Trade* [Discurso sobre o comércio], de Nicholas Barbon (Londres, 1690).

As lutas sem fim da Califórnia e do oeste norte-americano contra a seca estão documentadas em *Cadillac Desert*, de Marc Reisner (Nova York: Viking, 1986), em *Unquenchable* [Insaciável], de Robert Glennon (Washington, D.C.: Island Press, 2009), e em *California: A History* [Califórnia: uma história] (Nova York: Modern Library, 2005), a depuração feita pelo historiador Kevin Starr de sua série de sete partes sobre o *Golden State* e o sonho americano.

Junto com fontes governamentais americanas atuais e antigas, *Emma's War* [A guerra de Emma], de Deborah Scroggins (Nova York: Pantheon, 2002), *The Root Causes of Sudan's Civil Wars* [As causas fundamentais das guerras civis do Sudão], de Douglas H. Johnson (Bloomington: Indiana University Press, 2003), e *Atlas Shrugged* [A revolta de Atlas], de Ayn Rand (Nova York: Random House, 1957), foram meus guias da região da África frequentada por Phil Heilberg. Para uma visão geral das crises alimentares globais, utilizei *The Coming Famine* [A próxima fome], de Julian Cribb (Berkeley: University of California Press, 2010), e *An Essay on the Principle of Population* [Ensaio sobre o princípio da população], de Thomas Malthus (Londres: J. Johnson, 1798). Para entender a história de cortinas florestais, como a Grande Muralha Verde, li *Woman Against the Desert* [Mulher contra o deserto], de Wendy Campbell-Purdie (Londres: Victor Gollancz, 1967).

O futuro anfíbio visualizado por Koen Olthuis é detalhado em seu livro *Float!* [Flutue!] (Amsterdã: Frame, 2010), escrito em coautoria com

David Keuning. O aumento das doenças infecciosas em um mundo mais quente é descrito em *Changing Planet, Changing Health* [Mudando o planeta, mudando a saúde], de Paul Epstein, já falecido, e Dan Ferber (Berkeley: University of California Press, 2011).

Fui um dos primeiros membros (sem nunca me manifestar) de um animado Google Group de discussões de geoengenharia iniciado por Ken Caldeira, que me permitiu compreender os personagens e as motivações que dariam origem a dois livros excelentes enquanto eu terminava o meu: *How to Cool the Planet* [Como esfriar o planeta], de Jeff Goodell (Boston: Houghton Mifflin Harcourt, 2010), e *Hack the Planet* [Controle o planeta], de Eli Kintisch (Hoboken, N.J.: Wiley, 2010). *SuperFreakonomics*, de Steven Levitt e Stephen Dubner (Nova York: William Morrow, 2009), ajudou a explicar o funcionamento interno da Intellectual Ventures, enquanto *Fixing the Sky* [Consertando o céu], de James Rodger Fleming (Nova York: Columbia University Press, 2010), proporcionou anedotas e a tão necessária lembrança de que sempre quisemos controlar o clima.

Aulas de geoengenharia que frequentei em 2010 e em 2011 na Universidade de Washington atraíram alguns dos melhores cérebros científicos e éticos dessa área incipiente: Fleming, David Keith, Dale Jamieson, Phil Rasch, Alan Robock, Jane Long, Christopher Preston, Steve Rayner, Ben Hale e Michael Robinson-Dorn. Muitas vezes, entre os presentes, estava David Battiste, professor da Universidade de Washington, que conversava comigo sobre a ciência e também sobre as intrigas por trás da geoengenharia. Stephen Gardiner, professor de filosofia que organizou a série de palestras, é também o autor de *A Perfect Moral Storm: The Ethical Tragedy of Climate Change* [Uma perfeita tormenta moral: a tragédia ética da mudança climática] (Nova York: Oxford University Press, 2011). Seus textos me ajudaram a entender que, ao contrário do que se costuma pensar, o aquecimento global não é uma "tragédia dos comuns" clássica, no sentido usado originalmente pelo ecologista Garrett Hardin – se é, ao menos alguns dos metafóricos vaqueiros entre nós possuem vacas maiores.

Quando eu viajei pela segunda vez ao mar de Chukchi, no Alasca, e fiquei na cidadezinha de Point Hope, levei comigo *The Firecracker Boys* [Os rapazes foguete], de Dan O'Neill (Nova York: St. Martin's Press, 1994), a história de como quase detonamos seis bombas de hidrogênio para criar um novo porto ártico – uma história fascinante que eu gostaria de ter lido muito tempo antes.

Por fim, uma nota sobre as traduções: algumas das que estão no livro são minhas mesmo. Para os diálogos em russo ou em francês, fiz o que pude para captar o que os falantes queriam dizer – poucas vezes, porém, consegui captar sua eloquência. As poucas frases originalmente em espanhol tiveram versões melhores.

Agradecimentos

Ela é gentil demais para ver as coisas nesses termos, mas Jennifer Woo e eu vivemos só algumas semanas de nossa nova vida juntos em Seattle antes que ela subitamente começasse a dividir comigo o projeto de um livro. Sou grato por ela mesmo assim ter aceitado meu pedido de casamento e por sua paciência quase infinita. Este livro, meu primeiro, tomou bastante tempo, ainda mais considerando que Jennifer levou cerca de nove meses para produzir um primogênito que nos orgulha muito mais.

Sem a orientação que tive de duas pessoas no começo, talvez não tivesse captado a dimensão da história que eu queria escrever. Luke Mitchell, meu amigo e primeiro editor na *Harper's Magazine*, foi quem me enviou ao Ártico pela primeira vez e quem, quando voltei, me ajudou a ver que as artimanhas de canadenses empunhando armas eram importantes não por causa do que revelavam sobre a mudança climática ou sobre as relações entre o Canadá e os Estados Unidos, mas por causa daquilo que revelavam sobre a natureza humana. Heather Schroder, minha agente na ICM [International Creative Management], ajudou-me então a concentrar-me no fato óbvio mas crucial de que o aquecimento, junto com as pessoas que afeta e que o afetam, é global. A história do livro teria de ir muito além do Ártico.

Na Penguin, Eamon Dolan apostou em um autor novato e deu conselhos de valor inestimável – que certamente me ajudaram muito mais do que ele poderia saber – antes de mudar de posto. Virginia Smith ocupou o lugar dele como editora, guiando um projeto um tanto instável até o fim com uma mistura maravilhosa de humor e disciplina. Suas intuições e sua disposição de ir fundo em problemas grandes e pequenos melhoraram muito este livro. Kaitlyn Flinn, por sua vez, fez um trabalho formidável para levar todos nós à linha de chegada.

Quando comecei como repórter, a maior sorte que tive foi contratar o jornalista Damon Tabor para trabalhar comigo como pesquisador durante um ano. Não demorou para que percebêssemos que eu é que devia trabalhar para ele. Da próxima vez, provavelmente vai ser assim. Antes de passar a empreitadas maiores, Damon possibilitou muitos destes capítulos, seja rastreando contatos, seja identificando histórias cuja existência eu nem tinha percebido. Além disso, ele faz musculação usando tijolos. De verdade.

Diversas organizações, sabendo ou não, ajudaram em minhas reportagens ou sustentaram a mim e a minha família enquanto eu completava este projeto. Tenho uma tremenda dívida com Charles Eisendrath, Birgit Rieck, Mary Ellen Doty, Patty Meyers-Wilkens, Candice Liepa e Melissa Riley, dos Knight-Wallace Fellows da Universidade de Michigan; com Oliver Payne, Peter Miller, Lynn Addison, Susan Welchman, Nick Mott, Marc Silver, Glenn Oeland e Rebecca Martin, da National Geographic Society; com Esther Kaplan, do Investigative Fund, no Nation Institute; com Jon Sawyer e Tom Hundley, do Pulitzer Center on Crisis Reporting; e com a Universidade Columbia e a família de John B. Oakes. A *Harper's Magazine*, que, além de Luke Mitchell, me proporcionou excelentes editores na pessoa de Genevieve Smith, Rafil Kroll-Zaidi e Christopher Cox, financiou e publicou originalmente versões dos capítulos "Corrida fria" e "Grande demais para queimar", junto com uma parte de "Dinheiro acima". Um de meus editores de revista favoritos, Alex Heard, da *Outside*, foi quem encomendou o que viria a ser o capítulo "A emergência da Groenlândia". Uma versão do capítulo "Açambarcamento de terras", editada pelo obstinado e incrível Eric Bates, saiu pela primeira vez na *Rolling Stone*.

Por um apoio de tipo menos tangível, agradeço a David e Duane Funk, Ronald e Lisa Woo, Grace Funk e Benson Wilder, James e Margaret Woo, Jason e Condor Woo, James e Nadine Harrang, e a nossos amigos em Seattle, Nova York, Eugene, Bellingham e Ann Arbor. Muitas centenas de pessoas falaram comigo por telefone, responderam a perguntas por e-mail e concordaram em dar entrevistas em pessoa. O nome de algumas delas consta do livro; o da maioria não. Sou profundamente grato a todas. Algumas pessoas até foram além, permitindo-me viajar com elas por dias ou semanas ou mesmo invadir sua vida para que eu tentasse enxergar o mundo de seu ponto de vista. Sem a extraordinária generosidade de Minik Kleist, chefe Sam, John Dickerson, Phil Heilberg, Pape Sarr, Enamul Hoque, Luke Alphey e Nathan Myhrvold, eu não poderia ter escrito este livro, e a experiência não teria sido metade do que foi. Espero ter registrado tudo corretamente, e, se não registrei, os erros são todos meus.

Outras pessoas que merecem agradecimentos especiais: sargento Forte, Dennis Conlon, Doug Martin, John Ferrell, Mead Treadwell, Peter Schwartz, Ron Macnab, Michael Byers, Scott Borgerson, Matt Power, Larry Mayer, Andy Armstrong, Brian Van Pay, Luciano Fonseca, Tasha Gentile, Jimmy Jones Olemaun, Alexander Sergeev, Artur Chilingarov, Luda Mekertycheva, Garrik Grikurov, Victor Poselov, Trine Dahl-Jensen, Martin Jakobsson, Brenda Pierce, Dave Houseknecht, Jeremy Bentham, Adam Newton, Sverre Kojedal, Geoff Dabelko, Vanee Vines, Juliane Henningsen, Kuupik Kleist, Jens B. Frederiksen, Rikka Jensen Trolle, Nick Hall, Tim Daffern, Giora Proskurowski, Moshe Tessel, Rafi Stoffman, Abraham Ophir, Willi Krüger, Eric Gilliland, Marco Ernandes, John Winkworth, Joe Flynn, Paul Johnson, Susie Diver, Garry Wills, Bill Heffernan, Todd Shields, René Acuña, Stephanie Pincetl, Merlin Camozzi, Clay Landry, Bob Heward, Daniel Snaer Ragnarsson, Eric Sprott, Gudjon Engilbertsson, Jeremy Charlesworth, Jon Steinsson, Kenneth Krys, Kevin Bambrough, Ric Davidge, Serge Kaznady, Shirley Won, Sigrún Davíosdóttir, Sverrir Palmarsson,

Terry Spragg, Uli Kortsch, Sean Cole, Carl Atkin, David Raad, John Prendergast, Peer Voss, Phil Corzine, Phil Warnken, Jonathan Davis, Nate Schaffran, Nick Wadhams, Jenn Warren, Ethan Devine, Nkem Ononiwu, Abdoulaye Dia, Desneige Hallbert, Chad Cummins, Tim Krupnik, Clara Burgert, Noam Unger, Caroline Wadhams, Antonio Mazzitelli, Alessandra Giannini, Jean-Marc Sinnassamy, Gil Arias Fernandez, Simon Busuttil, Joseph Cassar, Darrel Pace, Wayne Hewitt, Josie Muscat, Ivan Consiglio, Emmanuel Mallia, Atiq Rahman, Ryan Bradley, Rohit Saran, Ajai Sahni, Nazmul Islam, Atique Islam Chowdhury, Reza Karim Chowdhury, Binoy Bhattacharjee, Bibhu Prasad Routray, Samujjal Bhattacharjee, Jennifer Marlow, Jeni Krenciki Barcelos, Spencer Adler, D'lorah Hughes, Franco Maschietto, Piet Dircke, Peter Wijsman, Thijs Molenaar, Frans Barends, Richard Pelliccan, Rene Peusens, Jort Struik, Koen Olthuis, Conny van der Hijden, Marnix de Vriend, Daniel Pepitone, Johan Cardoen, Piotr Puzio, Susanne Benner, Paul Epstein, Rip Ballou, Thomas Scott, Danilo Carvalho, Michael Doyle, Mikki Coss, Chris Tittel, Emily Zielinski-Gutierrez, Alun Anderson, Greg Huang, Shelby Barnes, Marelaine Dykes, Casey Tegreene, Samuel Thernstrom, Lee Lane, Kenneth Green, David Schnare, Michael Ditmore, Aaron Donohoe, David Battisti, Neil Adger, Heather McGray, Roger Harrabin, Andy Hoffman, Andy Buchsbaum e Richard Rood. Peço desculpas de antemão àqueles que equivocadamente deixei de fora da lista.

Convoquei amigos e familiares para ajudar-me a pensar em um título para o livro, mas a editora Ann Godoff superou todos nós com *Windfall*.* (Para ser justo com Ben Pauker, ele também o propôs, mas eu não reparei.) Ben, Mike Benoist, Dave Shaw, Alex Heard, Japhet Koteen, Benson Wilder, Vanessa Gezari, Tim Marchman, Aisha Sultan, Mike Laris, Damon Tabor, Ethan Devine, Tamar Adler, Wilson Kello,

---

* *Windfall*, título original do livro, significa tanto a fruta que cai da árvore por causa do vento como uma fortuna inesperada. [N.T.]

Noam Unger, Kalee Thompson, James Vlahos, Adam Allington, Evan Halper, Madeleine Eiche, Kihan Kim, Aaron Huey, Giora Proskurowski: obrigado. Lamento por seus trocadilhos não poderem ser publicados.

Na Biblioteca Pública de Seattle, Chris Higashi me emprestou um armário e uma salinha silenciosa para eu escrever, e lhe sou grato. Mais perto ainda de casa, Aaron Huey e Kristin Moore mudaram-se para o outro lado da rua, e Aaron – que estava comigo na Rússia quando eu elaborava a proposta deste livro – ofereceu-me uma mesa que estava sobrando em seu escritório para ver-me finalmente concluí-lo. Sou grato a ele e também à gente boa do Empire, logo ali, no mesmo quarteirão, que me proporcionou mais um escritório fora do escritório, este com café.

Índice remissivo

A

Aamodt, Jim 121
Academia Nacional de Ciências 305
Acciona 196
Acuña, René 152
adaptação 19, 129, 131, 229-30, 243-4, 264-5, 272, 307
Aedes aegypti, mosquito 271-2, 275
   borrifamento de 276
   criadouros 279
   esterilização 277-81
   geneticamente modificado (OX513A) 272, 275, 277, 279-80, 282, 288-9, 291
Aedes albopictus, mosquito 271, 281, 288
África
   deportações para a 201
   refugiados da 201-4
Agcapita 179
Agência Federal de Gestão de Emergências 274
Agência Meteorológica britânica 305, 321
agricultura
   e água 97, 99-102
   e salinidade 225-6, 229
   mais dias de cultivo 29, 119, 155
   terras para 149, 153
Agrifirma 179

água
   como classe de ativo 141, 143, 156
   como "petróleo do próximo século" 140
   conservação da 34, 157
   dessalinização da 72, 100, 102-4, 106-10, 141-2, 144-5, 235, 255
   disponibilidade de 33-4, 139-61
   e derretimento de geleiras 97-9, 101, 103-4
   e derretimento do gelo marinho 78-80
   e perfuração de poços 156
   e seca, *ver* seca
   e semeadura de nuvens 105-6, 111, 129, 297-301, 306, 309
   e terras aráveis 161
   energia hidrelétrica 78, 104, 107, 150, 173, 299
   escassez de 105, 111, 139
   evaporação da 112, 159
   exportação de 33, 35, 78, 105, 110, 144-5
   hidrocomércio 142-3
   inundação 225, 227, 230, 234-6, 255
   mercados para a 18, 20, 112, 142-5, 148, 152, 154-6
   na fabricação de neve 99, 298, 300
   níveis de sal na 79, 224-6
   no *stress nexus* 72
   proponentes de "ensacar e carregar" 145
   roubo de 108, 160
   troca de água por armamentos 144

343

Aguas de Barcelona 30
Ajuda Popular da Noruega 174
Al Maktoum, xeque Mohammed bin Rashid 262
alarmismo, cansaço do 65
Alasca
  cidades em perigo no 27, 79
  contratos de água no 144
  e concessões 62, 328
  e petróleo 47-8
  e reivindicações no Ártico 41-2, 47
  projeto do gasoduto do 58, 61
albedo 29, 300, 306
Al-Faisal, príncipe Mohamed 145
Algodones, dunas de 150-2
Aliança dos Pequenos Estados Insulares (Apei) 249
alimentos, preços de 65, 164, 168, 177-8, 196, 233
  ver também crise alimentar
All-American, canal 149-50, 152-3, 195, 303
Alpes, derretimento de geleiras nos 80, 90-1, 97-8, 104
Alphey, Luke 277-81, 288-9, 291, 330, 340
American Enterprise Institute (AEI) 307, 316, 320
American International Group (AIG) 116-7, 121, 123-4, 129-30, 133-4, 136, 164, 167-8
Andermatt 98
Anderson, Terry 157
Angus & Ross 88-9
animais, extinção de 240, 290
Anjo Negro, fiorde 88, 90
Anopheles gambiae, mosquito 285
Antropoceno 14, 290

Aquaterra 256
Aqueduto Nacional (Israel) 105, 107, 109
aquedutos 148
Aqueous 147
aquíferos 18, 108, 236
Arábia Saudita, e negócios de terras 169, 173
Arad, Elisha 108, 109
Arcadis 263
areias betuminosas do Athabasca 29, 72
arenito, criação de 257, 261
Argentina, negócios com terras na 179-80
Aristóteles
  ideal da vida boa 81
Arrhenius, Svante 13
arroz
  geneticamente modificado 284-7
  resistente ao sal 229-30
Ártico
  derretimento do gelo marinho no 58-62, 78-80, 83-5, 89-90, 94, 224-5, 290, 313, 326, 330
  e petróleo 17-8, 20, 24, 34, 40-2, 44, 48-9, 53, 58-62, 67-8, 327-9
  e reivindicações nacionais 41-2, 46-8, 77
  novas linhas marítimas no 23-4, 41, 251-2
  planos de desenvolvimento para o 58-60
  Polar Sea 34
Ártico, oceano, e Convenção sobre o Direito do Mar 46-7
Ashkelon 106-9, 144
Assam 219, 222, 231, 240, 245
Atkin, Carl 178, 180
Atmocean 314

Aurora Flight Sciences 309
Austrália
  Cerca à Prova de Coelhos nº 1 206
  mercados de água na 143, 146
  seca na 18, 27, 30, 106-7, 111, 119, 142-3, 146, 148, 156-61, 234, 255, 299-300, 321
Áustria, derretimento de geleiras na 97-100
Automatic Rice Imaging System (Aris) 286
Avaliação de Qualidade Intrínseca da Terra 178
Avaliação do Impacto Climático no Ártico 58
Ayles, plataforma de gelo 28

B
Baffin, baía de 75, 77
Bahamas 79, 249
Ballou, Rip 282
Bangladesh
  assistência estrangeira a 243-4
  cerca na fronteira com a Índia 195-6, 220-2, 238, 240, 242-6
  ciclones em 226, 231-3, 235
  crescimento populacional em 223, 241
  e a Índia 220, 222, 228, 235
  e inundações 79, 222, 224-32,
  e jogos de guerra 234
  fronteiras de 220-1
  impacto no plantio 227
  pobreza de 221
  refugiados de 235-6, 238, 241
  salinidade da água em 225-6, 229
Bar, Etan 111, 141
Barbon, Nicholas 131-4
Barents, mar de 47, 66
Basf 283-5, 287-8
Bashir, Omar 172, 174

Beatriz, rainha da Holanda 264
Beaufort, mar de 47, 61-2
Beckett, Margaret 28
Bengala Ocidental 221, 224, 236
Bengala, golfo de 28, 221, 224-5, 227, 233
Ben-Gurion, David 102, 105
Bentham, Jeremy 64-6, 72-3
Bidwells 178
Bikini, atol de 250
biocombustíveis 65, 73
biotecnologia 12, 283-4, 287
Blaauw, Robert Jan 57, 60, 62
Black Earth Farming 178
Black, George 242
BlackRock 179
Blue Sky Water Partners 159
Boeing [empresa] 309
bombeiros públicos versus privados 115-6, 121-6, 130-6
Borlaug, Norman 287
BP 265, 308
Brac 243
Brahmaputra, rio 219, 223, 225-7, 230
Brasil
  e Aedes aegypti 280
  e negócios de terras 164, 169, 179
Brock, Stan 121
Buffett, Warren 302
Buiter, Willem 140, 143
Buoyant Foundation Project 266
Buriganga, rio 228
Bush, George W. 39, 69
Busuttil, Simon 200-4
Byers, Michael 33-6, 151

345

C

Cain, James P. 87
Cal Fire 120
Caldeira, Ken 304-5, 307-8, 313-5, 336
Califórnia
    água para a 139-40, 145-6, 148, 150-1
    incêndios na 115-36
    seca na 118
    seguros na 116-7
calota polar, *ver* Ártico, derretimento do gelo marinho no
crescimento populacional 168, 236
Camarões, e negócios de terras 169
Camboja, e negócios de terras 169
Campbell-Purdie, Wendy 191, 206, 335
Campos de Teste do Pacífico 250
Campus Climático de Roterdã 265
Canadá
    água no 29-30
    areias betuminosas no 29-30, 65, 72, 302-3
    e a Convenção sobre o Direito do Mar 46-7
    e a Passagem do Noroeste 334
    e controle do tráfego no Ártico 34
    e cooperação com os Estados Unidos 27, 35
    e gás natural 30
    e o Protocolo de Kyoto 29
    e reivindicações no Ártico 31, 42
    inuítes no 31-2, 34, 43-4, 82
    mais dias de cultivo no 29
    soberania do 33, 36, 44, 46, 82
    tribos das Primeiras Nações 179
Canárias, ilhas 192-3, 196, 201
Cantwell, Maria 293, 295-7
Carbon Capture and Storage (CCS) 62, 64, 67, 72-3
carbono, bolsa de 56, 73, 318
carvão, fontes de 42, 58
Cassar, Joseph 211
Cato Institute 157
Cazaquistão, e negócios de terras 169
célula de Hadley 155, 224
célula de Walker 224
Center for a New American Security 234
Centra Technology 236
Centro de Análises Navais 39
Centro Nacional de Pesquisa Atmosférica 320
CH2M Hill 146
Chacaltaya, geleira 98
Chaffey, George 148
Cherrapunji 245
Chevron 77, 79
Chilingarov, Artur 45-7
China
    demandas energéticas da 60, 63
    e a Groenlândia 87-8
    e a Passagem do Noroeste 35
    e negócios de terras 168-9
    falta de água na 168-9
    Grande Muralha da 206
    inundações na 142
    megabarragens na 226
    rios desviados na 106
    semeadura de nuvens na 106, 298
Chowdhury, Atiqul Islam (Atique) 228
Chubb, seguradora 122
Chukchi, mar de 28, 47, 61-2, 68-70, 327-8
Church, John 224
chuva ácida 312
CIA 87, 140, 308

ciclones
  Aila 226
  Sidr 226-7, 231-4
cidades em deltas de rios 255-7
Cingapura, e água 111
Citigroup 30, 140, 143
Citizens Property Insurance Corporation 274
Clean Air Act 312
Climate Corporation 128
Climatic Consequences: Investment Implications of a Changing Climate 30
Clube de Roma
  Os limites do crescimento 11
Coast 228, 242
"colar de pérolas" 311
Colbert Report, The 234
Coles, Terry 127
Colorado, rio 139-40, 143, 148-50, 154-5
combustíveis fósseis 59-60, 63
Comissão de Pesquisa do Ártico dos Estados Unidos 40-1
concessões 61, 68-70, 328
Conferência Anual da Groenlândia sobre Desenvolvimento Sustentável de Petróleo e Minério 88
conferência das Fronteiras do Ártico 225
Conferência Mundial do Clima (1979) 13
Conferência sobre Mudança Climática em Cancún (2010) 13, 19
Conferência sobre Mudança Climática em Copenhague (2009) 83, 129, 190, 251, 305, 315
Conferência sobre Mudança Climática em Poznan (2008) 129

Connecting Delta Cities 265
ConocoPhillips 58, 71, 79
Conselho Ártico 225
Convenção das Nações Unidas sobre
  "artigo 76" 41
  e países insulares 252-3, 261
  o Direito do Mar 46-7
  reivindicações segundo a 46-8
Coreia, e negócios de terras 169
Corrections Corporation of America 204
Credit Suisse 140, 142
crise alimentar 157, 164, 168, 171, 191, 233, 242, 335
CropDesign 287
Cruz Vermelha 80
Cypress, montanhas 103

D

Daffern, Tim 90
Davidge, Ric 147
Deepwater Horizon 69
dengue 251, 271-8, 281-2, 288, 325
derretimento de geleiras 79-80, 89-91, 97-9, 237
desconto hiperbólico 16
desertificação 155, 171, 190-1, 196, 257
dessalinização 12, 19, 72, 100, 102-4, 106-10, 141-2, 144-6, 196, 235, 255
detritos carregados pelo vento 266
Deutsche Bank 9
  fundos de investimento do 10-3, 127-9
  "The Investment Climate Is Changing" [evento] 9-11
Devon, ilha de 25
Dickerson, John 140-3, 148, 152-7

diferença de riqueza 331

DiGiovanna, Sam [chefe de bombeiros] 116

Dinamarca
  e a Convenção sobre o Direito do Mar 46
  e a Groenlândia 75-7, 81-3, 85-8
  e reivindicações no Ártico 41-2

dióxido de carbono, emissões de
  ardis comerciais 177, 229
  e CCS 62, 64, 67
  e crescimento vegetal 29
  e derretimento do gelo marinho 58
  e processos judiciais 79, 129
  fontes de 62, 202, 221
  níveis de 14, 29, 42, 111, 129
  redução das 15, 56, 251, 316

Dircke, Piet 264, 266-9

direito ribeirinho 153

direitos de exploração mineral
  dos países insulares 249, 252-3
  e petróleo no Ártico 18, 20, 42, 48, 53, 57
  na Groenlândia 87, 89-90

direitos sobre a água 143-4, 148-9, 152-6

Disney, Walt 298

Doyle, Michael 275-6

Dubai, litoral de 261-2

Dubner, Stephen 316, 336

Duncan, Sara 284

Duoyuan Global Water 12

Dutch Docklands 260, 262-3

DynCorp International 120

E

economia malthusiana 140, 168

Egede, Hans 81-2

Egito 19, 157, 173

Ellesmere, ilha de 28, 42, 46

Emergent Asset Management 180

Emirados Árabes Unidos, e negócios de terras 169

Emma Maersk 268

energia
  de hidrogênio 72
  eólica 11, 72-3, 129
  hidráulica 78
  solar 11, 83, 316

energia de ativação 77

energia nuclear, demanda por 60, 302

Enewetak, atol de 254

Enoksen, Hans 86-7, 89

Eqecat 127

Escola de Guerra Naval 235

Espanha
  e dessalinização 191
  e migrantes africanos 192-4, 196, 200-1
  importações de água na 106
  seca na 104, 111, 119
  turismo na 196

esqui em ambientes fechados 98, 266-7

Estado, condições legais para a situação de 251-3

Estados Unidos
  agências de inteligência nos 47-8, 236
  direitos sobre a água nos 143-4, 148-9, 152-5
  Dust Bowl nos 155, 206
  e a Passagem do Noroeste 34-5, 40
  e Convenção sobre o Direito do Mar 41
  e cooperação canadense 27, 35
  e gás natural 30
  e reivindicações no Ártico 39-40
  questão de segurança nacional nos 39-41

Etiópia
  ajuda alimentar à 173
  e negócios de terras 164, 169, 173
  Nilo Azul na 173
Exercício Castor Congelado 25
Exército Popular de Libertação do Sudão (EPLS) 163
Exxon Valdez 146, 319
ExxonMobil 55, 58, 77, 79, 122, 307

F

fabricação de neve 98-100, 103-4, 108, 298
Farakka, barragem de 226
Farmers Insurance 122-5, 128, 135
febre amarela 271-3
Feinstein, Dianne 150
fideicomisso 252
Filipinas, e negócios de terras 169
Firebreak Spray Systems 121, 129-30, 133, 315
Fireman's Fund 122
Fireprotec 122
Fleming, James
  Fixing the Sky 298, 336
FloodBreak 268
florestas
  desmatamento 72
  e incêndios 119-20
  e larvas parasitas 120
fontes de energia 60-1
forçamento radioativo 310
Forte, sargento [pseudônimo] 30, 32, 38, 43-4, 48-9
Francisco, papa 201
Franco, Francisco 196
Franklin, Benjamin 305-6
Friends of the Earth 80, 277

Friis, Janus 128
Frontex 195, 200, 202-3
Fulton, Mark 11-2, 330
Fund for Innovative Climatea and Energy Research (Ficer) 308
Fundação de Tecnologia Agrícola Africana 283
Fundação Gates 281-3, 285, 294-5, 302, 307-9
fundos de investimento
  Causeway Water Fund 159
  Ecofin 159
  F&C Global Climate Opportunities Fund 13
  Moonraker [fundo multimercados] 145
  Schroder Global Climate Change Fund 127
furacões
  Andrew 127
  e detritos carregados pelo vento 266
  e seguros 12, 116, 127, 129, 274
  e temperaturas dos oceanos 226
  Ivan 275
  Katrina 127, 257, 274
  King 299
  pesquisa de 129
  Sandy 18, 20, 128, 249, 253, 267-9, 314, 327, 330
  supressão de 314-5
futurologia 55

G

G4S 203-4
Gabriel, Peter 55
Gadet, Peter 175-6, 183, 186
Galahad Gold 179
Ganges, rio 225-6, 236
gás natural 24, 30, 56, 59, 66-7, 107, 141, 316

gases de efeito estufa
  ameaça dos 42, 57, 60, 65
  custos de emissões desenfreadas de 28, 57
  e CCS 62, 64, 67, 72-3
  e o Protocolo de Kyoto 29, 56
Gates, Bill 282, 294-5, 302, 307-9, 315, 322, *ver também* **Fundação Gates**
gel FireIce 122
gelo marinho, derretimento, *ver* **Ártico**
genômica 284
geoengenharia 296-7, 301-22, 328, 336
gerenciamento de radiação solar (GRS) 305-6, 310-2, 320-1
Gerrard, Michael 249, 251
Gershonowitz, Yitzhak 111-2
Geus 84, 86, 88, 90
GFP Enterprises 120
Ghoramara, ilha de 28
Gingrich, Newt 306-7
GlaxoSmithKline (GSK) 282
Gobi, deserto de 206
Golden Valley Fire Suppression 122
Goldman Sachs 140, 170, 180, 269
Goodell, Jeff
  How to Cool the Planet 308, 336
Gore, Al 10, 140, 171
  Uma verdade inconveniente 14, 30, 140-1
Grande Muralha Verde 190-3, 195, 197-200, 204-7, 214-6, 233, 257, 335
Grayback Forestry 120
Grécia 112, 119, 202-3
Greenberg, Maurice "Hank" 133, 167
Greenland Minerals and Energy 88
Greenpeace 11, 71

Greenstar 262
groenlandês como língua oficial 77
Groenlândia 75-94
  base aérea de Thule na 87
  derretimento do manto de gelo da 59, 78-80, 85, 224-5, 326
  e a Dinamarca 46, 75-8, 81-9, 92
  e independência 76-7, 87-8, 94, 144
  e lucratividade com a mudança climática 77, 89
  elevação da 80, 94
  encontro em Niaqornat 91-3
  peixes na 75-6, 83, 89, 92
  petróleo e minerais na 75, 77, 83-8, 92, 94, 327
Gurdjieff, Georges 53

H

Hall, Nick 88
Hammerfest 66-8
Hammond, Aleqa 87
Hans, ilha 25, 31-2, 44, 46, 83, 252
Hansen, James 13
Hanson, Ann Meekitjuk 32
Harman, Willis 55
Harper, Stephen 25, 29, 72
Havasu, lago 139
Heffernan, Bill 160-1
Heilberg, Phil 163, 170-6, 178, 180-6, 189, 330, 335
Himalaia, derretimento de geleiras no 104
Holanda
  e aterramento 255-6, 262
  e elevação do nível do mar 251, 255-7, 263, 265
  e o Espaço para o Rio 257-9, 269
  moinhos da 255
Holland America Line 265-6

Hollis, Leo 132
Hoover Institution 157, 296
Hoque, Enamul 219, 231, 237
Horner, Jack 309
Horsfall, Sophie 13
Howard, John 160
Hudson Institute 54
Hudson Resources 88
Human Rights Watch 175, 222

I

IBM 265
Iceberg Transport International Ltd. 145
ilhas artificiais 251, 261
Ilhas Carteret 79-80
Ilhas Cayman 275, 280-1, 289
Ilhas Maldivas 80, 242, 249, 252, 261-3
Ilhas Marshall, e elevação do nível do mar 19, 79, 249-50, 252, 256, 259, 261
Iluminismo 105
Imperial Irrigation District (IID) 149
incêndios 115-7
  e seguros 116-7, 121, 126-7
  Grande Incêndio de Londres 131-3
independência energética 65
Índia
  demandas energéticas da 60, 63
  derretimento de geleiras na 104, 237
  e Bangladesh 195, 219-21, 223, 226, 228, 235
  e negócios de terras 169
  emissões de carbono da 221, 229, 236, 245
  Força de Segurança Fronteiriça (FSF) 222
  refugiados na 233, 236, 238
  seca na 321

Índice de Vulnerabilidade à Mudança Climática 236, 256
Índico, oceano, elevação do nível do 224
Indonésia, e negócios de terras 169
Iniciativa da Vacina contra a Dengue 282
Instituto de Pesquisas do Arroz de Bangladesh 229
Instituto Internacional de Pesquisas sobre Políticas Alimentares 170
Intellectual Ventures (IV) 294, 296, 299-300, 303, 306-7, 309, 315, 336
inuítes
  e a Passagem do Noroeste 34, 43-4
  e mudança climática 32
  processo contra empresas de energia 129
  tratamento dado pelo Canadá e pelos Estados Unidos 82-3
inupiats 69-70, 89, 327
investimento, oportunidades de 9-11, 30, 58, 67, 70, 121, 127, 129, 155, 191, 219, 259, 261, 265-6
iodeto de prata 105-6, 297-9
Islândia
  água da 144
  erupções vulcânicas na 305
Israel
  dessalinização em 100, 102-3, 255
  e a IDE 100-3, 106-7
  e imigrantes 105
  semeadura de nuvens em 105, 111
  tecnologia de água para exportação em 100-2
Israel Desalination Enterprises (IDE) 100-8
  All Weather Snowmaker 99-100
  criação da 101-2

Itália
  fronteiras da 80, 103
  imigrantes na 195, 201-3, 211

J

Jacob, Klaus 253
Jarch Capital 168
Jasons 308
jogos de guerra 234-5
Jogos Olímpicos de Inverno de Vancouver (2010) 103
John Deere 30
Jordão, rio 105, 109
Joseph, doutor 182-3

K

Kadafi, Muamar 201, 203, 213
Kahn, Herman 54
Karimov, Islam 167-8
Kennedy, Don 80
Key West 271-4, 276, 278, 280, 288-9, 299
Keynes, John Maynard 15
Khosla, Vinod 128
Kiewit Corporation 303
Kiir, Salva 165, 181
Kiribati 40, 78-9, 254, 261
Kissinger, Henry 34
Kitzbühel 98
Kleist, Mininnguaq (Minik) 76, 250, 330
Koch, irmãos 122
Koonin, Steve 308
Kulluk 61, 250, 328-30
Kuwait, e negócios de terras 169
Kyl, Jon 150

L

Lagos Sul, geleira dos 89-90
Landkom 178
Langmuir, Irving 297-9
Latham, John 306, 309, 315
Lei de Proteção às Espécies Ameaçadas de Extinção 58
Leis de Propriedade Rural (Estados Unidos) 153
levantamentos sísmicos 61
Levitt, Steven 316, 336
Liao, S. Matthew 290
libertarismo 133
Liberty Mutual 129
Lomonosov, dorsal de 46
London Array 72-3
Londres
  barreira contra marés de tempestade 267
  Grande Incêndio de 131-2, 134
  seguro contra incêndios em 126
Los Angeles
  água para 139, 151
  corpo de bombeiros de 117, 124, 126, 131
  crescimento de 120
Luthi, Randall 68-70

M

Madagascar, e negócios de terras 164, 169
Maeslant, barreira de, ver Maeslantkering 264, 266, 268
Maeslantkering 264, 266, 268
Mahikari, Sukyo 199, 207-8, 211
mahikaris 199, 207-8, 214-5
malária 200, 282, 285, 294-5, 317

Mallia, Emmanuel 210
Malta 200, 203, 209-10
  Barracões Safi em 212
  densidade populacional de 202, 209
  refugiados africanos em 201-3, 211-2
Malta, cavaleiros de 209
Manavgat, rio 144, 146-7
Manhattan 10
Mann, Michael 306
Maplecroft 236, 256
Martin, Paul 179
Matip, Gabriel 163-6, 172, 175, 181-5
Matip, general Paulino 163-6, 172, 174-6, 181, 183, 185
Matterhorn 80, 103
McKenna Long & Aldridge 276
McKeown, Ryder 33, 35-6
mecanismo de *feedback*
  gelo-albedo 29
Meghna, rio 225, 227, 230-2
Men of the Trees (Mott) 206
metano, fontes de 42, 56
Mexicali, vale de 150, 152
México
  e o canal All-American 149-53, 195
  e o Pacto do Rio Colorado 148
  fronteira com os Estados Unidos 148, 150
Mianmar, fronteira com Bangladesh 221, 234
Micronésia, atóis da 249, 254
Minerals Management Service (MMS) 69
Minot, Nicholas 170
Mitie Group 203
mitigação 19, 131, 243, 306

modificação genética
  ativistas contrários à 277
  colheitas 12, 229-30, 243, 283-4, 287
  gene suicida 272
  instalações de produção 285-91
  manipulação de seres humanos 290
  mosquitos 272, 278-82
  patentes 278
  Release of Insects Carrying a Dominant Lethal (RIDL) 278-81
  resistência ao estresse abiótico 283
Mogadíscio 40
monções 169, 227, 236, 320
Moncton 37-8, 43, 48
Mongólia, e negócios de terras 169
Monsanto
  e a Fundação Gates 282-3
  e culturas resistentes à seca 12, 30, 284-5, 287
  e organismos geneticamente modificados 230, 243, 280
  escritório de advocacia da 276
Montreal [fragata] 23, 25-6, 30-1, 36-7, 48-9
Morto, mar 109
Mosa (Maas), rio 255, 257
mosquitos
  e a Fundação Gates 281-2, 285
  geneticamente modificados (GM) 272, 278, 281, 291
  raio mata-mosquitos 295-6
Movimento de Assam 220, 238
movimentos tectônicos 224
Mungune, Magueye 204
Munich Re 12, 127, 129
Murray-Darling, bacia 18, 140, 146, 156, 158-60, 168, 299

Murrin, David 180
Muscat, Josie 212
Myhrvold, Nathan 293-7, 299-303, 307, 309-22, 329

N

N'Dour, Youssou 196
nação *ex situ* (fideicomisso) 252
Nasa 13, 37, 236, 312
Nasheed, Mohamed 80
National Geographic Society 290
National Intelligence Council (NIC) 235
National Oceanic and Atmospheric Administration 28
Nauru 254
Neguev, deserto do 105-6, 109-11
Netanyahu, Benjamin 111
Newton, George 40-2
Nilo, rio 148, 163-4, 173-5, 180-1, 184, 275, 321, 325
nível do mar
  e desaparecimento de países insulares 79-80, 249, 252
  elevação do 204, 219, 221, 224-7, 236, 242, 251, 255
Nordic Water Supply 147
North American Aerospace Defense Command (Norad) 35
North American Water and Power Alliance (Nawapa) 33, 151
Noruega
  e gás natural 30
  e reivindicações no Ártico 42, 47, 57
  e Snøhvit (Branca de Neve) 66-8
  Oljefondet (Fundo do Petróleo) 67
Nova Orleans 256-7, 264, 266-7

Nova York
  e aterramento 253, 256
  evento do Deutsche Bank em 9, 14
  proteção de 20
  vulnerabilidade às marés de tempestade 253, 267-9
Novim Group 308
Nunavut Tunngavik Incorporated 24

O

Obama, Barack 58, 234, 305, 308, 327-8
oceanos, acidificação dos 304, 313-5
OK's Cascade Company 121
Olam International 159
Olthuis, Koen 259-62, 263, 335
One Earth Farms 179
Operação Chumbo Fundido 108
Operação Lancaster 25-6, 31, 36
Operação Nunalivut 25
Operação Popeye 298
Operação Precipitação 105
Ophir, Avraham 100
Organização da Nações Unidas (ONU)
  e desaparecimento de países insulares 249, 251, 261
  Fundo Global para o Meio Ambiente (FGMA) 199
  processo climático na 234
Organização do Tratado do Atlântico Norte (Otan) 32, 35, 195
Organização Internacional para as Migrações (OIM) 242, 253
Organização Mundial da Saúde 108-9
Overdiepse, pôlder de 257-9
Oxitec 272, 275-82, 288-90, 295

P

Pacific Fire Guard 122

Pacífico, elevação do nível do oceano 24

Pacto do Rio Colorado (1922) 148

Painel Intergovernamental sobre Mudança Climática (IPCC) 10

países insulares, desaparecimento de 79, 249, 252-3, 261

Palau 254

Palestina 108

Palm, ilhas 262

Papua-Nova Guiné 28, 80

Paquistão
  derretimento de geleiras no 80, 104
  e Bangladesh 220, 237
  e negócios de terras 169

Paraguai, e negócios de terras 169

Parenti, Christian 195

Parsons 33, 151

Passagem do Nordeste 68

Passagem do Noroeste 23-50
  como estreito internacional 40
  degelada 45
  disputas jurídicas em torno da 40
  novas linhas marítimas na 24
  primeira travessia pela 25
  turismo na 37-8, 44-5, 78

patentes
  duração 302
  processos 300-1
  solicitação 278, 283-4, 288

Payne, Susan 180

Peary, Robert 82

Peferoen, Marnix 285-7

peixe-meteorológico 258

peixes-mosquitos 274

Penn, Sean 169

pensamento mágico 327

perfuração de poços de água 156

perfuração direcional 61-2

Pergam Finance 179

permafrost 42, 79

pesca
  e pequenos países insulares 233
  na Groenlândia 76, 83
  no Senegal 193-4

petróleo da Encosta Norte do Alasca 34, 58

petróleo, derramamentos de 58, 61, 65, 319, 329

Phantom Works 309

pia de Salter 314-5

Pictet 142

Pinatubo, monte 304-5, 310, 320

Pinatubo, opção 304-5

Pireneus, derretimento de geleiras nos 104

Pitt, Brad 266

Pitztal, geleira de 97-100, 103-4

Plano África 196

plataforma continental 46

Podesta, John 234

Point Hope 327-8, 337

polo Norte 17, 28, 40, 45-7, 82

Poseidon Resources 107

precipitação artificial, *ver* semeadura de nuvens

Precision Aviation 120

processos judiciais relacionados ao clima 79, 129, 253

Projeto Chariot 328

Projeto Cirrus 299
Projeto Delta 256, 264, 268
Property and Environment Research Center 157
Protocolo de Kyoto (1997) 29, 56, 63, 67, 244, 307
Provérbio Flutuante 262
Prudhoe Bay 58-9, 61
Putin, Vladimir 45, 47, 119

Q

Qatar, e negócios de terras 169
Quadra Mining 88
Quênia
　e negócios de terras 169
　seca no 174
Quest 72

R

Rahman, Atiq 226, 243-5
Rand, Ayn 170, 183
Rand Corporation 54, 145
Real Polícia Montada do Canadá 31
Real Sociedade 305
Reason Foundation 122
refugiados climáticos, direitos dos 253
Reid, Harry 150
Reisner, Marc
　Cadillac Desert 141, 143, 149
Release of Insects Carrying a Dominant Lethal (RIDL) 278-81
remediação climática 305
RenaissanceRe 129
Repsol 70
resistência ao estresse abiótico 283

retardante GelTech 122
retardante Phos-Chek 121, 124, 135
retardante Thermo-Gel 122
Revolução Verde 287
Risk Management Solutions (RMS) 127
Robock, Alan 320-2, 336
Romênia, vendas de terras na 169
Roterdã 263-6
Rothschild, lorde Jacob 179
Roundup, herbicida 284
Royal Boskalis 12
Royal Dutch Shell 53-73
　e a conferência das Fronteiras do Ártico 57-60
　e a Groenlândia 77
　e a Reason Foundation 122
　e concessões no Alasca 61-2, 66-7, 328-9
　e *Corrida* 57, 63-6, 72-3
　e derretimento do gelo marinho 53, 58, 60
　e direitos sobre a água 152-5
　e futurologia 54-5
　e o Campus Climático de Roterdã 265
　e *Planos* 57, 62-4, 66-7, 73
　e preços do petróleo 55-60
　e Snøhvit 66-8
　mudança de prioridades na 71-2
　planejamento de cenários na 53-7, 62-4, 66-7, 72-3
Rússia
　campos de petróleo da 42
　e gás natural 30
　e lucros com o aquecimento global 47
　e o Protocolo de Kyoto 30
　e reivindicações no Ártico 42, 45-7
　estocagem de neve 103-4
　vendas de terras na 12, 169, 177-9

S

S2C Global Systems 144
salinidade 79, 225-6, 229
Salter, Stephen 306, 309, 314
San Diego, água para 122-3, 139, 147, 149-50
Santa Lúcia 254
São Petersburgo, barreira contra marés de tempestade em 267
Sarr, Pape 189-90
Schwartz, Peter 39-40, 53-6, 64, 73, 173, 234, 334
Schwarzenegger, Arnold 118
Schwarzer, Axel 11
Scitor Corporation 236
seca 139-40, 155-61, 255
   e crise alimentar 157, 164
   e desertificação 155, 171
   e dessalinização 100, 102
   e incêndios 120-3
   e preços de alimentos 164
   e semeadura de nuvens 298
   e venda de direitos sobre a água 143-4, 149
   e vulcões 305, 310
   soluções de engenharia para a 111-2, 146, 151
seguros 116, 122, 126, 128, 274
semeadura de nuvens
   e gerenciamento de radiação solar (GRS) 305
   e modificação de furacões 129, 297, 299, 314-5
   e prevenção de chuva 298
   e produção de chuva 106, 111, 298-300
   e produção de neve 298, 300
Senegal 189-215
   e negócios de terras 190
   Grande Muralha Verde 190-3, 195, 197-200, 204-7, 214-6, 233, 257

Serco Group 203
Sermeq Kujalleq, geleira de 93
Serviço de Refugiados dos Jesuítas (SRJ) 211
Serviço Geológico dos Estados Unidos 24, 77
Sete Irmãs do Petróleo 55
Seychelles 79
Shell, *ver* Royal Dutch Shell
Shields, Todd 148-52
Shishmaref 28, 79
Siachen, geleira de 80
silicone 73
Singh, A. K. 236
sionismo 105
Sistema Europeu de Vigilância de Fronteiras 195
Ski-Trac 98
Slater, Jim 179
Smith, Adam 132
Snaefellsjökull, vulcão 144
Snell, John 272-5
Snøhvit (Branca de Neve) 66-8
Snow Dragon 40
SnowWorld Landgraaf 98
Snowy Hydro 299
soberania
   e desaparecimento de ilhas 249-51
   mudança climática como ameaça à 161
   na Groenlândia 75-8, 82
   no Ártico 23-5, 33, 44-6
   redefinição de 161
Sociedade Norte-Americana de Engenheiros Civis (Snaec) 267

Sociedade Norte-Americana de Medicina Tropical e Higiene 280
South Platte, rio 154
Spork, Otto 144
Spragg Bag 145, 149
Spragg, Terry 145-7
Springdale, Arkansas 253-4
SRI International 56
Stálin, Joseph 206
Statoil 58, 67-8, 71
Stern, sir Nicholas 14, 28-9
  The Economics of Climate Change 14
Stoffman, Rafi 100
Stratospheric Shield 313, 315
stress nexus 72
Sudão
  água no 173, 176
  e negócios de terras 164, 169, 173
  fome no 174
  guerra civil no 165, 171-2
  produção de petróleo no 168
Sudão do Sul 163-8, 173-5, 178, 180, 184, 186
Suez 142
Suíça, fronteiras da 80, 103
Summers, Adam B. 122-3
Summit Global Management 140-3, 158-9
Summit Water Development Group 143-4, 154, 156
SuperFreakonomics 303, 316, 336
sustentabilidade 236, 263
Swiss Re 12
Syngenta 12, 283

T

Tandou Limited 159
Tanzânia, e negócios de terras 169
Tchernóbil 298
técnica do inseto estéril (TIE) 278-9
Tegreene, Casey 300-4, 309, 313, 315, 318
Teller, Edward 250, 296, 299, 304, 328-9
teoria da secessão 81, 86, 93, 180
Terrapin 142
Tessel, Moshe 100
Thule, base aérea de 87
Tibete
  derretimento de geleiras no 106
  governo no exílio 252
Tietmeyer, Hans 168
tragédia dos comuns 16, 336
TraitMill, processo 287-8
Trans-Alasca, gasoduto 61
tratamento de água, investimento em 12
True North Gems 88
Tuvalu 78-80
Tyndall, John 13
Tyson Foods 254

U

UBS 30
Ucrânia, e negócios de terras 13, 164, 169, 177-80
União dos Estudantes de Assam (UEA) 220, 238
União Soviética 35, 39, 55, 167
Universidade Columbia 16, 249, 256
Universidade da Colúmbia Britânica 33, 151

Universidade de Defesa Nacional 235
Universidade de Nova York 267, 290
Universidade de Washington 297, 307, 320, 336
urso-polar 27, 49, 58, 69, 290
Uruguai, e negócios de terras 169, 179

V

van de Camp, Paul 262
van der Veer, Jeroen 56-7, 62-3, 65
VectoBac, inseticida 275
Veneza, barreira contra marés de tempestade em 267, 311
Veolia 12, 106, 142
Verbier 98
Verne, Júlio 144
Vietnã 168, 230, 280, 298
Villaraigosa, Antonio 130
Viterra 12, 179
Vonnegut, Bernard 297
vulcões 296, 305, 310

W

Wack, Pierre 53-5, 57, 64
Water Asset Management 159
Waterfind 159
Watt, James 147
Webber, Simon 127
Weber, Elke 16
Whistler, estação de esqui de 98
Whitewater 111
Wiener, Levi 111-2
Wildfire Defense Systems 122
Wildlife Conservation Society 290
Willis Group 129

Wilson, Joseph 169
Wolfe, Art 297
Wood, Lowell 296, 300, 304, 307-8, 311-5
World Water S.A. 147
World Wildlife Fund 59

Y

Yampa, rio 155
York, península do cabo 160
Young, Mike 156

Z

Zaandam, prisão flutuante de 204, 262
Zahiruddin, char 231-2
Zarchin, Alexander 101-3, 105, 110-1
Zennström, Niklas 128
Zermatt 103
Zugspitze, geleira de 98

359

Este livro foi composto na fonte Albertina
e impresso em julho de 2016 pela Intergraf,
sobre papel pólen soft 80 g/m².